구약의 뒷골목 풍경

구약의 뒷골목 풍경

초판발행 2013년 5월 30일
8쇄발행 2020년 8월 5일
지은이 기민석
펴낸이 장병주
펴낸곳 예책
신고번호 제 2015-000019 호
주소 서울시 동작구 만양로8길 50, 106동 809호
영업부 02-3489-4300

책 값은 뒤표지에 있습니다.
ISBN 978-89-98300-02-9 03230
편집부에서 독자의 의견을 기다립니다.
jesusbooks@naver.com

인문학으로 성경 읽기 시리즈 ❶

고대 이스라엘 사람들의
문화와 삶

구약의
뒷골목
풍경

기민석 지음

예책
Jesus'books

C o n t e n t s

초대의 글 _6

Part 1 땅과 사람

01 예수님이 백인? 성서와 이웃 _12
02 죽었다 살아난 말 히브리어 이스라엘의 언어 _22
03 민망한 아브라함, 조승희의 팔뚝
팔레스타인의 지리와 거주민 _38
04 보아야 믿을 것인가, 보지 않고도 믿을 것인가
성서 고고학 _56

Part 2 생활과 풍습

05 암논의 문빗장에서 이세벨의 목걸이까지
집, 가구와 먹거리, 의복 등 _76
06 무덤부터 주사위까지 장례, 농사, 전쟁, 여가 활동 등 _98
07 롯의 두 딸의 누명 결혼 풍습 _116

Part 3 성과 에로티시즘

08 사라와 아세라의 젖가슴 가나안과 이스라엘의 성, 에로티시즘 _142
09 Girls on Top! 성서의 남녀 대결 _168

Part 4 그 나라와 정치

10 사무엘의 우왕좌왕 지파에서 왕국으로 _196
11 우리가 남이가 지역, 당파, 패거리 정치 _214
12 눈에는 눈, 이에는 이! 구약성서의 법 _246
13 오해하지 맙시다! 구약성서의 율법 _268

Part 5 신앙과 종교

14 당당한 솔로, 하나님 여호와 유일신 사상 _292
15 읽지 말고 듣자 성경 _308

초대의 글

학회 일로 들렀던 로마에서의 기억을 잊지 못한다. 어느 날 그만 길을 잃고 로마의 '뒷골목'을 서너 시간 헤맸다. 하지만 일부러라도 다시 길을 잃고 싶을 만큼 그날의 여정은 로맨틱했다. 마치 영화 속에 들어갔다가 나온 느낌이었다.

모르고 침입해 버린 어느 가정집의 예쁜 정원, 동네 교회에서 벌어진 결혼식, 대충 걸쳐 입었는데도 모두 영화배우 같았던 하객들, 레몬향 가득한 문어샐러드와 천상의 향기를 선사한 조그만 빵집의 카푸치노. 그저 관광객들을 위해 설치해 놓은 뻔한 곳들에서는 전혀 만나기 어려운 풍경을 보고 느낄 수 있었다.

싱가포르도 남다른 경험이었다. 잘 모르고 예약한 저렴한 호텔이 그 도시의 '뒷골목'에 있었던 것이다. 거리에 껌 하나 떨어져 있지 않은 반듯한 싱가포르에도 그런 곳이 있었다. 하기야 그렇게 깨끗이 갈고닦는 수많은 노동자들도 그 도시 어디엔가는 살고 있지 않겠는가. 우연히도 난 그곳을 엿본 것이다.

때로는 엿보는 것이 그냥 보는 것보다 훨씬 더 낫다. 그냥 보면 보여 주려고 의도하는 것만 볼 뿐, 생얼굴을 보기는 힘들다. 그 뒤안길을 엿보는 것이 훨씬 더 유익하다. 그래서 왕들도 때론 자기 신분을 숨기고 몰래 백성들의 생활 터전을 엿보지 않았던가.

백 년이 넘는 우리의 기독교 역사 속에서 성경은 꽤 많이 읽혀지고 인용되어 왔다. 그런데 마치 어느 유명한 관광지처럼 우리가 자주 방문하는 곳은 늘 정해져 있다. 시편 23편이 수백 번 낭송되고, "네 시작은 미약하였으나 네 나중은 심히 창대하리라"라는 욥기 구절이 가게마다 걸려 있지만, 두 아내가 있어 하나는 예뻐하고 하나는 미워할 때 미운 아내의 자식이 불이익을 받지 못하도록 해야 한다는 권고가 신명기에 나와 있는 것은 잘 모른다. 그래서 이 책은 여러분들을 성경의 뒷골목으로, 자주 가 보지는 않았지만 그 어느 여정보다 뜻 깊고 재미있는 골목길로 인도하여 줄 것이다.

이런 여행이 든든한 후원 없이는 가능할 수 없다. 공주 '꿈의교회'와 안

희묵 담임목사님의 사랑과 배려 덕분에 이 책은 완성될 수 있었다. 사랑에 빚진 마음으로 깊은 감사를 드린다. 이 여정은 귀한 강연을 통해 이미 답사도 하였다. 카이스트대학에 있는 국제 학생들의 기독 동아리 KIC KAIST International Chapel에서 'At the Backstage of the Bible'이란 제목으로 공개 강연 기회를 가진 것이다. 그 덕분에 쓰게 된 여덟 번의 강연 원고가 이렇게 책으로 엮이게 되었다. 생생한 선교의 현장 KIC를 만나고 지도할 수 있게 해주신 카이스트의 조병진 교수님께 이 자리를 빌려 존경과 감사의 마음을 전한다.

논문처럼 이 책의 참고도서를 따로 밝히지는 않았지만, 선진 학자들의 연구에 빚지지 않은 것이 없다. Martin Noth, Theophile James Meek, T. W. Manson, Roland de Vaux, Hans Jochen Boecker 등 다소 전통적인 학자들의 숙성된 식견을 많이 참조하였고, 이스라엘 왕국기에 대한 여정은 목원대 이희학 교수님의 저서가 큰 도움이 되었다. 늘 목원대 학생들과 강의로 소통할 수 있게 해주신 임동원 교수님께도 감사를 드린다.

처음 이 책을 구상하여 주신 장병주 예책 대표님, 원고 정리와 강연 준비를 함께해 준 정원제, 최승민 조교에게도 감사드린다. 때론 이름도 얼굴도 모르는 분들의 기도 소리를 듣고 힘을 얻을 때가 많았다. 나의 모교단 침례교의 어느 귀한 목회자, 학생들이었다.

사실 영국에서 오랜 유학 생활을 할 때에도 나는 뒷골목을 좋아했다. 누군가에게 런던을 소개하러 나서면 빅뱅이나 트라팔가 스퀘어 같은 뻔한 곳보다 자그마한 임뱅크먼트 가든Embankment Gardens에서 '잉글리시 브렉퍼스트'를 같이 먹고 템스 강변의 어느 후미진 펍에서 시간을 보냈다. 나의 오랜 전공은 성서학이다. 그리고 그 뒤안길에 매우 익숙하다. 여러분들을 안전하게 인도할 경험이 있으니 믿고 따라오시기 바란다. 믿으셔도 된다. 나에게도 어김없는 가이드가 한 분 계시기 때문이다. 언제나 나를 맑은 시냇가로 데려가 주시는 하나님께 참 감사드린다.

자, 주저하지 마시고 첫 장을 열어 이곳저곳으로 가 보자!

Part 1

땅과 사람

예수님이 백인? **성서와 이웃**
죽었다 살아난 말 히브리어 **이스라엘의 언어**
민망한 아브라함, 조승희의 팔뚝 **팔레스타인의 지리와 거주민**
보아야 믿을 것인가, 보지 않고도 믿을 것인가 **성서 고고학**

01

예수님이 백인?

성서와 이웃

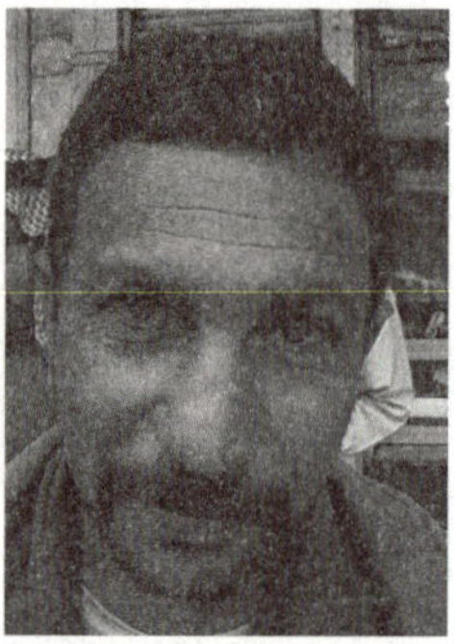

요즘 팔레스타인 지역 사람의 얼굴

어릴 적 별 생각 없이 따라간 교회 수련회에서 나는 소위 큰 '은혜'를 체험했다. 한껏 들떠 있던 어느 날, 교회의 형 누나들을 따라 명동 YMCA에서 전도용 예수 영화를 관람했다. 마지막 예수님의 손과 발에 못이 박히는 순간, 나는 주책없이 큰 소리로 엉엉 울어 버렸고, 영화가 끝난 뒤 형 누나들 앞에서 적잖이 민망했었다. 나만 울었기 때문이다.

이후 나는 신학교에 입학하여 신학을 전공하고 지금은 성서 전문가가 되었다. 그때 영화를 보고 울었던 일을 떠올리면 좀 색다르게 민망한 게 하나 더 있다. 전문가라는 알량함 때문에 거슬리는 게 생긴 것인데 바로 예수님이 금발과 파란 눈의 백인이었다는 것이다.

예수님은 지금의 중동 지역 팔레스타인에서 태어나신 분이다. 그러니 백인일 리가 없다. 유명한 영화 〈십계〉에서 모세의 역할을 맡은 배우도 금발을 휘날리던 찰턴 헤스턴 Charlton Heston, 1924-2008 이었다. 그 영화에서 그나마 현실에 가장 가까웠던 배우는 이집트의 파라오 역할을 한 율 브리너 Yul Brynner, 1920-1985 였다. 그는 머리색과는 절대 상관없는 대머리였다. 사실 좀 짓궂게 말하자면 모세나 예수는 서구의 멋진 금발 배우보다는 이태원에 있는 중동 식당의 주방장 아저씨와 더 닮았을 것이다.

2001년 4월, 내셔널 지오그래픽 채널로 방영된 영국 BBC의 "신의 아들Son of God" 프로그램에서는 1세기 유대인의 두개골을 참고하고 컴퓨터 그래픽을 동원하여 예수님의 가상 얼굴을 복원 발표했다. 검은 곱슬머리에 짙은 갈색 피부, 광대뼈와 끝이 둥근 코, 수염이 인상적이다. 그래서 근간에 멜 깁슨이 만든 영화 〈패션 오브 크라이스트〉The Passion of The Christ, 2004에서는 현실성을 감안하여 배역들을 모두 검은 머리 배우들로 등장시켰다.

성경과 성경의 인물, 그들의 이야기를 좀 더 생생하게 느껴 보기 위해선 어느 정도 성서의 지리적, 역사적, 문화적 배경을 알아야 할 필요가 있다. 성서의 배경은 고대 서아시아West Asia, 지금의 중동 및 범아랍권의 범주에 속한다.

고대 서아시아로!

용어 정리부터 해보자. 성서의 배경이 되는 지역은 지금껏 고대 '근동'近東, Near East 이라 많이 불렸다. 이는 매우 유럽 중심의 용어인데, 성서의 배경이 되는 지금의 중동 지역이 유럽의 입장에서는 지리적으로 가까운 동쪽이기 때문에 근동이라 불린 것이다. 지난 수세기 동안 성서학의 큰 줄기를 형성해 온 이들이 유럽을 중심으로 한 서구인들이었고, 한국은 그 서구의 성서학을 도입해 배워 왔기 때문에 우리도 '근동'이라는 용어를 사용해 왔다. 한국의 근동은 사실 이스라엘이라기보다 일본이 아닌가? 아직도 많은 성서학 전문 서적들이 '근동'이라는 말을 즐겨 쓰지만, 이젠 서서히 '서아시아'로 바뀔 것이다.

다음 개념을 정리해 보자. 고대 서아시아란 지형적 정의라기보다는 문화적 정의다. 지리적 한계를 넘어 자유롭게 교통하는 지금의 사회에 비하여 고대에는 그 지리적 경계가 문화의 이동을 한정하였을 것이다. 그럼에도 불구하고 그 지리적 경계선을 지나치게 정확히 그려 보려는 것은 바람직하지 못하다. '고대 서아시아'는 정치, 경제, 문화적으로 자연적 경계선을 지속적으로 넘나들었던 문명 체제로 이해해야 하기 때문이다.

지리적으로나 문화적으로 지금의 중동 지역을 떠올리면 된다. 팔레스타인과 이스라엘이 있는 레반트 지역과 이란과 이라크 등이 있는 메소포

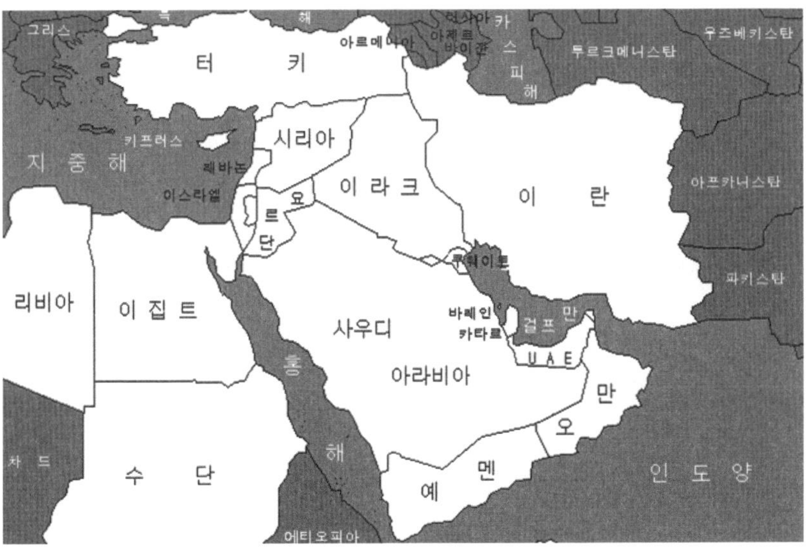

타미아, 그리고 터키의 아나톨레 영역을 대략 서아시아라 부른다. 여기에 아프리카 북쪽 끝에 있는 이집트도 성서와 관련하여서는 주요한 문화권에 포함시킨다.

이 책이 고대 서아시아 전반을 다 다룰 수는 없다. 하지만 성서의 배경에 깊이 관심을 가지는 이들은 꼭 고대 서아시아 지역의 문명을 공부하여야 한다. 누군가 한국의 젓가락을 잘 알고 싶어 한다고 하자. 그는 반드시 한국의 젓가락뿐 아니라 같은 동아시아 문화권의 일본과 중국의 젓가락도 보아야 한다. 그래야 한국의 젓가락은 나무로 만든 일본이나 중국 것과는 달리 쇠로 만든 무시무시한 젓가락이라는 것을 알 수 있다. 마찬가지로 성경의 배경이 되는 이스라엘 문화를 제대로 알기 위해선 반드시 그 주변 민족들의 종교와 문화, 정치, 역사를 살펴보아야 한다.

창세기와 에누마 엘리쉬, 콩쥐팥쥐와 신데렐라

성서 폐인(?)이라 자처하는 열렬 신자들은 아마 나름대로 성서 배경을 공부해 보고 신학 수업도 기웃거려 보았을 것이다. 뜨거운 신앙적 열망을 채우기 위해 배경 지식을 탐닉하였지만 때론 이것이 그들의 심장 건강에 해로웠을지도 모른다. 많은 신자들이 성경의 내용을 유일무이한 하나님의 말씀으로 믿고 있지만, 사실 이스라엘 주변 민족들의 신화나 문헌 속에서는 그 유사한 것들이 꽤 많이 발견되기 때문이다.

18세기 말부터 19세기 초까지 서구 강국들에 의해 서아시아 지역의 고고학적 발굴이 대대적으로 진행되었다. 이때 수많은 문서들이 발견되었으며 많은 내용이 성서의 이야기들과 비슷하여 당시 기독교인들을 적잖이 당황시켰다. 그렇다고 해서 아주 똑같은 것은 아니다. 창세기에선 하나님이 흙을 빚어 사람을 만들고 생기를 불어넣었지만, 고대 바벨론의 '에누마 엘리쉬' Enuma Elish에서는 마르둑이라는 신이 흙을 빚어 사람을 만들고 생기가 아니라 다른 신의 피를 섞었다. 창세기에는 처음부터 하나님의 권능 있는 창조 행위가 부각되지만, 에누마 엘리쉬에는 혼돈과 공포의 세력을 무찌르고 왕이 된 마르둑을 찬양하고 기념하는 행사 가운데 하나로서 창조가 나타난다. 에누마 엘리쉬의 혼돈과 공포는 창세기의 창조 직전 '혼돈'의 상태와 비교되기도 한다. 정말 엇비슷하다.

메소포타미아의 또 다른 신화 '아트라하시스' Atrahasis는 노아 홍수의 이야기와 매우 유사하다. 두 이야기 모두 신들이 인간을 물로 파멸하기로 작정한다. 그 와중에 아트라하시스와 노아만이 유일하게 이 사실을 미리 알고, 홍수 속에서 살아남기 위해 거대한 배를 만들며, 홍수가 지난 뒤에는 배에서 나와 신에게 제사부터 드린다. 서로 간에 참 많이 닮았다. 인간을 파멸시키기로 한 이유는 각각 다르다. 아트라하시스에서는 인간들이 너무 시끄러워 신들이 죽이기로 결정하지만, 노아 이야기에서는 인간의 죄악이 원인이다. 노아 이야기가 다소 윤리적 색채가 있는 반면 아트라하시스는 사회-인류학적 접근을 가능케 하는데, 인간이 시끄러웠다는 것은 그들의 과잉 번성을 암시하는 것으로 볼 수 있다. 원시사회에선 인간의 과잉 번성이 미래 공동체를 위협하는 큰 요소가 될 수도 있었기 때문이다.

욥기와 거의 유사한 이야기가 바벨론에도 있었다. '바벨론 신정론' Babylonian Theodicy은 극심한 고통을 겪고 있는 한 사람과 그 친구들 간의 심오한 대화를 기록하고 있다. 성경의 시편도 바벨론의 기도문과 유사한 것이 많으며, 구약 예언자들의 신탁도 신-아시리아의 예언과 많이 닮았다.

누가 누구 것을 베낀 것일까? 우리는 이와 같은 문명 간의 유사성을 보고 서로 간의 직접적 접촉에 의해 그 콘텐츠가 회람되었을 것이라고 추정한다. 전통적으로 학자들은 주변의 문화적 강국에 비해 문명과 그 체제가 늦게 발달한 이스라엘이 이웃의 것들을 많이 차용했을 것으로 본다. 일리가 있는 말이다. 그러나 유사한 문헌이 발견되었다 하여 반드시 '직접적인' 접촉이 있었다고 단언할 수는 없다. 원시 시대의 문화 현상이 이처럼 도식적이지만은 않았을 것이다. 그래서 어떤 이들은 서로 지역이 분리되어서 접촉이 없어도 유사한 생태학적 사회적 조건에서는 비슷한 문화 현상이 발생할 수도 있다고 본다.[1]

예를 들어, 우리나라의 '콩쥐 팥쥐' 이야기와 거의 유사한 서구의 '신데렐라'를 생각해 보자. 이 이야기가 서구에서 한국으로 흘러들어 온 것일까 아니면 그 반대일까? 어쩌면 서구사회나 우리나라나 어디서든 딸들과 계모 간에 갈등이 있었기 때문에 이런 유사한 이야기가 서로 간에 직접적인 접촉이 없었어도 각자 발생한 것은 아닐까? 잘 때 사용하는 베개

1) 참조. W. von Soden, The Ancient Orient: an Introduction to the Study of the Ancient Near East (Grand Rapids: Gracewing, 1994), 249쪽; S. Parpola, Assyrian Prophecies (State Archives of Assyria, V. 9; Helsinki University Press, 1997) XVI쪽.

는 고대 유럽 사람들도 사용하였고, 고대 우리나라 사람들도 사용했다. 누가 누구에게 전수해 준 것일까? 서구인이건 한국인이건 인간으로서 같은 신체 조건을 갖추었기에 서로 간의 접촉이 없어도 베개는 어디서든지 자연 발생한 것이 아닐까?

우선 이와 같은 사실을 염두에 두고 다음을 생각하자. 고대 서아시아 지역 간의 문화적 접촉과 이동은 분명히 있었다. 본래 문화라는 것은 주변 이웃들과 교류하면서 발달하게 마련이다. 성경은 종교적 계시로서 유일무이한 것이지만, 이 계시의 자료가 되는 역사와 문화적 경험이 그런 것은 아니다. 당연히 이웃과 공유되었다. 그릇 위에 담겨진 어떤 요리가 유일한 것이지, 그 요리의 재료인 '양고기'와 '양파'는 다른 요리에서도 발견될 수 있는 것처럼 말이다. 어떤 일이 어떤 지역에서 벌어졌다고 하자. 그리고 그 일은 꽤 기념비적인 것으로 기려지게 되었다. 그 사건과 경험이 그 지역에만 한정되어 갇혀 있을까? 인구의 이동과 지역 간의 교류로 당연히 다른 지역 다른 민족에게로 스며든다. 전달된 이야기는 다시 그 지역의 문화적 상황에 따라 색다르게 발전하여 색다른 버전으로 만들어진다. 그래서 한 이야기의 여러 버전이 이웃 간에는 발견되는 것이다. 이스라엘 고유의 것이 다른 지역의 종교적 문화적 콘텐츠로 변천하여 남겨지기도 했을 것이며, 이와는 역으로 다른 지역의 것이 이스라엘로 유입되어 발달하고 성경에 남겨지기도 했을 것이다. 그래서 잠언의 일부는예, 22:17-23:12 이집트의 문헌과 거의 유사하기도 하다.

성경은 고대 서아시아의, 특히 이스라엘의 문화적 산물이 그 자료인 신의 계시다. 성경의 내용이 이웃 문명에서 발견되기도 하고, 이웃과의 문화적 교류를 통해 발달하여 왔다는 것을 지나치게 부정하려 들지 말자. 성경의 내용이 이스라엘에서만 발견되어야 하나님의 '진리'일 것이라는 믿음은 사실 믿음 없는 태도다. 왜 감히 하나님의 역사를 제한하는가? 이집트의 것이든 바벨론의 것이든 절대자는 충분히 그것을 계시로써 전달하실 자유가 있으시다. 하나님은 필요하다면 돌들이 소리치게도 하신다고 하지 않았는가눅 19:40.

여기서 잠시 생각해 본 성경의 성격을 좀 더 알고 싶다면 부지런히 이 책을 읽기 바란다. 그러면 맨 마지막 장에서 다시 한 번 성경에 대한 이야기를 만나게 될 것이다. 그러나 급하게 중간을 건너뛰고 가면 별 효력이 없다!

중동의 아랍 문명에 관심을

성경의 배경을 이루는 고대 서아시아는 지금의 중동이다. 한국과 서구의 많은 기독교인들은 종교적 이유 때문에 그들의 문명을 터부시하기도 했다. 이스라엘을 제외하곤 대부분이 이슬람을 믿는 아랍권이기 때문이다. 하지만 성서는 이 아랍권의 역사와 문화의 병풍 안에 그려져 있는 아름다운 화폭과 같다고 할 수 있다.

성경의 배경을 공부하기 위해서가 아니더라도, 중동의 고대 문명은 큰 관심을 기울일 가치가 있다. 기독교를 근간으로 한 서구와 이슬람의 아랍권은 장구한 역사 속에서 지독히도 서로를 괴롭혀 왔다. 2003년에 일어난 이라크 전쟁도 유대-기독교의 미국과 이슬람의 이라크 간의 혈전인 셈이다.

하지만 사실 서구의 문명은 중동에 큰 빚을 지고 있다. 유럽 문명을 지배해 온 기독교가 사실 이 지역의 것이지 않은가. 기독교가 맹위를 떨치던 중세의 유럽조차도 당시 이슬람의 찬란한 문명을 공식적으로 혹은 슬그머니 배워 와 자기의 것으로 발달시켰다. 역사학과 지리학을 비롯하여 철학, 천문학, 수학, 물리학, 화학, 의학, 연금술 등 서구 유럽이 아랍 문명에 빚지지 않은 것이 거의 없을 정도다. 인류가 발견한 가장 오래된 문명의 발생지도 지금의 이라크에 있는 수메르가 아닌가. 어찌 보자면 지금 전 세계 문명의 큰 젖줄이기도 한 셈이다.

지금 세계 문명의 뿌리뿐만 아니라 성경과 그 배경을 잘 알고 싶다면 우리는 당연히 지금의 중동 지역과 광범위한 아랍권의 문명을 살펴보아야 한다. 기억하자! 우르Ur가 고향인 아브라함 할아버지는 지금의 이라크인이다.

성경의 문화적 지리적 배경이 어디인지 그 대략적 위치를 살펴보았다. 더 구체적으로 어디 사는지, 어떻게 생겼는지 살펴보기 전에 무슨 '말'부터 사용했는지 살펴보자.

02

죽었다 살아난 말 히브리어

이스라엘의 언어

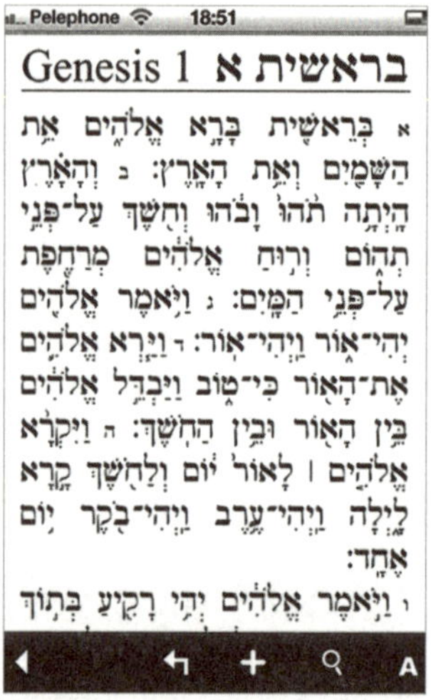

지금은 히브리어 성경을
이렇게 휴대폰을 통해서도 읽을 수 있다.
창세기 1장이다.

하나님으로부터 부름을 받아 처음 신학교에 입학한 신학생들의 뜨거운 열정은 마치 성경책을 삶아 먹기라도 할 기세이지만, 그들의 기를 단번에 꺾어 버리는 것이 있으니 바로 히브리어 수업이다. 구약성경의 원문이 바로 이 히브리어로 적혔는데, 생긴 것부터가 참 흥미를 새어 나가게 한다. 'אברהם.' 삼촌처럼 친숙할 것 같은 믿음의 조상 '아브라함', 그분의 성함이 이렇게 거리감 있게 생겼다. 신약성경의 언어인 헬라어는 그래도 꽤 친근해 보인다. 'Ἀβραάμ.' 이것이 헬라어 '아브라함'인데 서구의 알파벳과 유사해 보이기 때문일까, 접근이 매우 용이해 보인다. 사실 서구의 알파벳은 히브리어와 같은 어족인 '셈어' Semitic 계통에서 기원되었다. 위의 히브리어와 헬라어 단어를 종이 위에 백만 번만 써 보라. 결국 둘이 같은 글자임을 기꺼이 받아들이게 될 것이다.

성경은 우리말로도 쉽게 잘 번역되어 있어서 한글 성경이 하나님의 음성을 충분히 들려주기에 전혀 부족함이 없다. 하지만 교회의 지도자며 성경의 전문인으로 훈련 받아야 할 신학도가 성경의 원어를 배우기 꺼려 한다면 이는 매우 부끄러운 일이다. 누군가 영국의 대문호 셰익스피어의 《로미오와 줄리엣》이 너무 좋아 그 작품의 전문가가 되었는데, 그가 정작 이 희곡을 본래 언어인 영어로 읽지 못한다면 누가 그를 진정《로미오와 줄리엣》을 사랑하는 자라 인정하겠는가. 하나님의 말씀을 사랑한다고 하면서 성경을 원문으로 읽으려 하지 않는 신학도는 사실 거짓말쟁이다. 《로미오와 줄리엣》을 영어로 읽어 보지도 않은 이가 그 희곡의 전문가라고 자처한다면 우리는 그를 '사기꾼'이라고 하지 않겠는가. 나는 전공의 특성상 많은 언어들을 배우고 다루어야만 했다. 그래서 자신 있게 말할 수 있는데 히브리어는 결코 어렵지 않다. 다만 헷갈릴 뿐이다.

이 헷갈리는 히브리어 문법을 익히기 위한 가장 좋은 방법은 무한 '반복'이다. 내 아내는 한국어를 가르치는데 옆에서 지켜보니 한국어는 매우 어려운 말이다. 하지만 한국 사람은 너나 나나 기가 막히게 한국말을 잘한다. 전교 1등 하는 학생의 두뇌나 날마다 학교 담을 넘는 녀석의 두뇌나 한국말 하는 것에는 성능상 별 차이가 없다. 이를 통해서 본다면 언어는 머리가 좋아야 잘 배우는 것이 아님을 알 수 있다. 우리가 모두 한국말을 잘하는 이유는 매우 긴 시간 이 말을 반복하여 듣고 말해 왔기 때문이다. 결국 하나님의 말씀을 원전으로 읽으려면, 우수한 두뇌보다는 무거운 엉덩이가 필요하다. 하나님의 말씀을 정말 사랑한다면 조금 인내하는 것이 필요할 뿐이다.

사실 히브리어는 거의 죽어서 더 이상 모국어로 사용하지 않는 사어死語였다. 가나안 땅에 살던 이스라엘 민족이 대략 기원전 587년에 나라를 잃고 동방에 끌려가면서부터왕하 23-25장 이들은 점차 히브리어를 사용하지 않았고 대신 동방의 아람어를 사용하기 시작했다. 그래서 주후 1세기의 예수님은 히브리어가 아닌 아람어로 일상 대화를 하셨다. 설상가상, 기원후 70년 제1차 유대-로마 전쟁의 결과로 유대인들은 그들의 정착지를 잃었고 나중에는 세계 곳곳으로 흩어지게 되었으니, 이들은 결국 흩어져 살게 된 곳의 언어를 사용해야만 했다. 히브리어는 회당에서 성경을 읽을 때, 아니면 격식 있는 유대 학자들이 폼 잡을 때나 쓰는 박제가 되어 버렸다. 이후 2000년 가까이 흩어져 살던 유대인들이 옛 가나안 땅인 팔레스타인에 다시 돌아와 1948년에 이스라엘을 건국하고 히브리어를 모국어로 다시 부활시켰다. 참 놀라운 한 언어의 부활이 아닐 수 없다. 비록 이스라엘의 건국은 지금까지도 팔레스타인 사람들과 분쟁의 피를 보아야 하는 비극적인 일이기도 하지만, 이 언어의 부활은 분명 기념비적인 사건이다.

> "신생국가 이스라엘이 내부적으로 해결해야 할 첫 번째 과제는 이 새로운 국가 공동체를 하나로 묶어 줄 '언어'였다. 1881년에 팔레스타인으로 이주한 엘리에제르 벤 예후다 Eliezer Ben Yehuda, 1858~1922는 강력한 캠페인을 벌여 히브리어를 모국어로 채택하게 만들었다. 그와 아내 드보라 요나스Deborah Jonas는 서로에게 히브리어만을 가지고 대화하기로 했다. 이로써 그들은 히브리어로 말하는 첫 번째 가정이 되었고, 그의 장자인 벤 시온Ben Zion은 히브리어로 말하는 첫 번째 아이가 되었다. 그 후 히브리어는 현대어로의 변신

에 성공하고 일상생활의 구체적인 부분까지 표현할 수 있게 되었다. 유대인들은 히브리어의 생활화를 위해 자신의 이름까지 바꾸는 것도 서슴지 않았다. 벤 예후다가 페럴맨perelman이었던 자신의 이름을 바꾸는 것으로 새로운 히브리어 관습을 주도하기 시작했다. 이주민들은 이스라엘에 이주하자마자 히브리어를 배웠고 자신들의 이름을 바꾸기 시작했는데, 예를 들어 데이비드 그루엔David Gruen 혹은 그린Green은 다비드 벤 구리온David Ben Gurion이 되었다. 이는 외국어로 발음하기 편리하다며 최근 태어난 아이 이름에 순우리말을 배제한 영어식 이름 수지 · 제인을 짓는 우리 세대와 퍽 대조적이다."(경인일보, 2006. 9. 12.)

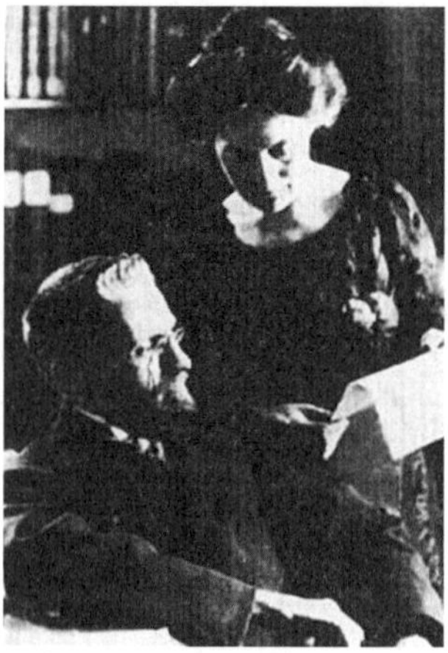

엘리에제르 벤 예후다와 그의 아내; CC-PD-Mark

부활한 현대 히브리어는 성경 히브리어를 배운 이들에겐 매우 쉽게 배울 수 있는 말이다. 기본적인 단어와 문법이 서로 크게 다르지 않기 때문이다. 용비어천가의 한글과 현재 우리가 쓰고 있는 한글 사이보다 훨씬 더 가깝다. 때문에 성경 히브리어를 열심히 배워 두면 덤으로 현대 히브리어는 쉽게 익힐 수 있다. 한동안 쓰지 않다가 불과 약 1세기 전에 다시 탄생했기에, 많은 단어들이 영어와 같은 외래어에서 유래하였다. 히브리어 알파벳만 읽을 줄 알면 따라 읽다가 '아하~' 하고 무릎을 칠 것이다. 이스라엘에 가면 '이브리트' 히브리어 알파벳 정도 읽을 줄 알고 '안글리트'영어, English를 좀 할 줄 알면 '여루샬라임' 예루살렘 같은 곳에서는 길을 잃어버려도 겁먹을 필요가 없다. 유명한 그곳의 '우니베르시타' 대학, university도 가보고 향긋한 이스라엘의 '까페' 커피, coffee도 즐겨 보시길.

히브리어 가족 소개

말에는 '가족'어족, language family이 있다. 흔히 한국어는 알타이어 계통에 속한다고 하는 것처럼, 히브리어는 셈어 Semitic 가족의 일원이다. 이 가족에는 아카드어, 아람어, 아랍어, 페니키아어, 우가릿어, 에티오피아어 등 고대 서아시아 지역의 언어들이 속해 있다. 셈은 함, 야벳과 함께 홍수 이후 노아로부터 난 아들들인 것으로 성경은 전하는데창 10장, 대략 셈은 지금의 중동 지역, 함은 북아프리카 그리고 야벳은 터키 지역에 그 터전을 두었다고 한다.

히브리어는 '가나안의 말' 혹은 '유대어'라고 성경은 표기한다사 19:18; 왕하 18:26, 28; 느 13:24. 후대의 어느 랍비가 이 언어를 '히브리어'라고 부르기 시작했는데, 외경의 집회서 서문을 보면 '히브리어'라는 표현이 나온다. 구약성경은 모두 이 히브리어로 적혔으며, 아주 일부는 아람어로 작성되었다. 신약성경은 모두 헬라어 즉, 고대 그리스어로 적혔다. 당시 유대인들은 아람어를 사용하였으나, 헬라어가 지금의 영어처럼 국제적이고 공식적인 언어였기에 헬라어로 문서를 적었고 일부 아람어가 헬라어로 표기되어 있다.

예를 들어 신약성서의 마태복음은 헬라어로 적혔지만, 27장 46절에는 아람어를 그냥 헬라어 알파벳으로 표기한 문장이 나온다. 예수님이 돌아가시기 전에 하신 마지막 한마디를 그분의 모국어인 아람어로 남긴 것이다. "엘리 엘리 레마라마 사박다니", 그 뜻은 "나의 하나님, 나의 하나님, 어찌하여 나를 버리셨나이까"이다. 이 말은 구약성경의 시편 22편 1절을 인용한 것인데 본래 히브리어로 "엘리 엘리 라마 아짜브타니"이다. 서로 비슷하지 않은가?

셈어들은 서로 많이 친밀하다. 이 언어들의 가장 큰 특징 중 하나는, 거의 모든 단어가 세 개의 자음으로 구성된 어근을 기초로 두고 있다는 것이다. 예를 들어 셈어 중 '왕'을 뜻하는 단어는 모두 세 개의 자음 'ㅁ ㄹ ㅋ' m.l.k.으로 구성되어 있다. 히브리어로는 '멜렉'melek이고, 아카드어로는 '말쿠'malku, 아랍어로는 '말릭'malik이다. 보다시피 세 개의 어근 m, l, k는 변함이 없고 자음에 붙는 모음만 조금씩 다를 뿐이다. 사실 셈어에서 모음은 부수적인 것이었다. 특히 문자로 적을 때에는 모음을 표기하지 않기도 하였다. 즉, mlk라고 적혀 있으면 고대 이스라엘 사람들은 앞뒤 문맥을 보아 '왕'이라 이해하고 그냥 외워 온 관습대로 'melek'이라고 발음하였던 것이다. 우리로 따지자면 ㄷㅎㄴㅁㄴㄱㄱ 이라 적힌 것을 보고 '대한민국'이라 발음하였다는 얘기다. 구약성경 히브리어 원문에 모음이 붙어 적혀진 것이 기원후 9~10세기쯤이니, 예수님이 이 땅에 오시고도 거의 천 년간을 유대인들은 자음만 적힌 성경을 읽어 온 것이다.

이 언어들도 표준어와 사투리가 있었을까? 재미있게도 성경은 그들 말에 지방 사투리가 있었다고 말한다. 사사기 12장 1-7절을 보면, 입다가 사사일 때 길르앗 사람들과 에브라임 사람들이 서로 싸우게 되었다. 에브라임 사람 하나라도 더 적발해 죽이려고 혈안이 되어 있던 길르앗인들은 에브라임인이라 추정되는 사람들을 세워 놓고 '쉽볼렛'shibboleth을 발음하라고 시켰다. 에브라임 지방 사투리를 쓰는 사람들은 '쉬'sh 발음을 잘 못하기 때문에 그만 '씹볼렛'sibboleth이라 말하고 발각된 것이다. 친구들이 종종 경상도 친구에게 '쌀'을 발음해 보라고 장난치는 것과 같은 원리다. 아마도 성경 본문의 기원이 되는 이야기와 문서에는 사투리가 많이 있었을 것이다. 하지만 성서 본문을 필사하고 보존하던 서기관들의 냉정한 검열 속에서 많은 지방 방언들이 수정되었을 것이다. 현대 유대인들도 각각 사는 지역에 따라 발음에 차이가 있다. 재미있게도 미국 유대인들의 발음은 버터가 녹아 있듯 매끄럽고 영국 유대인들의 말은 좀 경직되어 보이며, 독일 유대인들은 거친 숨소리를 자주 낸다.

이외에도 흥미로운 언어적 특성이 많이 있지만, 좀 복잡하기에 생략한다. 혹 히브리어를 더 어려워 하실까 봐. 하지만 실제로 배워 보면 절대 어렵지 않다. ㅎㅂㄹㅇㄹㄹ ㅂㅇㅈ!

히브리어 성경의 블랙 유머

히브리어가 모음 기호를 본래 사용하지 않았기에 발생한 문제가 있는데, 우리는 이스라엘의 신, 즉 하나님의 성함을 어떻게 발음해야 하는지 모른다. 히브리어로 하나님의 이름은 'יהוה' 라고 적는데, 이는 모두 자음으로만 구성되어 있다. 서구 알파벳으로 표기하자면 'YHWH'인데, 전통적으로 유대인들은 하나님의 성함을 인간이 함부로 부를 수 없다 하여 이 단어만 나오면 발음하지 않고 그냥 '아도나이' 즉 '나의 주님'이라 불렀다. 우리도 집에서 '아버지' 하고 부르지 '김철수'라고 불렀다간 호래자식이 되지 않는가. 하나님의 이름을 어떻게 발음하는 것인지 재구성하기 위해 히브리어 '아도나이'나 '엘로힘'신에 적용된 모음 기호를 YHWH에 붙여 인위적으로 만든 것이 '여호와'Yehowah다. 하지만 현재는 성서학자들의 관찰로 '야웨'Yahweh라는 발음이 선호되고 있다. 혹 지금까지 여호와와 야웨가 서로 다른 신의 이름이라고 생각한 분이 있다면, 잠시 민망해하시기 바란다.

헬라 철학의 영향이 깊은 신약성경이 다소 추상적이거나 철학적인 표현을 많이 사용하는 반면, 구약성경의 히브리어는 매우 원초적인 표현을 즐겨 쓴다. 결정하다는 말은 '자르다'로, 옳다는 말은 '곧바른'으로 표현한다. 그래서 원래 욥기 22장 28절은 "네가 무엇을 '자르면' 이루어질 것이요"가 히브리어 원문의 본래 표현이다. 이사야 63장 15절 같은 경우는 본래 "'내장'과 동정심이 내게 그쳤나이다"라고 끝을 맺는데, 우리말 개역개정은 "간곡한 자비와 사랑이 내게 그쳤나이다"라고 번역한다. 우리가 자비라고 생각하는 히브리어 단어 '메이에'mē'eh는 본래 뱃속에 있는 '내장'을 의미한다. 이외에도 '힘'은 뿔, '영'은 바람, '영혼'은 숨, '후손'은 씨, '분노'는 열기로 표현한다. 우리말로 '열 받았다'가 '분노했다'는 뜻인 것처럼 말이다.

히브리어 성경을 읽으면서 제일 흥미로운 것은 무수히 많이 등장하는 '말장난'word-play, 언어유희이다. 성경 속 많은 내용들은 문자로 적혀지기 전에 사람들 사이에 입으로 회람되었던 것이 많다. 말로써 전달되다 보니 머릿속에 잘 기억되어야 할 것이고, 잘 기억되려면 말 자체가 아주 흥미롭고 재미가 있어야 효과적이었을 것이다.

룻기 처음에 보면, 나오미라는 여인과 그의 가족이 베들레헴에서 살다가 그곳에 먹을 것이 없어 떠나게 된다. 여기서 베들레헴은 히브리어로 그 뜻이 '빵집'이다. 세상에, 빵집인데 먹을 것이 없단다. 나오미의 남편 엘리멜렉은 가족을 먹여 살리겠다고 외국에까지 갔으나 자기는 일찍 죽어 버린다. 이 남편의 이름은 그 뜻이 '나의 하나님은 왕'이니 그 이름이 참 무색해져 버렸다. 그리고 아뿔싸, 이들이 낳은 두 아들의 이름은 말론과 기룐이니, 뜻은 각각 '환자' 그리고 '연약'으로 추정된다. 이름처럼 두 아들도 금방 죽어 버린다. 나오미라는 여인에게 그 남편은 이름만 '나의 하나님은 왕'인 허세남이었다. 구두 문학의 기교가 빼어나게 담겨진 이 드라마는 단어의 유희를 통해 그 시작을 블랙 유머black humor로 막을 올린 것이다.

선지자 아모스는 북이스라엘에 가서 그 나라 왕이 칼에 맞아 죽을 것이라고 떠들고 다니다가 제사장 아마샤로부터 한 소리를 듣는다. “선견자야 너는 유다 땅으로 도망하여 가서 거기에서나 떡을 먹으며 거기에서나 예언하고 다시는 벧엘에서 예언하지 말라 이는 왕의 성소요 나라의 궁궐임이니라”암 7:12. 이 말을 들은 아모스는 아마 피식 웃었을 것이다. 아마샤가 하나님의 종이라는 신성한 소명을 잃어버리고, 그저 왕에게 달라붙어 아부하는 어용 종교인임이 드러났기 때문이다. 위의 말에서 ‘벧엘’은 북이스라엘의 유명한 성소인데 그 히브리어 의미 자체가 ‘하나님의 집’이란 뜻이다. 반면 아마샤의 당당한 해석을 보라. 벧엘이 왕의 궁궐이란다.

이뿐이 아니다. 구약성경에는 히브리 문학의 역설과 풍자가 가득하다. 조금만 인내해서 히브리어를 배우면 이 재미있는 유머를 즐길 수 있다.

노트북이 없던 시절

유학 시절 어느 날 한 영국인 친구가 말하기를 내가 중국어를 잘 알기 때문에 - 아마 한국은 그저 중국의 일부로 생각했던 것 같다 - 히브리어가 쉽겠다고 어이없는 말을 한 적이 있다. 실제로 히브리어의 모양은 네모반듯한 틀 안에 붓으로 멋지게 흘려 쓴 한자같이 보인다. 마침 히브리어와 셈어들은 대부분 오른쪽에서 왼쪽으로 쓴다. 중국어처럼 말이다.

하지만 히브리어가 처음부터 그렇게 ‘잘생긴’ 글자는 아니었다. 33쪽의 히브리어 변화 과정을 보라. 처음에는 마치 무슨 그림 같았던 문자가, 시간이 흐르며 발달하여 지금의 모양으로 자리 잡은 것이다. 히브리어의 첫

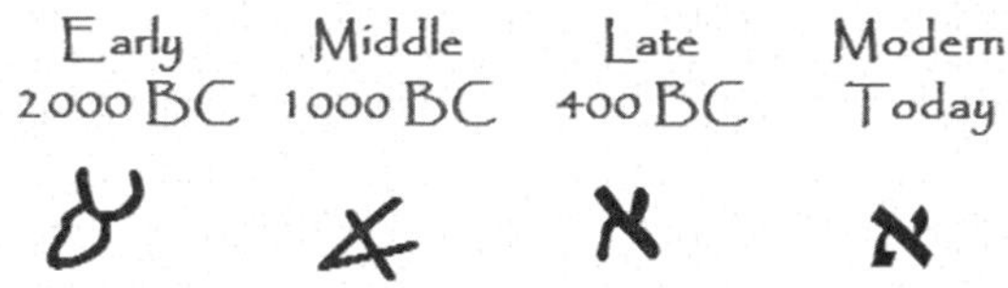

출처 Ancient Hebrew Research Center: http://www.ancient-hebrew.org/

글자인 '알레프' א 를 보자.

처음에는 알레프가 마치 황소 머리처럼 생겼었다. 사실 '힘'을 상징하는 황소 머리를 그린 것이 알레프였다. 이 글자는 후에 서구 알파벳의 A가 되었다.

실제 구약성서 시대의 필기 문자가 발견되기도 했는데, 34쪽 기원전 8세기경의 비문을 보라. 이 비문은 1880년에 발견되었으며, 실제 구약성서 시대의 필기체다. 이 글은 히스기야가 만든 수로에 관한 내용을 담고 있다. 열왕기하 20장 20절은 이런 기록을 남겼다. "히스기야의 남은 사적과 그의 모든 업적과 저수지와 수로를 만들어 물을 성 안으로 끌어들인 일은 유다 왕 역대지략에 기록되지 아니하였느냐." 이외에도 역대하 32장 3절과 30절, 33장 14절에도 이 수로에 관한 기록이 남아 있다. 이렇게 심란하게 생긴 글자들이 발달하다가 아람어 쪽에서 기원한 것으로 추정되는 지금의 네모 모양의 글자체를 가지게 되었다. 그것이 더 발달하여 34쪽 사진 위쪽에 보이는 현대 히브리어 글자체에까지 이르렀다.

글자 모양의 변천은 필기도구의 발달과 관련이 있었을 것이다. 지금처럼 훌륭한 컴퓨터가 있어서 예쁜 폰트를 개발하고 쉽게 찍어 넣을 수 있

히스기야 수로에 있는 실로암 비문의 복제:

던 시대가 아니었다. 매끈한 종이와 그 위를 김연아가 스케이팅 하듯 달리는 연필이 있었던 것도 아니다. 시기적으로는 기원전 36세기쯤 된 '글'을 한번 보라. 인류가 발견한 최고의 문명지 수메르에서는 35쪽 사진에서 보이는 것과 같은 문자를 사용하였다.

비교적 잘 깎이는 석회암 표면에 그림을 그려 정보를 전달하던 그림문자pictographic다. 키쉬 서판Kish Tablet이라 불리는 이 돌덩이는 메뚜기나 벌레로 피해를 입은 밭을 정화하는 의식에 관한 내용을 담고 있다. 나중에는 이런 그림 문자를 좀 더 부드러운 진흙판에 새겨 넣었다.

이렇게 생긴 글자들을 조금 더 추상화하고, 뾰족한 끝으로 돌판 위를 찍고 긁어서 쓰던 것이 바로 설형문자 cuneiform symbols다. 지금 나는 이 설형문자를 뾰족한 바늘로 모니터 스크린을 찍고 긁을 필요 없이 매우 간편하게 컴퓨터로 아래와 같이 넣을 수 있다.

Prof. Charles F. Horne의 1907년 편저
Sacred Books of the East – Babylonia & Assyria의 저작물;
Public domain

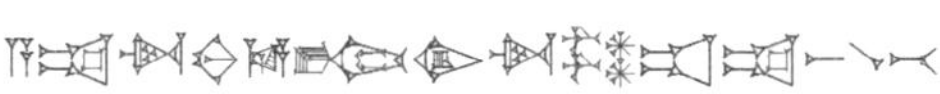

메소포타미아 지역에서 발견되는 많은 문헌들은 위와 같은 설형문자 혹은 쐐기문자로 적혀 있으며, 이스라엘 사람들이 와서 살게 된 가나안 지역에서도 기원전 15세기 이전에 사용하였다. 초기 히브리어들도 위와 같은 방법으로 필기되었을 것이다.

성서는 당시 사람들이 쓰던 필기도구가 무엇이었는지도 알려 준다.

> "여호와께서 내게 이르시되 너는 큰 서판을 가지고 그 위에 통용 문자로 마헬살랄하스바스라 쓰라" (사 8:1).

여기서 서판이라는 것은 파피루스 같은 종이를 의미할 수도 있고 다른 재질의 판때기를 의미할 수도 있다.

> "유다의 죄는 금강석 끝 철필로 기록되되 그들의 마음 판과 그들의 제단 뿔에 새겨졌거늘"(렘 17:1).

그런 서판에 글을 쓰려면 철필같이 강하고 날카로운 필기도구가 있어야 했을 것이다. 이런 판 위에 쓰는 것 말고도 파피루스나 양, 염소 가죽으로 만든 '두루마리'도 자주 쓰였다. 이 두루마리 위에는 잉크와 펜을 사용하여 글을 적었다.

> "바룩이 대답하되 그가 그의 입으로 이 모든 말을 내게 불러 주기로 내가 먹잉크으로 책에 기록하였노라"(렘 36:18).

이런 '글쓰기'는 막노동까지는 아니지만 그렇다고 지금처럼 우아하게 창가 옆 테이블에 앉아 커피를 마시며 쓸 수 있는 작업도 아니었을 것이다. 문자를 적는 것은 다소 숙련된 기술이 필요했다. 지금처럼 복사기나 노트북이 없던 시절, 이런 특별한 작업을 위해 '서기관'이라는 인간복사기 혹은 노트북이 필요했다. 이들은 당시 문헌들을 직접 손으로 베끼고 보존하는 일을 했다.

다소 손이 가는 일이기에 '선생'쯤 되면 직접 자기 손으로 이런 필기 노동은 하지 않았다. 바울도 옆에 대신 필기해 주던 이가 있었고 롬 16:22 예레미야도 바로 위에 인용한 성경 구절에 나오는 바룩을 두어 그 일을 시켰다. 예수님도 직접 글을 쓰신 적은 없고 석가모니도, 소크라테스도, 플라톤도 자신이 직접 쓴 글은 없다고 한다. 노트북이 있었으면 그분들도 어렵지 않게 많이 쓰셨을 텐데 아쉽다.

자, 이제 옛날 팔레스타인으로 가 보자. 지금 이스라엘이라는 나라가 있는 곳이다. 그 땅에 얽힌 서글픈 사연도 들어 보자.

03

민망한 아브라함, 조승희의 팔뚝

팔레스타인의 지리와 거주민

앉아 있는 어느 유대인;
PD–Matson

런던에 가서 처음 살게 된 기숙사는 하이드 파크 옆에 있던 '릴리안 펜슨 홀' Lillian Penson Hall이었다. 그곳에서 하룻밤을 지내고 다음 날 아침 문밖에서 사람들이 영어로 웅성거리는 소리에 눈을 뜨게 되었을 때, 나는 드디어 내가 낯선 곳에 왔다는 것을 실감할 수 있었다. 그곳 기숙사 아래에는 학생들이 모여 식사하고 맥주도 마시고, 당구 치고 춤도 추던 작은 펍 Pub이 있었는데, 세계 각국에서 온 온갖 인종의 학생들이 이곳에 와 서로 친해지고 타국 생활의 외로움을 달래기도 하였다.

하루는 이 펍에서 젊은 부부 한 쌍을 만나 이야기를 나누는데, 자기네가 어느 나라에서 왔는지 알아맞혀 보라고 했다. 약간 어눌한 영어를 구사하는 확연한 백인이기에 나는 프랑스나 동유럽에서 온 이들이라 생각했다. 그런데 그들은 자기네가 '오리엔탈' oriental 즉, 동양에서 왔다고 했다. 알고 보니 이 부부는 이스라엘에서 온 학생들이었다. 내가 구약성서를 연구한다니까 필요하다면 언제든 히브리어 읽는 것을 도와주겠다고 선심까지 썼다.

서구형 미인이 즐비한 이스라엘 여인들을 보고 또 착각들 하실까 봐 다시 한 번 말씀드리려 한다. 본래 그 땅에 살던 성서의 인물들은 서구의 백인일 수 없다. 이스라엘 민족이 나라를 잃고 세계에 흩어져 약 2000년을 살다가 다시 팔레스타인 땅에 돌아와 나라를 세웠을 때, 많은 유럽 지역의 유대인들이 돌아와 정착하였다. 그래서 지금의 이스라엘 사람들은 주변의 중동 사람들에 비해 많이 서구인처럼 보인다.

예수님이 서구인이 아니셨듯이, 성서의 주인공들이 살던 그 땅도 서구의 것이 아니다. 그곳 중동 땅은 공교롭게도 아시아와 아프리카, 그리고 유럽과도 맞닿아 있는 세 대륙의 교류지다. 중동 사람들의 외모를 한 번 살펴보라. 그들은 유럽인들처럼 큰 코와 움푹 파인 눈을 가지고 있으면서도 피부색은 진하다. 하지만 아프리카 계열의 흑인들만큼은 아니고 동양인과 그들을 약간 섞어 놓은 듯하다. 머리카락의 곱슬곱슬한 정도도 딱 그 중간쯤이다. 성서의 땅은 이처럼 동양과 아프리카, 그리고 유럽이 모두 만나는 보편과 혼합의 거처다.

누구든 '밟고' 싶은 땅, 팔레스타인

성서에서 가나안이라 불리던 약속의 땅. 여기는 한때 이스라엘 민족이 살던 곳이고 현재 다시 이스라엘이라는 나라가 있는 곳이다. 지역적으로 팔레스타인이라 불리는 곳이며, 지금은 그곳에 오랫동안 살던 팔레스타인 사람들과 다시 밀고 들어온 이스라엘이 치고 박고 싸우며 살고 있는

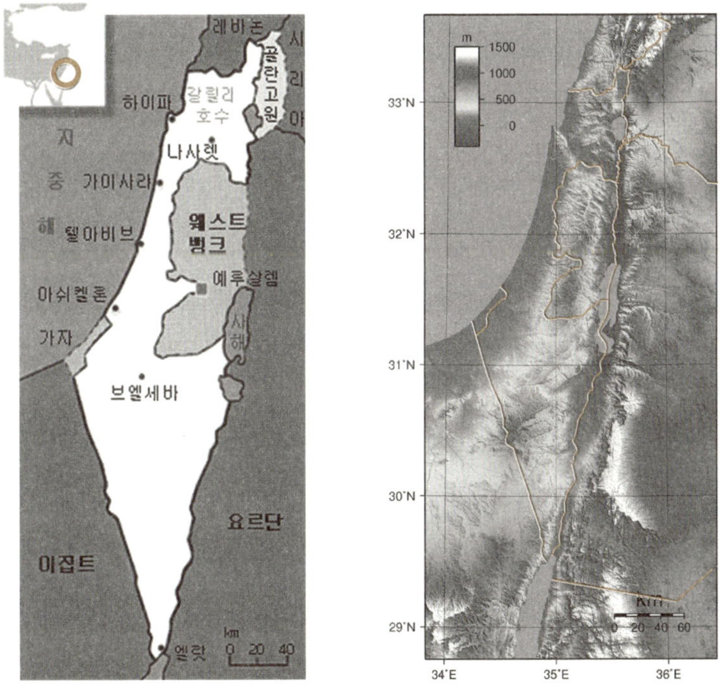

이스라엘 지도; CC-BY-SA-3.0

땅이다. 그냥 지금의 이스라엘을 생각하면 된다.

위 그림에서 보는 바와 같이 이스라엘은 좁고 길쭉한 나라다. 이스라엘은 그 길이가 약 320km이고 너비가 약 110km이다. 비슷하게 길쭉한 한반도는 길이가 남북한 합하여 1,100km, 너비가 약 300km이니 그 크기를 상상해 보시기 바란다.

지형적 특색을 보자면, 우선 위쪽 레바논의 산맥이 아래 이집트까지 이르는 것이 보인다. 왼편으로는 지중해 연안이 닿아 있고 지도에는 보이지 않지만 오른편으로는 사막이 펼쳐진다. 맨 왼편에는 해안 평야지대가 있고, 다음 산악지대, 가파른 계곡 측면이 있는 열곡지대, 강가의 경작지대 그리고 사막으로 이어진다.

사방의 모든 민족이 한 번쯤은 괜히 밟고 싶은 곳이 이 지역이다. 왼편은 다른 민족의 해양 침입에 노출되어 있다. 오른쪽은 사막으로부터 오는 침입에 열려 있는데, 이쪽으로부터 받는 공격을 효과적으로 막았던 적이 별로 없다. 결국 이스라엘 왕국은 동방의 아시리아와 바벨론으로부터 침략을 받아 무너졌다. 위아래로는, 비록 쉽지는 않지만, 원정 가는 군대나 이주민들의 경로가 되었다. 위에서 아래로 혹은 아래에서 위로 갈 때, 오른쪽 사막이나 흉흉한 바다보다는 산맥 옆 평야지대가 제격이기에 유린당하기 딱 좋았다. 오른쪽 사막에 사는 무리들도 요단강을 건너와 자주 먹거리를 빼앗아 갔다. 이런 일은 구약성서 시대에 부지기수로 있었으니, 사사기 6장 3-5절의 기록을 보자.

> "이스라엘이 파종한 때면 미디안과 아말렉과 동방 사람들이 치러 올라와서 진을 치고 가사에 이르도록 토지 소산을 멸하여 이스라엘 가운데에 먹을 것을 남겨 두지 아니하며 양이나 소나 나귀도 남기지 아니하니 이는 그들이 그들의 짐승과 장막을 가지고 올라와 메뚜기 떼같이 많이 들어오니 그 사람과 낙타가 무수함이라 그들이 그 땅에 들어와 멸하려 하니."

파종하여 뭐 좀 먹을 것이 생기면 자기네 낙타들까지 다 끌고 와 먹어

치우고는 한 것이다. 이들을 무찌른 기드온 사사가 얼마나 고마웠던지 사람들은 그를 왕으로 모시려고까지 하였다삿 8:22-23.

먹을 것 가지고 괴롭히는 건 그래도 약과였다. 이곳 팔레스타인 지역은 동쪽의 거대 메소포타미아 문명과 아래의 막강 이집트 문명 사이에 끼어 있는 곳이다. 메소포타미아는 고내 바벨론과 아시리아, 페르시아 등의 강국이 출현하던 곳이고, 이들은 늘 남쪽의 이집트와 힘 대결을 하였다. 그 사이에 끼어 있던 팔레스타인 지역, 더 넓게 보자면 지금의 레바논과 시리아, 요르단, 이스라엘/팔레스타인, 그리고 터키와 이라크 일부 지역은 늘 이 두 최강 문명 사이에서 눈치를 보아야 했다. 항상 그들의 속국으로 살았다 해도 과언이 아니다. 마치 옛날 우리나라가 거대 중국의 영향 아래 있었던 것처럼 말이다.

그 사이에 끼어 있던 이스라엘의 왕들은 참 불쌍했다. 한번은 이런 일이 있었다. 이집트와 아시리아가 싸우는데, 유다 왕 요시야가 이집트의 왕 느고를 만나러 갔다.

> "요시야 당시에 애굽의 왕 바로 느고가 앗수르 왕을 치고자 하여 유브라데 강으로 올라가므로 요시야 왕이 맞서 나갔더니 애굽 왕이 요시야를 므깃도에서 만났을 때에 죽인지라"(왕하 23:29).

두 대국 간의 싸움에 작고 미미한 나라 유다의 왕이 왜 끼어들어야만 했을까? 강대국의 눈치를 극도로 보아야 했던 작은 속국 왕의 서글픈 죽음이다.

주변 강대국들은 이 땅을 밟고 싶어 했다. 지나가기 위해서 밟아야 했고, 별것 아닌 것으로 여겨 밟았다. 팔레스타인 지역은 이스라엘 왕국이 아시리아와 바벨론에게 멸망당한 뒤에도 지속적으로 이방 민족의 지배 아래 있었다. 바벨론 이후 페르시아, 로마가 뒤를 이었으며, 비잔틴 제국, 아랍 칼리파의 지배, 오스만 제국, 그리고 현대에 이르러선 영국의 지배 아래 있었다. 20세기 근대에 이르러 유대인들은 이 팔레스타인 땅으로 돌아온다. 그러면서 그 땅에 살던 아랍 계열 팔레스타인 주민들과 크게 대립하기 시작하였고, 결국 유럽의 강국 특히 영국이 깊이 개입하여 팔레스타인 지역을 유대인과 아랍인들이 나누어 살도록 결정하기에 이른다. 유럽에 살던 유대인들이 몰려와 땅을 차지하자 그 땅에 살고 있던 아랍인들은 분노할 수밖에 없었고, 아직까지도 이들은 날카로운 대립 속에 유혈 분쟁을 일으키며 살아가고 있다. 이렇게 팔레스타인은 늘 주변 강국의 이해관계 아래 '밟혀' 왔던 땅이다.

민망한 아브라함, 조승희의 팔뚝

팔레스타인이 자리 잡고 있는 중동의 긴 역사 속에는 마치 '업'과 같은 슬픔이 있다. 그 이야기의 시작은 '믿음의 조상' 아브라함으로부터 비롯된다. 아브라함의 장점은 그가 남다른 믿음이 있다는 것이다. 그리고 그의 단점은 종종 믿음이 없는 것이다. 아브라함은 아내 사라를 두 번이나 동생이라 속이는 바람에 그녀를 거의 성폭행의 위기로까지 몰아넣었다창 12:10-20, 20장. 예쁜 아내 때문에 자기가 죽기 싫어서였다. 그의 믿음직스럽지 못한 또 한 예가 있는데, 아드리안 반 데르 베르프 Adriaen van der Werff, 1659-1722년가 그린 다음 작품을 보며 이야기하자.[2]

이 그림이 창세기 16장 1-6절을 희화하고 캐릭터 간의 상호성을 해석하는 저력은 매우 뛰어나다. 아브라함과 사라 부부는 하나님으로부터 아들을 낳으리라는 약속을 받았지만, 믿기 어려운 상황에 이르렀다. 사라가 너무 늙어 임신이 불가능했기 때문이다. 아브라함은 후에 자기 아들조차 '믿음으로' 죽이려 할 정도창 22-23장로 믿음이 있었지만 남자에겐 믿음만이 문제가 아닌 모양이다. 다른 것이 문제다.

위 그림을 보면 지금 아브라함 옆에 두 여인이 있다. 오른편에는 아내 사라가 있고 아래에는 아내가 동침하라고 데려온 여종 하갈이 있다. 여종을 통해 자식을 얻기 위해서다. 아브라함 그리고 '남성'들이 보기에 두 여

---

2) 아래의 내용은 저자의 다음 논문에서 일부 차용하였다: 기민석 "아브라함 이야기의 구조, '허접한 남편', 사라의 쓴웃음", 〈구약논단〉 31호(2009).

인은 확연히 차이가 난다. 이 화가는 사라를 한때 아름답다고는 했지만 이젠 노쇠하여 여성미를 잃어버린 모습으로, 그리고 하갈은 젊고 관능적이며 순응적이어서 남자의 성적 본능을 자극하기에 충분한 모습으로 그렸다. 사라는 칙칙한 옷으로 온몸을 감싸고 있지만, 하갈은 벌써 반라의 모습으로 아브라함의 침대에 수줍게 앉아 있다. '믿음의 조상'이라 칭송받는 남편 아브라함의 반응이 흥미롭다. 벌써 옷은 제쳐버렸고, 마누라 사라와는 비교할 수 없을 만큼 탐스러운 여종의 등 뒤에서 그의 근육은 - 노인답지 않게 - 불끈거리고 있다. 식스 팩이 뚜렷이 보인다. 사라의 제안을 들으면서 좀 미안하기도 하고 당혹했는지 한쪽 손을 들어 올리는 제스처를 하고는 있지만, 그의 또 다른 손은 벌써 하갈의 벗은 어깨 위에 올라가 있다. 그의 눈빛도 이미 풀어져 있다. 화가가 이 사건을 어떻게 이해하고 있는지 선명히 드러난다.

이렇게 해서 태어난 하갈의 아이가 이스마엘이다. 후에 사라는 하나님의 약속대로 이삭을 낳았고, 그 후손이 유대교도가 된다. 이스마엘과 그의 엄마 하갈은 사라로부터 엄청난 설움을 당해야 했고창 16:7–16, 21:9–20, 전승에 의하면 이 아이의 후손이 지금의 이슬람교도들이다.

기원후 1세기 이후 팔레스타인 땅에서 쫓겨난 유대인들은 15세기에도 탄압을 받고 많은 무리가 유럽에 정착하게 된다. 예수 그리스도를 따르는 기독교는 이 유럽에서 꽃을 피운 종교다. 십자가에 예수를 못 박았다는 주홍글씨를 안고 유대인들은 유럽에서 살게 되었는데, 강한 반유대주의anti-semitism가 종종 휘몰아쳐 쉽지 않게 살고 있었다. 홀로코스트 같은 유대인 대학살이 그 한 증거다. 이 기독교의 유럽이 주도하여 미운(?) 유대인들을 당시 이슬람권인 팔레스타인 땅에 이주시키기로 결정하였고, 현재 유대인들은 이스마엘의 후손들에게 둘러싸여 굉장히 살벌하게 살아가고 있다. 믿음의 조상 아브라함의 믿음 없는 실수(?)가 기나긴 역사에 비극의 씨앗이 될 줄이야.

자기가 어떻게 태어났건 자녀들은 자기 아버지를 존중하게 마련이다. 이스마엘의 후손 이슬람도 그의 조상 아브라함을 따른다. 본처의 자식인 이삭의 후손 유대인들도 마찬가지다. 아래 사진은 저자가 2008년 터키의 하란에서 찍은 사진이다. 아브라함이 오랜 기간 살았던 이곳에 그를 기념하기 위해 모여든 여성 이슬람 신학도들과 그 선생의 모습이다. 이들 주변에는 마찬가지로 아브라함을 뵙기 위해 모여든 기독교도들로 가득하다. 이 모습을 아브라함이 보고 있다면 참 뻘쭘하실 것이다.

이처럼 이 땅 팔레스타인은, 지형적 조건으로 인한 역사적 고초도 많았지만 과거 그 땅에 살던 주인공 가족의 내사內事로 인해 지금도 많은 피눈물을 흘리고 있다.

지난 2007년 봄, 미국 버지니아 공대에서 벌어진 끔찍한 총기난사로 무려 32명이 살해되었고, 공교롭게도 범인이 한국계 학생 조승희였다. 그는 사

건 당일 NBC 방송에 우편물을 보내면서 주소란에 자신의 이름 대신 '이스마엘'Ishmael이라 적었다. 그의 팔뚝에도 빨간 글씨로 '이스마일 도끼'Ismail Ax라고 적혀 있었다. 조승희는 주변에서 자주 따돌림을 당했다고 한다. 이스마엘은 따돌림 당해 온 자신과 같은 처지를 경험한 인물이다. 이스마엘의 후손인 이슬람은 조승희가 자라면서 따돌림을 겪은 미국의 가장 강력한 저항자들이다. 더불어 미국은 유대교와 기독교가 정계에 큰 영향을 미치는 나라다. 이쯤 되면 아브라함은 뻘쭘한 정도가 아니라 아마 꽤 진땀을 빼고 계시리라.

사실 성경을 정확히 보면, 이삭과 이스마엘은 서로 나쁜 사이가 아니었다. 아버지 아브라함이 죽었을 때 장례식에도 그 둘이 같이 참석한다창 25:9. 그리고 이삭의 아들 에서가 이스마엘의 딸과 결혼한 것을 보아서도 그 둘의 사이를 짐작할 수 있다창 28:9. 사실 그렇게 나쁜 사이가 아니었는데, 그 후손들은 왜 이 지경까지 왔는지 안타깝다.

그 땅엔 누가 살았나?

성경을 통해 알 수 있는 가나안의 여러 부족들, 나중에 이주해 온 히브리 그리고 블레셋 사람들, 이들이 그 땅에 살기 전 정말 오래전에는 누가 있었을까?

이 지역 최초의 거주자는 구석기 시대까지 거슬러 올라간다. 학교에서 역사를 배운 지 오래되어 이게 얼마나 오래된 때인지 감이 잘 안 올 것이다. 구석기 시대는 인류가 돌을 사용하여 도구를 만들어 쓰던 시기 중 가장 원시적인 때였으며, 인류의 역사 중 가장 긴 기간이었다. 대략 250만 년 전에 시작하여 1만 년 전쯤에 끝났다. 우리가 흔히 상상하는 원시인들, 돌도끼를 들고 동물 가죽을 대충 걸친 이들이 살던 때다. 이런 구석기 시대의 원시인들이 팔레스타인 땅에도 거주하였다. 구석기 중에서도 가장 이른 '아브빌기'의Abbevillian = Chellean 사람들이 요단 강 주변의 고원지대에서 노천 생활을 했던 흔적이 발견되었고, 이후 노숙 생활에서 벗어나 동굴 속에서 살던 이들의 흔적이 갈릴리, 갈멜, 유대 산악지대에서 발견되었다. 이때를 구석기 중간기로서 '무스테리안기'Mousterian = Neanderthal라고도 부른다. 이들이 팔레스타인 최초 거주자들이라 여겨지며, 이들의 기원이 어디인지는 정확히 모른다. 이후 더 발전하여 동굴에서 벗어나 촌락과 도시를 형성하여 살던 시대는 초기 청동기 시대, 약 기원전 3000년 이후부터 시작하였다.

인종적으로 좀 파악이 되는 사람들이 기원전 약 4000년 전부터 팔레스타인으로 이주해 왔다. 이들은 '아르메니아' 인종Armenoid인데, 아르메니아

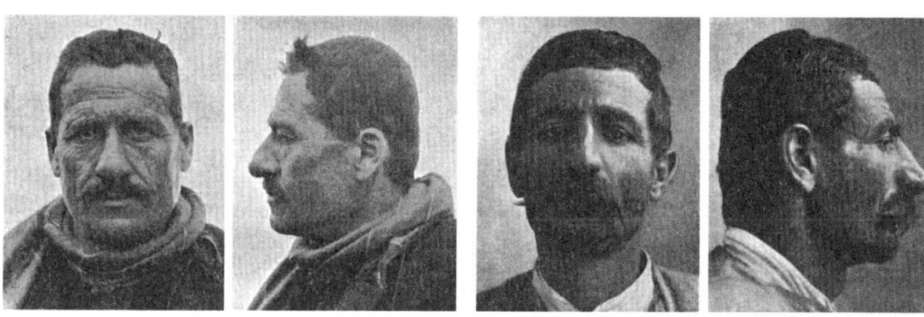

출처 Felix V. Luschan, "The Early Inhabitants of West Asia", The Journal of the Royal Anthropological Institute of Great Britain and Ireland, Vol. 41. (Jul. - Dec., 1911), pp. 221-244.

와 터키 일부에 걸쳐 있는 아르메니아 고원 평야지대에서 내려와 메소포타미아 북쪽 지역과 시리아, 이집트 북쪽 지역까지 이주했다.

앞 사진은 레바논이나 시리아 지역의 아르메니아인이며, 이들은 주로 중동 지역에 집중되어 있는 백색 인종이다. 남쪽에선 이들을 '후르 사람' Hurrians이라 불렀으며, 이집트에선 '하루' Haru, 이스라엘에선 '호리' 사람 Horites이라고 불렀다 창 36:20–30. 후에 세일 산에서 히브리계 에돔인들에게 흡수된다.

> "호리 사람도 세일에 거주하였는데 에서의 자손이 그들을 멸하고 그 땅에 거주하였으니 이스라엘이 여호와께서 주신 기업의 땅에서 행한 것과 같았느니라"(신 2:12).

정체가 불분명한 '브리스 사람들' Perizzites도 이 인종인 것으로 추정된다 창 13:7; 수 17:15.

이전 장에서 우리가 언어를 다루면서 히브리어 및 그 주변 언어들을 셈어라 부른다고 하였다. 본래 언어를 일컫는 말이지만 이 고대의 언어를 사용하던 이들도 '셈족' Semite이라고 불렀다. 이들은 아르메니아 계통과는 정반대로 아라비아 남쪽이나 아프리카에서부터 올라왔다.

그 첫 번째 이주자들은 '아모리 사람들' Amorites이다. 기원전 30세기 초, 바벨론 사람들은 이들을 '시리아 북쪽에 거주하는 이들'이라 불렀다.

두 번째 이주자들은 기원전 약 2700년 이후에 온 이들인데, 이들은 홍해를 건너 이주해 왔다는 전승이 있다. 이 시기에 이집트의 고왕국Old Kingdom이 '이방인'들에 의해 멸망했고 팔레스타인 남쪽 경계 지역에는 처음으로 흑인계가 등장했다 한다. 성경의 출애굽 사건을 떠오르게 한다.

새롭게 이주한 이들이 있는데, 이들은 본래 '호리 사람들'의 본거지인 하란과 아라바Arrapha=아르박삿, 창 10:22와 관련 있는 이들이다. 이들을 소위 '히브리인'Hebrew 혹은 Habiru이라 하는데 셈족 혹은 아르메니아 계통일 가능성이 높고, 남쪽으로부터 셈어를 빌려 오랫동안 사용한 것으로 추정된다. 이들은 아브라함이 하란에서 그의 가족과 오래 살다가 떠난 일을 떠오르게 하며, 약 기원전 15세기 즈음의 일로 추정된다.

이후 비아브라함 계열의 히브리인들이 팔레스타인 지역으로 온 것으로 알려진다. 성경에 헷 사람이라 불리는 히타이트Hittite 왕조가 시리아 지역을 침입한 이후 거주한 것으로 본다. 그들에 대한 기록이 성경에도 남아 있다.

> "어떤 히브리 사람들은 요단을 건너 갓과 길르앗 땅으로 가되 사울은 아직 길갈에 있고 그를 따른 모든 백성은 떨더라"(삼상 13:7).

> "전에 블레셋 사람들과 함께하던 히브리 사람이 사방에서 블레셋 사람들과 함께 진영에 들어왔더니 그들이 돌이켜 사울과 요나단과 함께한 이스라엘 사람들과 합하였고"(삼상 14:21).

분명 이스라엘 사람들과 구분되는 낯선 히브리인들이 있었음을 위 구절들은 말하고 있다.

좀 지루한 이야기라 죄송하기도 하지만, 무엇보다도 위에서 말한 팔레스타인 정착민들에 대한 정보는 성경의 독자들에게 다소 혼돈을 줄 수 있을 것 같아 걱정이다. 성경에 기록된 정보가 당시 역사를 온전히 구성하기에는 극히 적은 분량이어서, 고고학이나 다른 학문적 관찰로 재구성하다 보니 이렇게 되었다. 사실 성서 저자들의 주 목적은 '신앙적' 메시지를 전달하기 위한 것이지 역사적 사실을 엄밀하게 나열하는 것은 아니었다. 위와 같은 복잡한 설명은 오히려 적절치 못한 전달이었을 것이다.

교수와 주일학교 선생님의 다른 의견

자, 이제 마지막 이주자들을 보자. 이들은 성경에 '블레셋'Philistines 족속으로 불리며, 이 이름을 따라 이 땅이 팔레스타인Palestine이라 명명되었다. 후대에 모하메드에 의해 점령된 사람들이 사막 쪽에서 이주하기 전까지는 마지막으로 이주한 자들이다.

이집트의 기록에 의하면 기원전 11세기경 이집트를 공격한 '해양 민족'Sea Peoples이 있는데 이들이 블레셋인 것으로 추정된다. 육상뿐 아니라 바다를 통해서도 침입한 매우 공격적인 사람들이었다. 그 기원에 대한 의견은 분분하나, 침입 전 그 출발점은 소아시아 남쪽 해안 영역이었다. 대략 에게 해 쪽에서 넘어와 당시 지중해 지역을 공포로 몰아넣었던 악명 높은 해석들이다.

성경의 블레셋 사람 중에 가장 인기(?)있는 사람은 아마도 거인 장수 골리앗일 것이다. 그런데 학자들 사이에서 이 골리앗이 입은 군복 패션이 문제가 되었는데, 우선 그것을 기록한 사무엘상 17장 4-7절을 보자.

> "블레셋 사람들의 진영에서 싸움을 돋우는 자가 왔는데 그의 이름은 골리앗이요 가드 사람이라 그의 키는 여섯 규빗 한 뼘이요 머리에는 놋 투구를 썼고 몸에는 비늘 갑옷을 입었으니 그 갑옷의 무게가 놋 오천 세겔이며 그의 다리에는 놋 각반을 쳤고 어깨 사이에는 놋 단창을 메었으니 그 창 자루는 베틀 채 같고 창날은 철 육백 세겔이며 방패 든 자가 앞서 행하더라."

문제는 골리앗의 무기와 갑옷이 기원전 11~10세기, 블레셋의 것 같지 않다는 것이다. '해양 민족'이 이집트의 람세스 3세에게 패배한 기록에 의하면 이들에게 긴 창과 칼, 둥근 방패는 있었지만 투구나 비늘 갑옷, 놋 각반 같은 것은 없었다고 한다. 아마도 성경의 전승이 골리앗의 위압감을 강조하기 위하여 여러 지역에서 발견되는 무기와 갑옷 종류를 섞어 표현한 것이 아닌가 추정된다.

과학의 논리실증적인 관찰과 성경 본문이 충돌되는 한 예이다. 위의 성경구절이 그리는 블레셋 장군 골리앗의 갑옷과 무기는 사실보단 좀 과장된 문학적 표현인 것인가, 아니면 본래 블레셋은 해양 민족이 아닐 수도 있기 때문에 이집트의 해양 민족에 대한 기록과 비교하는 것 자체가 잘못인 것일까?

고대 성경의 저자들은 현대 독자들을 충족시킬 수 있는 방식으로 성경을 기록하지는 않았다. 아마 현대인들이 성경을 기록하였다면 매우 실증 가능하게, 마치 무슨 사건에 대한 언론 보도처럼 적었을 것이다. 그 옛날의 기록 방식에서 현대 우리들의 정신을 기대하긴 어렵다. 그래서 현대의 성서 독자들은 성경의 불안한 '과학적 정확성'으로 인해 불가피하게 갈등할 수밖에 없다. 그 불안함을 지나치게 부정적으로 여기는 바람에 성경 기록을 무조건 과학적으로 빈틈이 없는 것으로 우기는 신앙인들도 있다. 반면 성령의 감동으로 쓰인 성경의 그 '자유로운' 세계를 범생이처럼 우둔하게 과학적 잣대로 비평하고 결국 성경을 폄하하는 이들도 있다. 둘 다 어리석은 태도다.

이 갈등은 지극히 정상적인 것이다. 애초에 성경이 '과학' 책이 아니기 때문이다. 아무 갈등이 없어야 정상이라고 생각하는 것 자체가 비현실적인 믿음이다. 성경이 사실을 있는 그대로 보고하지 않기 때문에 진리가 아닌 것일까? 그렇다면 과학적인 것은 반드시 진리일까? 성경이 꼭 과학에 발맞춰 주어야만 진리로 인정받을 수 있는 것은 아니다. 박혁거세가 알에서 태어났다는 비실증적인 전승 때문에, 박혁거세의 존재를 부정할 것인가? 떨어져 죽은 삼천 궁녀들의 피로 인해 낙화암이 아직도 붉은색이라는 비과학적인 전승 때문에, 우리는 백제 의자왕 20년에 나당 연합군의 공격으로 백제의 수도 사비성이 함락되었다는 역사적 사실을 부정할 텐가? 과학적 일관성이 있어야만 사실이고 진리인 것은 아니다. 특히 고대의 저작에선 더 그러하다.

홍미진진한 '다윗과 골리앗' 이야기를 해주시던 주일학교 선생님은 골리앗의 무시무시한 무기와 갑옷을 묘사하면서 매우 과장된 목소리로 주일학교 학생들을 겁주었을 것이다. 정말 골리앗이 그 갑옷과 무기를 가지고 있었는지는 문제가 될 수 없다. 중요한 건, 이 철통 같은 갑옷과 무기를 지닌 거인 골리앗을 양치기 소년 다윗이 하나님의 이름으로 나아가 싸워 '기적적으로' 무찔렀다는 점이다. 하나님이 이 기록을 성경에 남기실 때도 아마 이 주일학교 선생님과 같은 마음이셨을 것이다. 성경에 있어서 역사적 사실보다 더 중요한 것은, 그 고귀한 신앙적 유산을 어떻게 해서든지 극대화하여 어린 아이들의 마음속에 남겨 주려는 '주일학교 선생님'의 절실함이었을 것이다.

04

보아야 믿을 것인가, 보지 않고도 믿을 것인가

성서 고고학

이스라엘 Tell el-Hesi 발굴 작업 중인 고고학자들;

우리는 고고학자 하면 말끔한 양복을 입은 교수가 아니라 한 손에는 삽을 들고 머리에는 햇빛을 가리는 모자를 쓴 노동자 같은 모습을 상상하게 된다. 고고학이란 과거의 사람들이 남긴 자료나 유물들을 가지고 그 당시의 문화를 살펴보는 과학적인 학문 행위를 말하는데, 과거의 유산들이 오랜 시간이 흐르는 동안 땅속에 묻혀 있는 경우가 많기 때문이다. 고고학은 논문도 많이 읽어야 하지만 삽질도 잘해야 한다.

고고학자들에 대한 짓궂은 농담이 있다. 고고학자들은 집에 냉장고나 다른 가전제품이 고장 나면 일단 땅에 묻는단다. 그리고는 다시 파내고 고친다. 뭐든 땅속에서 끄집어낸 '고장 난' 것들을 이리저리 맞추어 보고 복원하는 그들의 행위를 빗대는 농담이다. 박사과정을 할 때 나의 지도교수님은 성서 고고학에 대한 강연을 자주 하던 나름 고고학자셨다. 학위를 받은 후 나는 감사의 뜻으로 작은 한국 도자기 하나를 선물로 드렸는데, 그때 마침 이 뛰어난 농담이 생각 나 교수님께 이렇게 말씀드렸다. "이건 한국 도자기예요. 감사의 뜻으로 드리는 겁니다. 집에 가져가셔서 정원에다가 파묻지 마세요!" 그리고 나만 혼자 껄껄 웃었던 기억이 난다.

성서 고고학은 성서의 배경이 되는 지역에서 고고학적 발굴과 관찰을 함으로써 성서의 역사적 요소들을 재구성하고 비평하여 보는 학문이다. 이 학문은 19세기 말부터 20세기 초 서구 사회에서 급격히 발전했는데, 당시 몇몇 유럽 국가들이 중동 지역에서 제국주의적 위세를 떨칠 때 기독교가 그 정당성을 준 덕분이었다. 유럽의 유명 박물관에 가 보면 터키나 이라크, 이집트 등 중동 지역의 유물들이 많이 전시되어 있다. 헌데 좀 너무하다 싶을 만큼 마구 파헤쳐 온 것들이 있어 마음을 아프게 한다. 본래 큰 바위 같은 자연물에 깎아서 만들어 놓은 것까지 그대로 홀러덩 깎아 와서는 자기네 박물관 콘크리트 벽 위에 붙여 놓은 것도 있다. 한번은 어느 박물관을 관람하고 있는데, 한 관광객이 자기 나라에서 온 듯한 어떤 전시물 앞에서 하염없이 눈물을 흘리며 서 있는 것을 본 적이 있다. 내가 공부하던 대학의 박물관에도 이집트의 미라가 적나라하게 전시되어 있었다. 자신들의 위대했던 왕의 시신이 타국에 약탈당해 이제는 관 뚜껑 밖으로 끌려나와 유리관 안에 거의 벌거벗긴 채로 그 흉한 몰골을 보이고 있으니, 지금 이집트인들이 보기엔 너

베를린의 페르가몬 박물관에 있는 이슈타르 문. 느부갓네살 2세가 지은 성전 북문; © Raimond Spekking / CC-BY-SA-3.0 (via Wikimedia Commons)

무 모멸스러울 것 같다. 그 미라의 전시관 앞에는 영국의 어떤 귀족이 이 미라를 옮겨 왔으며, 그 미라를 보관하던 귀족들 집안에 어떤 흉흉한 일들이 있었는지, 그래서 결국에는 박물관으로 보내졌다는 믿기 어렵지만 믿고 싶은 이야기들이 적혀 있다. 제국주의 시대의 영국은 그런 문물들을 어렵게 옮겨 오는 자에게 귀족 신분을 하사하기도 했다 한다.

슬픈 역사적 사연이지만, 여하간 유럽의 막강한 약탈(?) 덕에 성서의 학문적 연구는 큰 진보를 할 수 있었다. 성서 고고학이 대략 어떤 정보들을 주었고 그것들을 어떻게 바라보아야 할지 잠시 생각해 보자.

양날의 칼, 성서 고고학

성경의 많은 이야기들이 고고학적 발굴의 결과로 인해 역사적 '사실'로 밝혀진다면 많은 기독교인들은 의기양양해할 것이다. 성경의 이야기들이 사실성 없는 신화적인 것으로 신뢰할 수 없다고 비신앙인들이 비아냥거리기도 하기 때문이다. 반대로 고고학의 결과로 성서의 이야기들이 역사적 사실과 일치하지 않는 것으로 판명되면 어떨까? 많은 기독교인들은 꽤 당황스러워할 것이고 그런 고고학적 연구 결과를 의심하려 할 것이다. 지금껏 발굴되어 온 고고학의 결과는 위의 입장 중 어느 것을 반영할까? 아마도 반반이 아닌가 한다. 성서 고고학은 칼의 양날과 같아서 저쪽도 벨 수 있지만 이쪽도 벨 수 있는, 다시 말해 성서 속의 사건들을 입증하기도 하면서 동시에 의구할 수도 있는 결과를 낳아 왔다.

한 예로 창세기의 창조 이야기를 들어 볼까? 하나님이 태초에 말씀으로 7일 동안 세상을 지으시고, 흙에 생기를 넣어 인간을 만드셨다는 창세기 1-2장의 기록은 유대-기독교만의 유일한 이야기일 것으로 믿어져 왔다. 그러나 19세기 말, 지금의 이라크 니느웨Nineveh나 시파르Sippar, 니푸르Nippur 등지에서 수메르 및 바벨론의 다양한 창조 이야기가 발견되었고, 그것은 성경 창세기의 기록과 견줄 만한 유사성을 가지고 있었다. 이 책의 맨 처음 장에서 짧게 언급했던 바벨론의 '에누마 엘리쉬'도 이중 하나다. 이외에 다른 메소포타미아 문물 중 '에리두 창세기'Eridu Genesis, '길가메쉬 서사시'Gilgamesh Epic, '아트라하시스'Atrahasis 등도 창세기의 이야기와 유사하다. 내용이 궁금하다면 그저 인터넷 검색 창을 통해 찾아보시라. 이제 이런 정보는 대중 사이에서 그만큼 접근이 용이하고 보편화되어 있다. 성서의 창조 이야기가 절대 유일하다고 믿던 이들에게는 적잖은 타격을 주었던 고고학적 결과물이었다. 하지만 이는 창조 이야기에만 국한된 문제가 아니었다. 십계명을 비롯한 구약성경의 많은 법률 문항들과 잠언 같은 지혜문헌도 예외가 아니었다.

물론 고고학의 결과가 성서에 기록된 많은 사건들의 역사성을 입증해 주기도 했다. 이 책의 제2장에서는 히스기야의 수로사업을 입증할 수 있는 비문의 사진을 소개했었다. 성경에 기록된 이 사업은 고고학적 유물을 통해 그 역사성을 인정받게 된 것이다.

그런데 이 고고학적 입증이라는 것이 많은 경우 좀 찜찜하다. 입증을 하면서도 동시에 그렇지 않기도 하기 때문이다.

창세기의 유명한 노아 홍수의 경우를 보자. 현 이라크의 '텔 알 무카이야르'Tell el-Muqayyar와 '텔 알 우하이미르'Tell al-Uhaymir는 각각 고대 수메르 문명의 주요 도시였던 '우르'Ur와 '키시'Kish다. 수메르는 잘 알려진 것처럼 인류가 알고 있는 가장 오래된 문명지다. 기원전 4500년에서 4000년 사이에 벌써 이 지역에는 사람들이 살기 시작했을 것으로 추정된다. 두 지역에서 모두 우리가 기대하는 대홍수의 흔적이 발견되었다. 우르의 경우, 발굴지 아래 약 9미터에서 약 2.5미터 두께의 물에 쓸려 온 깨끗한 모래층이 발견되었다. 그리고 그 아래에는 문명 유적이 있었다. 기원전 약 3000년경 큰물이 거주지를 뒤엎은 흔적이며 노아 홍수와 같은 대참변의 증거로 볼 만도 하다. 허나 문제가 있는데, 또 다른 도시가 보여 주는 홍수의 증거가 서로 간에 약 천 년의 시간 차이를 보이고 있다는 것이다. 이런 결과가 성서에 등장하는 노아 홍수의 사건을 어떻게 해석해 주는가? 고대에 큰 홍수가 있었던 것은 분명하다. 하지만 그것이 창세기에 기록된 '그' 홍수를 입증하는지는 불분명하다. 물론 고고학의 연대 측정 방법은 늘 불안정하며 꽤 논란의 대상이 되어 왔기에 충분히 시비를 걸 만하다.

우르와 키시는 모두 강가에 위치해 있으며, 티그리스와 유프라테스 강 사이 삼각지 근처라 물이 범람하기 쉬운 곳이다. 수메르의 왕 명부king-list에도 홍수에 대한 기록이 있으며 바벨론의 여러 서사시에도 언급되어 있다. 이처럼 메소포타미아 지역에서 대홍수의 증거가 발견된 것은 분명하다. 하지만 그 증거들은 홍수가 다양한 지역, 다양한 시기에 종종 있었던 일인 것처럼 말하고 있다. 성경의 노아 홍수를 고고학적 결과물에 비추어 본다면, 그 실증을 확신할 수는 없지만 그렇다고 그 역사성을 부정할 수도 없는 것으로 판정할 수 있다.

창세기의 아브라함 같은 족장들에 대한 고고학적 관찰은 어떠했을까? 바벨론 사람들이나 아시리아 민족, 페니키아와 가나안 사람들의 대부분은 아라비아 반도에서 기원한 것으로 본다. 히브리인이라 불리는 이들도 마찬가지로 보는데 이들이 유프라테스 지역으로 이주한 증거들이 있다. 이는 유프라테스 지역에 있는 도시 우르가 아브라함의 출생지라는 성서의 기록을 생각나게 한다창 11:26-32. 그리고 이 히브리인들이 가나안으로 집단 이주한 증거도 발견된다. 이 또한 아브라함 일가의 가나안 입주를 생각나게 한다창 12:5. 성서에 의하면 아브라함 일가는 이집트에도 도달하였는데창 12:10, 이곳 베니 하산Beni Hassan에 있는 크눔호테프Khnumhotep의 무덤에 보면 31명의 셈족인들이 방문한 기록이 있다.

셈족 방문자들의 모습;

엄격하게 말해 우리가 성경의 아브라함에 대한 고고학적 증거를 찾았다고까지는 볼 수 없다. 하지만 유프라테스 지역에서 출발하여 이집트까지 이르는 '한' 아브라함an Abraham의 여정은 충분히 그려 볼 수 있다.

창세기가 묘사하는 아브라함 시대는 당시 유목민들의 생활상을 비교적 정확히 말하고 있다. 그리고 족장 시대에 언급되는 도시들 대부분은 - 브엘세바, 세겜, 벧엘, 예루살렘, 그랄, 도단 등 - 약 기원전 2000년쯤부터 존재했던 것으로 추정된다. 창세기 14장 18절은 아브라함 때에 예루살렘이 이미 꽤 유력한 도시였음을 말한다.

"살렘 왕 멜기세덱이 떡과 포도주를 가지고 나왔으니 그는 지극히 높으신 하나님의 제사장이었더라."

여기서 살렘은 예루살렘을 말하며, 그곳은 왕이며 제사장인 당시 고대 서아시아의 전형적인 지도자가 다스리던 곳이었다. 1925년 룩소르Luxor에서 발견된 이집트 문헌에 이 도시가 '우르살림무'Ursalimmu라 표기되어 있고, 기원전 약 1400~1370년경의 아마르나 문헌Amarna Letter도 '우르살림'Ursalim이란 도시를 언급한다.

고대 때부터 철옹성으로 알려진 예루살렘에 대하여 성경은 매우 복잡한 정복 기록을 남겼다. 여호수아가 진두지휘한 가나안 정복 기록은 마치 이스라엘이 예루살렘을 탈환한 것처럼 말하지만수 12:10; 삿 1:8, 또 다른 기록은 사실 정복하지 못했다고 밝힌다수 15:63; 삿 1:21. 사무엘하 5장 6-8절의 기록에 의하면 몇 세기의 시간이 흐른 후 비로소 다윗이 예루살렘을 정복한 것으로 되어 있다. 이 예루살렘 탈환은 이스라엘 민족이 팔레스타인 지역의 패권을 차지하고 처음으로 강력한 왕국으로 설 수 있었던 매우 기념비적인 사건이었다. 이 도시가 '다윗 성'이라고 명명될 정도였으니, 여러 정황상 예루살렘은 다윗에 의해 비로소 점령되었다고 보는 것이 옳다. 삼면이 계곡으로 둘러싸인 천연의 요새 예루살렘은 기원전 15세기 혹은 14세기에 여호수아의 침략을 사실상 이겨 내었고, 이후 약 4세기 동안 여부스족의 손안에 있다가 10세기에 비로소 다윗에 의해 점령당한 것이다. 당시 위세를 떨치던 다윗의 군사력을 여부스족이 비웃었을 정도니삼하 5:6 이 도시가 얼마나 강한 철옹성이었는지 짐작할 수 있다.

> "왕과 그의 부하들이 예루살렘으로 가서 그 땅 주민 여부스 사람을 치려 하매 그 사람들이 다윗에게 이르되 네가 결코 이리로 들어오지 못하리라 맹인과 다리 저는 자라도 너를 물리치리라 하니 그들 생각에는 다윗이 이리로 들어오지 못하리라 함이나."

뿐만 아니라 기원전 6세기에 바벨론 느부갓네살의 침략에도 예루살렘은 2년간이나 버텨 내었다왕하 25:1-2. 이렇게 예루살렘은 이스라엘 민족이 가나안에 와서도 오랫동안 건들지 못하던 '이방 민족'들의 성읍이었기에 이런 전승도 회람되었다.

"이르기를 주 여호와께서 예루살렘에 관하여 이같이 말씀하시되 네 근본과 난 땅은 가나안이요 네 아버지는 아모리 사람이요 네 어머니는 헷 사람이라"(겔 16:3).

아모리 사람은 가나인과 그 인근에 살던 서부 셈족 사람들이고, 헷 사람은 지금의 터키인 서아시아 지역의 인도-유럽 계통의 사람들로서 일부 가나안 지역에 살기도 하였다창 23장. 다윗의 그 유명한 '옆집 여자' 밧세바가 헷 사람의 아내가 아니었던가삼하 11:3. 이 도시를 다윗과 그의 개인 용병들이 무너뜨렸으니 그들의 용맹성을 가히 가늠할 수 있겠다.

다음, 많은 이들이 관심을 가지는 히브리인들의 가나안 정복에 관한 고고학적 관찰을 살펴보자. 여호수아에 의한 가나안 정복은 여리고의 함락으로 시작한다수 6장. 지금은 텔 에스 술탄Tell es-Sultan이라 불리는 여리고는 전통적인 고고학자들의 관찰 결과 기원전 15세기쯤에 함락된 것으로 여겨진다. 마침 위에서 언급한 아마르나 문헌은 이 시기에 '합비루'들이 팔레스타인을 침입하였다고 기록한다. 이집트의 파라오였던 메렌프타Merneptah의 기원전 13세기 비석은 당시 이집트 왕이 주변 국가들과 치른 전쟁들에 대한 기록을 전하고 있는데, 여기에 "이스라엘i.si.ri.ar은 초토화되었다. 그 씨앗은 더 이상 없다"고 언급한다. 여기에 적힌 'i.si.ri.ar'를 '이스라엘'로 해석하기 때문에 이 비문은 역사상 이스라엘을 가장 처음 언급한 자료로 유명하다. 때문에 이 비문은 그 시기에 히브리인들이 이미 가나안에 살고 있었음을 증언한다.

여리고 몰락의 전통적인 연대 측정은 발견된 토기 조각이나 천 조각들을 보고 계산하기도 하는데, 14세기경에 유입되어 다른 지역에서는 잘 발견되는 미케네Mycenae 스타일의 토기가 여리고에서는 하나도 발견되지 않았다. 아무튼 '큰일'을 당한 이곳은 14세기 이후 사람이 살지 않은 폐허가 된 것처럼 보인다. 더불어 남겨진 함락의 흔적들이 불에 의한 것으로 보이는데, 성서의 기록에 의하면 성이 무너진 후 여호수아와 그 무리가 모든 것을 불태웠다고 말하고 있다수 6:24. 이처럼 성서 이외의 자료들은 얼추 성서의 이스라엘 가나안 정복 과정과 유사한 양상을 보여 주고 있다.

반면 여호수아서 7장과 8장에 기록된 아이 성 함락에 대한 고고학적 증언은 당혹스러운데, 기원전 약 2000년부터 1200년경까지는 아무도 살지 않은 폐허였던 것으로 보이기 때문이다. 물론 고고학도 해석하기 나름이다. 위의 설명을 반박할 수 있는 해석도 많이 있는 한편, 근간에 유행하는 성서 '최소주의자'minimalists 들의 견해는 이 고고학적 결과물들에 대한 비평적 해석과 함께 성서의 사건들을 꽤 '소설적'fictional인 것으로 여기고 있다. 혹 관심이 있다면 'Thomas L. Thompson'이나 'Niels Peter Lemche', 혹은 'Israel Finkelstein'의 저작들을 참고하여

화려한 미케네 스타일의 토기;

보시라. 하지만 이들의 이론도 꽤나 소설적이어서 많은 비판을 받는다.

보아야 믿을 것인가?

이처럼 보고 만질 수 있는 고고학적 유물들이 성서의 사건들을 비평도 하고 확신도 주는 가운데, 일부 열띤 신자들은 보고 만질 수 있는 것에 집착하기도 한다. 하여튼 뭐가 발견되었다면 난리들이다. 시내 산이 여기다 저기다, 노아의 방주가 여기 있다 저기 있다, 홍해가 갈라졌다는 과학적 근거가 밝혀졌다, 사라진 법궤가 사실 여기에 있다 등, 다들 '보고 싶어서' 안달이다. 보고 만지고 경험해서 납득이 되어야만 믿을 수 있는 현대인들의 속성 때문이다. 사실 우리는 유치원 때부터 그런 교육을 받아 온 과학의 자녀들이 아닌가. 그러면서도 교회에 가서는 늘 되뇌는 말씀이 있다.

"믿음은 바라는 것들의 실상이요 보이지 않는 것들의 증거니"(히 11:1).

그 옛날에 일어난 성경의 사건들은 우리에게 보이지 않는다. 이 보이지 않는 것들의 증거는 '어딘가에서 발견된' 보이고 만져지는 것이 아니라 바로 '믿음'이라고 위의 성경구절은 말하고 있다. 우리의 신앙, 그리고 성서에 대한 우리의 신념과 확신은 보이기 때문에 가지는 것도, 가졌던 것도, 또 가져야 하는 것도 아니다. 보이지 않아도 믿는 것이 진정한 믿음이고, 이것이야말로 종교가 세속의 사상과 구별될 수 있는 가장 큰 속성인 것이다. 성경의 세계, 신앙의 세계에 대한 확신을 믿음의 선진들이 어떻게 얻었는지, 위 구절의 바로 다음은 이렇게 이야기한다.

"선진들이 이로써 믿음으로써 증거를 얻었느니라"(히 11:2).

많은 이들이 크게 착각하는 것이 있다. 성경의 사건들이 '사실'로 밝혀지고 합리적으로 납득되면 교회에 다니겠다는 것이다. 홍해의 물이 갈라지고, 여리고 성이 소리를 꽥 질렀는데 무너지고, 다니엘과 그의 세 친구가 사자굴에 들어갔다가 살아 나오고 불구덩이에 들어가도 타죽지 않고, 요나가 물고기 뱃속에서 3일 동안 있으면서 기도하다 살아 나왔다는 이야기들을 '과학'적으로 증명할 수 있으면 믿겠다는 것이다. 과연 그럴까?

이 세상에서 약 2000년 전에 돌아가신 예수를 직접 눈으로 보고 구세주로 받아들인 사람은 아무도 없다. 우리 기독교의 구원론을 논리적으로 빼어나게 설명한 로마서를 먼저 읽고 잘 이해하여 무릎을 팍 치면서, '아하! 이래서 예수가 그리스도시구나. 납득이 가네. 그럼 나 이제부터 믿어야지' 하면서 신앙인이 된 사람도 거의 보지 못했다. 과학의 가르침은 먼저 이해를 해야 믿음을 갖는 것이지만, 신앙의 가르침은 먼저 믿어야 이해할 수 있는 영역이다.

기적은 보통 생활 속에서 인간의 이성과 과학의 이해로는 쉽게 납득되지 않는 것들을 일컫는 말이다. 기적은 우리의 두뇌로 이해할 수 없어야 하고 납득되지도 않아야만 한다. 그래야 기적이다. 현대 일부 기독교인들

중에는 '보수'라 자처하면서 성서의 기적적인 사건들을 자꾸만 과학적으로 납득될 수 있는 것으로 설명하고, 여기저기에서 발견된 것이 성서의 사건을 입증하는 것이라며 목소리를 높이는데, 안타깝게도 이들은 보수적 신앙인들이라기보단 과학주의자들이다. 성서의 기적은 믿겨지지 않고 입증될 수도 없어야 기적이다. 그래야만 하나님의 초월적 역사로만 말할 수 있는 참다운 기적인 것이다. 다시 한 번 강조하거니와 기독교 신앙은 '보이지 않는 것들' 즉, 영적이고 초월적이고 기적적인 세계에 대한 '이해'가 아니라 이 세계에 대한 '믿음'을 가르치고 있다.

> "믿음으로 모든 세계가 하나님의 말씀으로 지어진 줄을 우리가 아나니 보이는 것은 나타난 것으로 말미암아 된 것이 아니니라"(히 11:3).

그래서 나는 '창조론'을 학교 과학 교과서에 넣어 가르쳐야 한다는 일부 미국 기독교회들의 움직임에 절대 반대한다. 먼저, 성경에는 창조 '이론'이라는 것이 없다. 창조 '신앙'이 있는 것이다. 그리고 어째서 고유한 '신앙' 유산을 '과학'의 범주 안에 종속시키려 하는가? 과학이 무엇이기에? 우리의 신앙은 그리고 이 세상을 창조 관리하시는 하나님의 역사는 과학의 영역을 뛰어넘는 '초월적' 세계의 영역이다. 왜 성경을 과학이 인정해 주어야만 참 진리인 것처럼 만드는가? 이는 기독교 신앙의 고유성을 말살하고 죽이는 자살행위다. 성경의 기적은 믿겨지지 않아야 하고 납득될 수 없는 것이 정상이다. 그래서 이 세상 사람들의 비웃음거리가 되어야 믿을 맛이 생기는 것이다. 진해 앞바다가 종종 갈라지기 때문에 모세의 홍해 기적이 '타당하다', 큰 물고기 뱃속에서 사람 몸뚱이가 발견되기도 하기 때문에 요나의 기적은 사실로 '입증'될 수 있다 같은 이런 실증적 신앙관은 전적으로 참다운 '기적'을 부정하는 일이며 신앙과 과학주의의 기괴한 하이브리드일 뿐이다. 타당하고 입증 가능한 것에 무슨 '믿음'이 필요한가?

여기저기서 노아의 방주도 발견되고 시내 산의 위치도 발견되었으며, 법궤도 어디에 있다는 등 여러 루머가 들린다. 그것들이 모두 사실로 밝혀지고, 그래서 성경과 기독교의 신앙이 객관적 진리로 입증된다 하더라도 그리 기뻐할 일은 아니다. 오히려 위험할 수도 있다. 말씀드린 대로 우리 신앙의 본질은 '보고' 믿은 것이 아니기 때문이다. 신앙의 세계를 해치는 가장 큰 사탄의 전략은 우리가 보고 믿는 것에 길들여지게 하는 것이다.

예루살렘을 생각해 보자. 우리 눈에 보이고 만질 수 있는 최고의 성서 유산이다. 이 물리적인 공간 예루살렘이 인류 역사에 남긴 것이 무엇인가? 십자군 전쟁 등 인류 최악의 비극이 아니었던가. 이 물리적 자리를 서로 차지하겠다고 기독교, 유대교, 이슬람은 신앙의 본질을 버렸으며 인류에게 최악의 실망만 안겨 주었다. 자, 이제 시내 산이나 법궤가 발견되고 사실로 검증되었다고 하자. 상상만 해도 겁이 난다. 보이는 것, 만져지는 것 좋아하는 우리 신앙인들이 그것들을 우상화하고 심지어 또 다른 쟁탈전으로 추태를 부릴 것만 같기 때문이다. 전쟁마저도 저지를 것 같은 불안감이 든다. 어쩌면 그것들이 다 가짜로 판명되는 것이 좋을 듯싶다. 정말로 누군가가 법궤를 보관하고 있다면, 알려지는 순간 그는 암살당하지 않을까 두렵다. 신자들이 본질이 아닌 허망한 것에 신앙적 에너지를 빼앗기지 않았으면 좋겠다.

과학 안에서 기독교는 엉터리다 - 과학 안에서만. 과학적 논리와 실증으로 성경을 읽어 나간다면 언젠가 성경을 쓰레기통에 버려야 할 것이다. 앞뒤도 잘 맞지 않고, 고고학과도 충돌한다. 현대의 윤리와도 상충하는 것이 많다. 근간에 인기를 끌었던 반기독교 혹은 무신론 관련 서적들은 다 옳은 것일 것이다 - 과학이 가르치는 논리실증의 입장에서만.

성경과 영적인 세계를 애써 과학적으로 입증하려 할 필요가 없다. 번지수를 잘 파악하자. 성경은 과학의 자손들인 현대인들이 받아들이기 쉽지 않은 책이다. 다만 성령의 감동이 있을 때 믿음으로 받아들일 수 있는 책이 성경이다. 그래서 우리는 성경의 활자들을 눈으로 '읽으면서도' 하나님의 말씀을 '들었다'고 역설적인 고백을 하지 않는가. 성경은 읽고 이해하는 책이 아니라 듣고 깨닫는 하나님의 말씀인 것이다. 이 불합리한 역설을 기쁘고 자랑스럽게 받아들이자. 예수님이 부탁하신 말씀이다.

> "열두 제자 중의 하나로서 디두모라 불리는 도마는 예수께서 오셨을 때에 함께 있지 아니한지라 다른 제자들이 그에게 이르되 우리가 주를 보았노라 하니 도마가 이르되 내가 그의 손의 못 자국을 보며 내 손가락을 그 못 자국에 넣으며 내 손을 그 옆구리에 넣어

보지 않고는 믿지 아니하겠노라 하니라 여드레를 지나서 제자들이 다시 집 안에 있을 때에 도마도 함께 있고 문들이 닫혔는데 예수께서 오사 가운데 서서 이르시되 너희에게 평강이 있을지어다 하시고 도마에게 이르시되 네 손가락을 이리 내밀어 내 손을 보고 네 손을 내밀어 내 옆구리에 넣어 보라 그리하여 믿음 없는 자가 되지 말고 믿는 자가 되라 도마가 대답하여 이르되 나의 주님이시요 나의 하나님이시니이다 예수께서 이르시되 너는 나를 본고로 믿느냐 보지 못하고 믿는 자들은 복되도다 하시니라"(요 20:24-29).

Part 2

생활과 풍습

암논의 문빗장에서 이세벨의 목걸이까지 집, 가구와 먹거리, 의복 등
무덤부터 주사위까지 장례, 농사, 전쟁, 여가 활동 등
롯의 두 딸의 누명 결혼 풍습

05

암논의 문빗장에서 이세벨의 목걸이까지

집, 가구와 먹거리, 의복 등

예맨의 어느 유대 여인:

암논의 방문을 가로지르는 '문빗장'. 자기의 이복누이 다말을 절절히 흠모했지만, 사실 암논은 자기 맘이 도대체 무엇 때문에 이러는지 잘 판단하지도 못하는 놈이었다. 일단은 계략을 써서 다말을 자기 방으로 끌어들였다. 순진한 다말은 꾀병을 부리고 있는 오빠 방에 먹을 것을 만들어 문병을 왔다. 이복오빠의 강권적인 구애를 다말은 숙명으로 받아들이려고까지 했는데, 암논은 당장 자신의 끓어오르는 욕구부터 채워야 했다. 여느 성폭행범처럼 그놈은 동생의 순수한 호의를 옷을 찢듯 찢어 버렸다. 어린 소녀 다말은 겁탈을 당했고 당하자마자 암논에 의해 문 밖으로 쫓겨났다. 자신의 성욕을 채우고 나니, 그제야 알게 되었나 보다. 자신이 다말에게 가졌던 마음이 무엇이었는지를. 그 나이 때의 젊은 수컷들이 종종 헛갈려 하는 부분이다. 사랑인지 정욕인지….

> "그리하고 암논이 그를 다말을 심히 미워하니 이제 미워하는 미움이 전에 사랑하던 사랑보다 더한지라 암논이 그에게 이르되 일어나

가라 하니 다말이 그에게 이르되 옳지 아니하다 나를 쫓아 보내는 이 큰 악은 아까 내게 행한 그 악보다 더하다 하되 암논이 그를 듣지 아니하고 그가 부리는 종을 불러 이르되 이 계집을 내게서 이제 내보내고 곧 문빗장을 지르라 하니 암논의 하인이 그를 끌어내고 곧 문빗장을 지르니라"(삼하 13:15-18).

옷도 몸도 찢겨진 가엾은 다말은 공주임에도 불구하고 하인의 손에 문 밖으로 끌려 나갔다. 그리고 가슴을 얼릴 듯한 차가운 문빗장 닫히는 소리가 그녀의 귀에 들렸다. 이 이야기에서 '문빗장'은 다말이 순수한 호의를 가지고 들어가려 한 공간과 어떻게 해서든지 그 여린 몸을 짓밟으려는 짐승의 공간 사이를 가르는 문학적 기제이기도 하다. 이렇게 독자들은 이 문빗장을 마음 아프게 기억하게 된다.

일종의 직업병일까? 이 가슴 후비는 이야기를 읽으면서 내 머리에 스쳤던 건, '아하, 옛날 이스라엘 사람들의 방문에는 문빗장이 달려 있었구나' 하는 분위기 파악 못하는 탐구 정신이었다. 성서의 기록을 통해 옛 이스라엘 사람들의 역사와 사회, 생활상을 재구성하다 보니 참 '재미없는' 성서 읽기를 하게 되었다. 성경은 신앙의 유산을 전수하기 위해 적힌 책이다. 하지만 우리가 홍길동전을 읽으면서 그 소설적 감흥뿐만 아니라 조선시대의 역사적 정보와 풍속을 발견할 수 있는 것처럼 성경을 통해서도 우리는 고대 이스라엘의 역사와 사회, 생활의 풍경을 엿볼 수 있다.

아무튼 고대 이스라엘 사람들은 문빗장을 사용하여 방문은 닫는다는 사실을 기억하기 바란다. 성경의 다른 구절들도 이를 증명한다잠 18:19; 욥 38:10; 신 33:25. 더불어 이런 재미없는 성경 읽기를 아래에서 조금 더 해보자.

집

구약성서 시대의 사람들은 어떤 곳에서 살았을까? 그 당시에 있었던 성이 발굴되기도 했으니 성벽 안에 있는 주거 모습을 잠시 보도록 하자. 여리고는 여호수아가 침략했을 당시 고작 7300평 6 acres 가량의 작은 성이었다. 이곳 대부분의 집들은 작고 불규칙하게 배열되어 있었으며, 성벽에 붙어 있거나, 성벽 자체가 집의 벽인 경우도 있었다. 여리고에 살던 창녀 라합의 집도 그러하였다.

> "라합이 살고 있는 집은 성벽에 붙어 있었다. 라합은 그들을 창문에서 밧줄로 내려주면서"(수 2:15, 공동번역).

가난해서일까? 집이 성벽에 붙어 있기에 그녀의 집 창문은 성 밖으로 나갈 수 있는 통로이기도 했다. 어쩌면 창녀의 집에 마누라가 들이닥칠 경우 줄행랑을 칠 수 있는 완벽한 비상구를 마련하기 위해서였을 수도 있다. 가나안 땅을 정탐하러 여리고에 온 이스라엘의 두 스파이를 라합이 숨겼다가 도망치게 도와주었는데, 이 둘은 마치 그런 남정네들처럼 창문에서 밧줄을 타고 도망간 것이다. 창문에서 밧줄을 내려 준 라합도 그저 한두 번 해본 솜씨가 아니었을 것이다.

발견된 성벽 안의 집들은 대개 매우 밀집되어 있으며, 무척 혼잡스럽고 구불구불하고 좁은 골목들이 사이사이에 있다. 그리고 문가에는 작은 마당도 있다. 대략 이 집들을 상상하여 본다면 아래와 같다.

오른쪽 그림의 집은 왼쪽의 집보다 비교적 부유한 경우;
출처 Bible History Online (www.bible-history.com)

이 집들은 방마다 빛이 들어오게 하고 공기를 순환시키는 창이 있었다. 좋은 집들은 위층 방이 있기도 했다. 문은 바깥으로 열리게 되어 있고 문빗장을 사용했다. 지붕은 평평하고 꽤 견고하였을 것으로 보인다. 벽 위에 들보가 있는데 벽돌이나 나무기둥에 의해 받쳐진다. 들보는 진흙과 짚, 나뭇가지 등으로 만들어진 곁가지가 덮고 있으며, 그 표면은 돌과 같은 것으로 구르고 눌러 단단하게 만들었다.

고대 이스라엘 사람들의 일반적인 집에는 여가 생활이나 다른 작업, 예를 들어 빨래 같은 것을 널 수 있는 공간이 흔하지 않았다. 그래서 지붕은 종종 무엇을 쌓아 놓는 공간으로 사용되기도 하였다. 이번에도 라합의 집이 좋은 정보를 준다. 이스라엘의 두 정탐꾼을 라합이 지붕에 숨겨 주었는데, 마침 지붕에는 세마포나 아마포라 불리는 삼대flax 더미가 놓여 있었다.

> "그 여자는 그들을 지붕으로 데리고 올라가 지붕에 널어놓은 삼대 속에 숨겨 두었던 것이다"(수 2:6, 공동번역).

반면 이렇게 생활에 요긴하고 훌륭하게 쓰인 지붕이 어느 한가로운 이에겐 옆집 여인이 목욕하는 것을 몰래 엿볼 수 있는 곳이기도 했다.

> "그 해가 돌아와 왕들이 출전할 때가 되매 다윗이 요압과 그에게 있는 그의 부하들과 온 이스라엘 군대를 보내니 그들이 암몬 자손을 멸하고 랍바를 에워쌌고 다윗은 예루살렘에 그대로 있더라 저녁때에 다윗이 그의 침상에서 일어나 왕궁 옥상에서 거닐다가 그 곳에서 보니 한 여인이 목욕을 하는데 심히 아름다워 보이는지라" (삼하 11:1-2).

다윗이 이젠 등이 따습고 배가 불렀는지 자기는 전쟁에 출전하지 않고 군대만 보냈다. 예전의 다윗에게서는 볼 수 없었던 모습이다. 전쟁터에서 부하들이 목숨을 걸고 싸우고 있을 때 자기는 오후 내내 낮잠을 잤나 보다. 저녁때가 돼서야 침상에서 일어났고 왕궁 지붕에 올라가 '한가롭게' 거닐고 있었다. 그 옆집에도 한가한 여인이 하나 있었다. 남편 우리아를 전쟁터에 보내 놓고 창문을 열어젖힌 채 목욕을 즐기던 부인이 있었으니 바로 밧세바다. 둘은 이렇게 눈이 맞아 불륜을 저질렀고, 여인이 임신하자 다윗은 충성스런 군인이자 밧세바의 남편인 우리아를 죽음으로 몰아넣는다. 후에 선지자 나단으로부터 다윗은 된통 혼나 절절히 회개하지만, 예쁜 밧세바는 계속 데리고 산다. 이렇게 지붕은 한가로움과 관계가 있는 여가의 공간이기도 하였다.

옛날 이스라엘의 집과 왕궁에는 이렇게 지붕이 있었다. 그리고 예루살렘 왕궁 옆에는 맨눈으로 그 안을 들여다볼 수 있을 만큼 가깝게 집이 있었고, 우리아와 같은 장수급의 인물이 살았을 것이다. 유용한 역사 정보다. 더불어 한가하면 악이 틈탄다는 철학적 정보도 잊지 말자.

성문 앞

구약성경에 보면 '성문 앞'에서 무엇을 한다는 표현이 자주 등장한다. 우리가 익숙히 아는 바대로 이곳은 마을의 권위 있는 장로들이 주요한 결정을 하거나 무언가를 선포, 훈계하던 곳이다애 5:14. 그래서 욥은 자기가 잘나가던 옛일을 기억하며 이렇게 말하였다.

> "그때에는 전능자가 아직도 나와 함께 계셨으며 나의 젊은이들이 나를 둘러 있었으며 젖으로 내 발자취를 씻으며 바위가 나를 위하여 기름 시내를 쏟아냈으며 그때에는 내가 나가서 성문에 이르기도 하며 내 자리를 거리에 마련하기도 하였느니라 나를 보고 젊은

이들은 숨으며 노인들은 일어나서 서며 유지들은 말을 삼가고 손으로 입을 가리며 지도자들은 말소리를 낮추었으니 그들의 혀가 입천장에 붙었느니라"(욥 29:5-10).

다시 이스라엘에 귀환한 에스라가 주민들에게 율법책을 읽어 주던 곳도 성문 앞 광장이었다느 8:1-3.

성문 앞 광장이 주요 사법적 결정을 하던 곳이라는 것도 눈여겨볼 만하다. 룻기에 보면 보아스가 룻을 합법적 아내로 삼기 위해 성문 앞으로 가 사람들과 장로들을 모으고, 자신이 룻을 취할 수 있는 권리를 선포하는 과정이 꽤 상세히 나와 있다.

"보아스가 성문으로 올라가서 거기 앉아 있더니 마침 보아스가 말하던 기업 무를 자가 지나가는지라 보아스가 그에게 이르되 아무개여 이리로 와서 앉으라 하니 그가 와서 앉으매 보아스가 그 성읍 장로 열 명을 청하여 이르되 당신들은 여기 앉으라 하니 그들이 앉으매 … 성문에 있는 모든 백성과 장로들이 이르되 우리가 증인이 되나니"(룻 4:1-2, 11).

이렇게 성문은 장로들이 법적 권위를 행사하는 매우 중요한 집결지였다신 21:19, 25:7; 암 5:10.

성문은 구체적으로 성의 문 바로 뒤에 있는 열린 공간으로 사람들이 모이고 앉을 수도 있는 곳이다. 헬라시대 이전에는 좁은 성안에 유일하게 사람들이 모일 수 있던 곳이기도 했다. 이곳이 이렇게 주요 공간이 될 수 있었던 것은 주민들이 아침저녁으로 성 밖 들에 나가고 들어오기 위해 항상 드나들던 곳이었기 때문이다. 주민들의 성문 출입은 하루를 안전하게 시작하고 또 마치기도 하는 이정표이기도 했다. 그래서 시편 121편 6절과 8절은 이렇게 노래한다.

> "낮의 해가 너를 상하게 하지 아니하며 밤의 달도 너를 해치지 아니하리로다."

> "여호와께서 너의 출입을 지금부터 영원까지 지키시리로다."

성문 앞은 이렇게 주민들이 오가는 주요 통로였기에 그들 사회생활의 중심지이기도 했다. 재판과 같은 중요한 일을 치를 뿐만 아니라 상인들의 매매가 이루어지기도 했고왕하 7:1, 주민들 사이의 온갖 가십들이 오고가기도 하였을 것이다.

텔 엔-나스베Tell en-Nasbeh는 성서의 미즈바라 여겨지는 곳인데, 이곳에서 가장 잘 보존된 성문 앞 광장이 발굴되었다. 너비는 약 4미터이고 많은 수의 돌 의자가 안에 있었다.

상수도

구약시대의 가정용 급수 시설은 매우 열악하였다. 촌이나 소수가 사는 부락의 급수는 외부의 샘물에 의존해야 했는데, 주로 여성들이 먼 길을 걸어 물을 길어 왔다. 아브라함의 종이 이삭의 배필을 찾아 메소포타미아에 이르렀을 때의 광경도 이와 같은 당시 생활상을 말해 준다.

> "이에 종이 그 주인의 낙타 중 열 필을 끌고 떠났는데 곧 그의 주인의 모든 좋은 것을 가지고 떠나 메소보다미아로 가서 나홀의 성에 이르러 그 낙타를 성 밖 우물곁에 꿇렸으니 저녁때라 여인들이 물을 길으러 나올 때였더라 … 성 중 사람의 딸들이 물 길으러 나오겠사오니 내가 우물곁에 서 있다가"(창 24:10–13).

이렇게 성 밖에 우물이 있을 경우 전쟁이 나면 적이 이 우물을 감시하기도 했다. 주민들이 물을 제대로 긷지 못해 갈증으로 항복하도록 하려는 것이었다.

도시의 경우 대개 우물이 성안에 있었고, 성 밖에 있을 경우 잘 보호 받을 수 있는 위치에 있었다. 고고학자들에 의해 발굴된 우물들이 꽤 있는데, 무려 기원전 2000년경의 우물이 벧세메스Beth shemesh 성 안에서 발견되기도 했다. 이외에 라기스Lachish나 여리고에서도 우물들이 발견되었다. 여리고의 우물은 선지자 엘리사가 소금을 뿌려 나쁜 물을 좋은 물로 바꾸었다는 성서 기록으로 유명하다 왕하 2:19–21.

라기스의 우물;

게셀과 므깃도, 예루살렘 등 다른 도시들에서는 성벽 바로 밖에 있는 샘이나 지하의 물 창고로 내려가는 터널형 계단이 발견되기도 하였다.

고대 이스라엘의 우물을 우리나라 사람들에게 익숙한 두레박이 있는 우물로 상상해서는 안 된다. 우선 지하에 샘이 있어 우물을 만든 경우보다는 대부분 하늘의 빗물을 받아 저장하는 천수조天水槽, cistern였다. 위에서 언급한 벧세메스의 우물도 천수조인데, 넓이가 약 12미터에 높이는 약 2미터쯤 된다. 가뭄 때는 이 천수조의 바닥에 진흙이나 다른 물체들이 쌓이기도 하였다. 성경에 자주 등장하는 우물가의 여인들을 상상할 때는 두레박을 끌어 올리는 여인들보다는 물통을 들고 천수조 계단을 내려가는 여인들을 그려 보기 바란다.

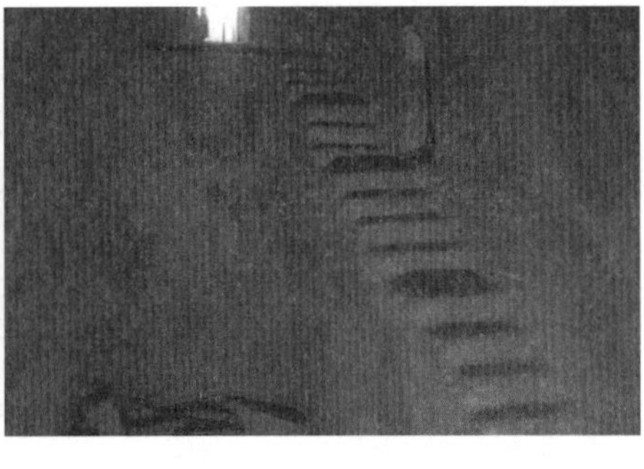

이스라엘 천수조 내부;

가구와 먹거리

고대 이스라엘 사람들이 사용하던 가구들이 좀 남아 있을까? 아쉽게도 발굴된 것이 많지 않다. 그들이 자는 방에는 도대체 뭐가 있었을까? 잘 때 침대는 사용했을까? 침대는 거의 사용하지 않은 것으로 보이고, 바깥에서 자는 목동들처럼 실내에서도 그저 겉에 두르는 옷을 몸에 두르고 잤다. 그래서 성경은 이렇게 부탁한다.

> "네가 만일 이웃의 옷을 전당 잡거든 해가 지기 전에 그에게 돌려보내라 그것이 유일한 옷이라 그것이 그의 알몸을 가릴 옷인즉 그가 무엇을 입고 자겠느냐 그가 내게 부르짖으면 내가 들으리니 나는 자비로운 자임이니라"(출 22:26-27).

두루마기 옷이 곧 그들의 이불이었다. 침대와 침실은 상류층만 사용했을 것으로 보인다. 사울의 아들 이스보셋은 헤브론에서 왕이 된 다윗에 대항하여 요단 동편 길르앗 지방의 마하나임에서 왕국을 재건하였는데, 곧 그의 두 장수에게 배신을 당하고 살해당한다. 비극적 감상은 잊고 다음 성경구절을 재미없게 읽어 보자.

> "브에롯 사람 림몬의 아들 레갑과 바아나가 길을 떠나 볕이 쬘 때 즈음에 이스보셋의 집에 이르니 마침 그가 침상에서 낮잠을 자는지라 레갑과 그의 형제 바아나가 밀을 가지러 온 체하고 집 가운

데로 들어가서 그의 배를 찌르고 도망하였더라 그들이 집에 들어 가니 이스보셋이 침실에서 침상 위에 누워 있는지라 그를 쳐 죽이고 목을 베어 그의 머리를 가지고 밤새도록 아라바 길로 가"(삼하 4:5-7).

이처럼 고대 이스라엘의 상류층은 침대를 사용하였다. 실제 게셀Gezer에서 재미있는 것이 발견되었는데, 침상을 석회암으로 만든 모델이 발견된 것이다. 부유층 거실에 놓여 있는 액세서리였을까 아니면 부잣집 외동딸의 장난감이었을까?

잘나가던 다윗도 부유한 침대 생활을 하였다. 다윗이 너무 잘나가자 사울이 그를 제거하려고 여러 번 시도했는데, 얼마나 죽이려고 혈안이었는지 다윗의 아내이자 자기의 딸 미갈이 다윗이 아프다고 거짓말을 하자 그가 누워 있는 침대를 통째로 들고 오라고 명령한다.

"사울이 전령들을 보내어 다윗을 잡으려 하매 미갈이 이르되 그가 병들었느니라 사울이 또 전령들을 보내어 다윗을 보라 하며 이르되 그를 침상째 내게로 들고 오라 내가 그를 죽이리라"(삼상 19:14-15).

당시의 침상은 들어 이동하기에 용이했는가 보다.

다행히 그들이 음식을 먹을 때 사용하던 가정용 항아리나 그릇, 단지 등이 도시나 촌락에서 많이 발견되었다. 음식을 요리하던 기구는 바닥이 둥글고 입구가 바깥쪽으로 접혀 있다. 이는 아마도 불 피우는 곳의 돌이나 벽돌 위에 얹어 놓거나 고리를 이용해 매달고서 사용했기 때문일 것이다.

레반트 지역의 신석기 시대 도자기류. 투박하고 멋없는 모양이다; Yosef Garfinkel/ CC-BY-SA-3.0

신약성서의 다음 구절을 은혜로운 감상은 잠시 접어 두고 읽어 보자.

"오늘 있다가 내일 아궁이에 던져지는 들풀도 하나님이 이렇게 입히시거든 하물며 너희일까 보냐 믿음이 작은 자들아"(마 6:30).

옛 이스라엘 사람들이 아궁이를 사용하여 음식을 만들었다는 증언이다. 이 아궁이는 대개 풀이나 가시덤불, 마른 가지 등을 사용하여 바닥에 불을 지폈다. 그 모양은 현재 팔레스타인이나 시리아에서 볼 수 있는 화덕과 유사하다. 땅을 너비 1미터, 깊이 1미터 정도로 파서 만든 큰 단지 모양의 구덩이인데 그 안벽은 회칠이 되어 있다. 아궁이가 적절히 데워지면 그 벽이 깨끗해지고 여기에 넓적하게 만든 반죽을 붙여서 구워 먹었다.

기회가 된다면 서울 이태원 골목에 있는 중동인들의 식당에 가 보라. 진짜 이 지역 출신 사람들이 경영하는 곳을 가야 하는데, 대개 큰길가가 아닌 구석진 곳에 위치하고 있다. 그 식당의 주방을 엿보면 피타pita 빵이나 케밥kebab용 꼬치고기 굽는 화덕을 볼 수 있을 것이다. 참고로 정말 맛있다.

옛 이스라엘 사람들은 대개 채소류를 많이 먹었으며 특별한 행사 때만 육류를 먹었다. 그래서 고기를 먹었다는 기록은 특별한 날이었음을 말하는 것이다. 아니면 솔로몬 때에 왕실에서 살았으면 고기를 실컷 먹었을 것이다. 그 덕에 백성들이 조공을 바치느라 고생을 꽤 하였다. 당시 왕실의 메뉴를 보시라.

> "솔로몬이 사는 동안에 그 나라들이 조공을 바쳐 섬겼더라 솔로몬의 하루의 음식물은 가는 밀가루가 삼십 고르요 굵은 밀가루가 육십 고르요 살진 소가 열 마리요 초장의 소가 스무 마리요 양이 백 마리이며 그 외에 수사슴과 노루와 암사슴과 살진 새들이었더라" (왕상 4:21-23).

반면 여리고에서는 다양한 곡식류가 발견되었는데, 밀과 보리, 귀리oat, 편두lentil, 기장millet일 것으로 추정된다.

부유층도 아니면서 웰빙주의자에 가까울 만큼 천연식을 한 이가 있었는데, 예수님의 사촌 요한이었다.

> "이 요한은 낙타털 옷을 입고 허리에 가죽 띠를 띠고 음식은 메뚜기와 석청이었더라"(마 3:4).

꼭 육류가 아니어도 요한은 메뚜기를 통해 충분한 단백질을 섭취했을 테고, 팔레스타인 광야로 걷기 운동을 해야만 먹을 수 있는 바위틈의 꿀인 석청을 주로 먹었으니, 그가 허허벌판 광야에서도 소리를 지를 수 있었던 건강의 비결이 여기에 있지 않을까마 3:1-2?

이 석청이 원기 회복엔 그만인 천연 보양식이었다. 힘 하면 누구에게도 뒤질 수 없는 삼손은 심지어 사자 몸에 벌 떼들이 붙어 만든 꿀을 퍼다 먹었고 몰래 부모에게도 가져다 드렸다. 한번은 아내의 고향 친구들에게 '먹는 자에게서 먹는 것이 나오고 강한 자에게서 단 것이 나온 것'이 무엇인지 알아맞혀 보라고 하면서, 알아맞히면 옷을 상으로 주고 못 알아맞히면 옷을 벌로 내라는 수수께끼를 일방적으로 강요하였다. 원래 힘 좀 쓰는 녀석은 꼭 이런 식이다. 힘 센 삼손에겐 뭐라 못하는 친구들이 단합을 해서 삼손의 아내를 협박했다. 그 답을 알아내지 못하면 너와 네 아비를 불로 태워 죽이겠다는 무시무시한 협박이었다. 그동안 삼손에게 꽤 당했었나 보다. 결국 아내의 간청으로 친구들은 답을 알아내고 위기를 모면한다. "무엇이 꿀보다 달겠으며 무엇이 사자보다 강하겠느냐"라는 친구들의 정답에 삼손은 마치 영화 〈대부〉의 한 대사처럼 이렇게 읊조린다. "너희가 내 암송아지로 밭 갈지 아니하였더라면 내 수수께끼를 능히 풀지 못하였으리라." 사사기 14장에 기록된 이야기다. 삼손이 자기 아내를 송아지로 비유했는데, 참고로 서양에서 여자를 소로 비유했다간 따귀를 얻어맞는다.

아마도 꿀과 사자의 결합은 우리네 보양식인 삼계탕이 닭과 인삼을 조화시킨 것과 같은 격이었을 것이다. 전쟁터에서 피곤에 지친 요나단도 이 꿀을 찍어 먹고서는 원기가 회복되었다는 기록이 있다삼상 14:24-27.

의복

앞에서 인용한 마태복음 3장 4절을 다시 보고 요한의 패션에 주목하여 보자. 동물 애호가에겐 혐오의 대상이지만 부의 상징인 모피를 입고 있지 않은가. 털이 복슬복슬한 낙타 털옷에 가죽 벨트를 두르고 있다. 하지만 오해하지 마시길. 옛날 원시사회에서는 짐승의 가죽을 벗겨 걸치는 게 쉬웠지, 섬유를 만들어 옷을 해 입는 게 더 어려웠다.

그래서 보통 간단한 양가죽 옷을 입거나 염소털로 만든 망토를 입었다. 상류층에선 종종 특별행사 때 질 좋은 세마포/아마포linen 외투를 입었다. 지금은 주로 식탁보나 행주, 냅킨 등을 만들 때 사용하는 뻣뻣한 천이다. 이 천을 염색하고 끈과 솔을 가장자리에 붙여서 어깨부터 무릎까지 오게 만든 게 이 외투다. 더불어 양의 털로 만든 모직woolen 외투도 널리 입었다. 이 양모 산업의

아시리아의 왕 살만에셀 3세의 '블랙 오벨리스크'에 새겨진 그림. 이스라엘 왕 예후의 사신들이 조공을 바치는 장면인데, 이 사신들의 외투가 바로 세마포 천으로 만든 것이다;

많은 증거가 텔 베이트 미르심Tell Beit Mirsim – 구약시대의 드빌Debir – 에서 나왔는데, 거의 모든 집에서 베틀이 발견되었다. 이 도시는 섬유사업이 꽤 흥왕했다.

이 아마포로 만든 베옷과 양털로 만든 옷에 대한 성경의 흥미로운 구절이 있다.

> "그들이 안뜰 문에 들어올 때에나 안뜰 문과 성전 안에서 수종 들 때에는 양털 옷을 입지 말고 가는 베옷세마포을 입을 것이니"(겔 44:17).

에스겔이 새 예루살렘 환상 속에서 들은 성소의 직분 맡은 자들이 지켜야 할 하나님의 분부다. 성경은 양털로 만든 옷보다는 세마포로 만든 베옷을 더 거룩하게 여겼다. 제사장들은 이 세마포로 만든 옷을 입어야 하며레 6:10, 심지어 하늘의 천사들도 이 세마포를 입었다단 10:5. 하기야 목사님들이 모피를 입고 강단에 서면 보기에 좋을 것 같지는 않다.

장신구와 화장

팝 가수 '샤데이'Sade의 노래 중 '제즈벨'Jezebel을 들어 보셨는지. 제즈벨은 다름 아닌 성경의 '이세벨'을 가리킨다. 이 노래는 뭔가 음울하고 슬프면서도 퇴폐적인 매력이 있다. 노래의 주인공 제즈벨은 슬프지만 아름다워 치명적인 유혹마저 일으킬 수 있는 그런 여인으로 묘사되는데, 이런 분위기의 원조가 바로 아합 왕의 외국인 아내 이세벨이다. 그는 자기 고향의 바알 종교를 이끌고 들어와 남편 아합과 함께 거의 이스라엘의 국교로 만들었으며, 여호와 하나님을 섬기는 자들을 핍박하고 남의 재산을 악랄하게 빼앗았던 악녀로 유명하다. 성서와 고고학적 관찰에 의하면 그녀의 남편 아합은 매우 큰 위세를 떨친 막강한 왕이었다. 하지만 이세벨의 마지막은 참혹했다. 기원전 842년경 예후의 쿠데타로 그의 집안은 큰 살육을 당했고 자신도 내시들에 의해 창밖으로 던져져 죽었다. 그녀의 몸은 개들이 와 뜯어 먹었다. 죽기 전 그녀의 마지막 모습은 비참했지만 또한 비장하였다.

> "예후가 이스르엘에 오니 이세벨이 듣고 눈을 그리고 머리를 꾸미고 창에서 바라보다가"(왕하 9:31).

샤데이의 제즈벨, 이 곡의 데카당스한 분위기를 창조시킨 구절이다. 이세벨 이 여자는 자신의 죽음이 임박한 상황에서도 악녀의 품위를 잃지 않았다. 자기를 쳐 죽이러 온 예후 앞에서 천천히 눈을 그리고 머리를 만지다가 창밖 멀리를 바라보았다. 아무것도 모르던 어린 소녀 때에 고향을 떠나 정략결혼으로 먼 이스라엘에 끌려오듯 와서는 아합과 결혼하였던 이세벨. 아마 그 긴 세월이 한 움큼 창밖에 보였을 게다. 고향을 격하게 그리워했기에 자기 친족의 신 바알을 그리도 열심히 섬겼는지도 모른다. 예쁜 미모 덕이었는지 외롭고 쓸쓸했던 자신의 어리광을 남편은 다 들어 주었을 것이다. 그래서 성질도 좀 고약해졌나 보다.

이세벨에 대한 부적절한 감상은 멈추고 다시 재미없게 성경을 읽어 보자. '눈을 그리고'가 눈에 띈다. 그렇다. 당시의 여인들도 이 눈 화장을 했다는 역사적 증언이 이 구절에서 발견된다. 고고학 발굴로 발견된 여인들의 동상을 보면 눈가에 진한 라인이 그려져 있기도 하다.

실제로 많은 화장 도구와 여인들의 액세서리들이 발견되었다. 지금도 여자들의 화장대 위를 보면 도대체 이 많은 것들이 다 어디에 쓰이는 건지 의아할 때가 많다. 이 많을 걸 쓰고도…, 때론 맘이 안타까울 때도 있다. 우리를 위해 은혜로운 말씀 한 글자를 더 넣어 주셔도 아쉬울 성경책에, 하나님이 그 수많은 화장 기구들을 이사야서에 열거하신 것이 난 또 의아하다.

> "주께서 그날에 그들이시온의 딸들이 장식한 발목 고리와 머리의 망사와 반달 장식과 귀고리와 팔목 고리와 얼굴 가리개와 화관과 발목 사슬과 띠와 향합과 호신부와 반지와 코고리와 예복과 겉옷과 목도리와 손 주머니와 손거울과 세마포 옷과 머리 수건과 너울을 제하시리니"(사 3:18-23).

현대 세련된 여인들의 장식과 비교하여 전혀 밀리지 않을 것 같다. 보석이나 장신구는 주로 상류층 사람들이 사용하였지만 꽤 널리 보급되었었다. 금, 은, 동으로 만들어진 팔찌나 귀고리, 목걸이, 펜던트, 구슬 등이 외모를 치장하는 데 사용되었다. 보석이나 장신구들이 드레스류의 옷에 달려 있기도 했다. 분명 사치스러운 물건들이긴 하지만, 때론 악귀로부터 보호한다고 그들은 믿었다. 마치 십자가 목걸이가 깊이 팬 옷을 입은 여인의 가슴 위에서 반짝이기도 하지만 무서운 밤길에 알바를 마치고 집에 돌아오는 여학생의 가슴 안에도 있는 것처럼 말이다.

06

무덤부터 주사위까지

장례, 농사, 전쟁, 여가 활동 등

터키 하란에 있는 집 모양.
하란은 아브라함이 오래 살던 곳이다.

영국에 가 보면 마을마다 참 예쁜 공원이 많다. 맨체스터의 세일Sale이라는 동네에 가 보라. 기차역에서 내려 조금만 걸어가면 유독 예쁘고 잘 정돈된 공원이 눈에 띌 것이다. 하지만 행여나 거기 가서 데이트라도 할 생각은 하지 마시길. 영국은 마을 안에 예쁜 공원처럼 공동묘지를 꾸민다. 유적처럼 오래전에 세워진 교회 마당에도 으스스한 무덤이 많다.

이와는 반대로 고대 이스라엘의 장지는 되도록 주거지에서 멀리 떨어진 곳에 마련되었다. 발굴된 대부분이 상류층의 것이었고, 일반 서민들의 묘지는 어쩌면 따로 존재하였을 수도 있다.

> "또 여호와의 성전에서 아세라상을 내다가 예루살렘 바깥 기드론 시내로 가져다 거기에서 불사르고 빻아서 가루를 만들어 그 가루를 평민의 묘지에 뿌리고"(왕하 23:6).

'평민의 묘지'라는 것이 반드시 서민들의 것인지 분명치는 않지만, 여하간 기드론에서는 큰 규모의 공동묘지가 발견되었다.

아주 드물지만 아시리아와 시리아에서는 묘지가 거주지 안에서 발견되기도 한다. 성경에는 사무엘이 라마에 있는 그의 집에 묻혔다고 보고하고 있으며삼상 25:1, 일부 왕의 기록도 그 가능성을 보여 주고 있다왕상 16:6, 28. 거주지 안에 있는 묘지는 상류층의 것임이 분명하다. 특히 '다윗의 성'이라 불리는 예루살렘에는 다윗 가문의 묘지일 것으로 추정되는 돌을 파서 만든 긴 터널이 발견되었다.

조상들을 만나는 곳, 무덤

사람은 흙으로 만들어져 흙으로 돌아간다창 3:19. 많은 지역의 풍습처럼 고대 이스라엘도 사람이 죽으면 땅으로 보냈다. 시신을 불로 태우는 화장은 일반적인 장사 방법은 아니었다. 화장은 주로 범죄자에게 행하였는데, 그 범죄를 이스라엘 사회에서 분리시킨다는 상징적 의미가 있었다. 그런데 구약성서가 지목하는 화장이 좀 섬뜩하다. 죽은 시신을 태운다기보다는, 그냥 산 채로 불에 태워 죽이는 일종의 형벌이 이들의 화장에 속한다. 어떤 범죄의 경우에 불로 태워 죽였을까? 두 경우가 언급되는데 모두 음행과 관련이 있다.

> "어떤 제사장의 딸이든지 행음하여 자신을 속되게 하면 그의 아버지를 속되게 함이니 그를 불사를지니라"(레 21:9).

예나 지금이나 '목사님'의 딸로 자라는 것은 쉬운 일이 아니다. 다음 차례는 남자다.

> "누구든지 아내와 자기의 장모를 함께 데리고 살면 악행인즉 그와 그들을 함께 불사를지니 이는 너희 중에 악행이 없게 하려 함이니라"(레 20:14).

위 구절에서 '데리고 살다'는 말은 성관계를 일컫는 히브리어 용어로 사용됐다. 장모님은 '모시고' 사는 것이지 데리고 살면 큰일 난다.

자연적으로 생긴 동굴은 팔레스타인 같은 산악지대에선 편리한 장지였다. 후대의 인위적인 묘지도 천연 동굴의 형태를 따랐다. 족장들이 살던 청동기시대에는 인위적으로 동굴을 파서 묘지를 만들었다. 땅에 석회암이 많기 때문에 침식으로 인한 자연적 동굴도 많았을뿐더러, 인위적으로 동굴을 파기도 그리 어렵지 않았을 것이다. 대개 동굴 바닥으로 내려오는 수직 통로를 뚫고, 다음 바닥에서 복도를 통해 묘실로 들어간다.

그러다가 이스라엘에 왕들이 살던 철기시대에는, 묘실에 마루를 만들고 긴 의자들을 놓아 시신이 몸을 펴고 누울 수 있도록 만들었다. 당시 전형적인 묘실은 거의 직사각형이고 입구 쪽을 제외한 세 측면에 긴 의자를 놓는다. 따라서 동시에 세 시신을 모신다. 또 다른 장사가 치러지면 한 의자 위의 뼈를 모아 묘실 한 구석에 있는 구덩이에 모아 둔다.

후에는 이 의자 대신에 시신을 눕힐 여러 굴을 팠다. 묘실은 한 가족에

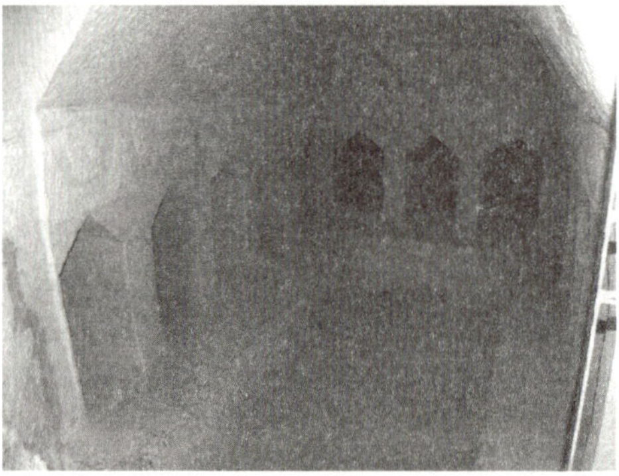

속하며 몇 세대에 걸쳐 사용하기 때문에 이름과 같은 문구들이 남아 있지 않다. 구약성서의 문자적 표현대로 죽음은 이처럼 가족묘의 '조상에게로 돌아가는 것'이다.

헬라 시대 이스라엘의 무덤 내부. 시신이 안치될 굴이 보인다;

막 만들기로 유명한 이스라엘 토기장이

죽기 전에 고대 이스라엘 사람들이 어떻게 살았는지 몇 가지 모습을 살펴보자. 가나안에 정착하여 살 당시, 일반 사람들의 주요 생업은 농업이었다. 왕실 소유나 부자들의 땅 이외에, 평민들도 공동 경작지의 일부 땅을 부여 받았다. 그들은 낮에는 경작을 하고 밤에 마을로 돌아오는 생활을 하였다. 그리고 적어도 왕국기 말까지 유목 생활도 일부 유지하였다. 가나안의 정착 문화를 거부한 채 옛 유목 생활을 고집한 무리들도 있었을 것으로 보인다. 예레미야 35장이 언급하는 레갑 사람들은 정착 생활을 하지 않고 장막에 살았으며 밭에서 일도 하지 않고 땅도 소유하지 않았다고 전한다.

이들의 농경과 관련하여 게셀Gezer의 발굴 결과가 눈에 띈다. 여기에는 곡식을 경작하던 곳이 발견되었으며, 기원전 약 10세기 중반 즉 왕국기 때에 만들어진 돌판이 발견되었는데, 농사와 관련된 달력이 적혀 있다.

많은 곳에서 농사기구들이 발견되었고, 곡식이 아직 담겨 있는 항아리들도 발견되었다.

나른 식업으로는 무엇이 있었을까? 역대상 29장 3-5절에 의하면 전문적으로 금이나 은을 다루던 '장인'들이 있었음을 알 수 있으며, 유사한 기능인인 '대장장이'철공, 목공들도 있었다왕하 24:14; 렘 24:1. 바벨론은 예루살렘을 무너뜨리며 이들을 자기 나라로 잡아갔으니, 당시 그 기능이 꽤 인정받았던가 보다. 이들에 대한 많은 유물들도 발견된 바 있다.

게셀에서 발견된 달력 모조품. 높이 7.2cm의 석회암 돌판이며 진품은 터키 이스탄불의 박물관에 보관되어 있다. 대략 솔로몬 때 만들어진 것으로 보인다. 달마다 해야 할 농경 작업이 적혀 있다. 예를 들면 8월과 9월은 추수, 10월과 11월은 심는 시기, 2월은 아마를 경작, 3월은 보리 추수 등과 같은 정보다;

반면 이스라엘의 토기장이들은 썩 인정받지 못했을 것이다. 발견된 히브리 도자기들은 매우 부실한 편이며, 디자인이나 색이 아름답지 못하고 잘 구워지지 않은 것이 대부분이다. 5장에 소개된 도자기 사진을 참조해 보라. 좋은 토기들은 대부분 외부에서 유입된 것이다. 막 만들기로 악명 높았던 이스라엘의 토기장이는 예레미야서에 이렇게 패러디되어 있다.

"여호와께로부터 예레미야에게 임한 말씀에 이르시되 너는 일어나 토기장이의 집으로 내려가라 내가 거기에서 내 말을 네게 들려주리라 하시기로 내가 토기장이의 집으로 내려가서 본즉 그가 녹로로 일을 하는데 진흙으로 만든 그릇이 토기장이의 손에서 터지매 그가 그것으로 자기 의견에 좋은 대로 다른 그릇을 만들더라 그때에 여호와의 말씀이 내게 임하니라 이르시되 여호와의 말씀이니라 이스라엘 족속아 이 토기장이가 하는 것같이 내가 능히 너희에게 행하지 못하겠느냐 이스라엘 족속아 진흙이 토기장이의 손에 있음같이 너희가 내 손에 있느니라"(렘 18:1-6).

고대 이스라엘의 토기장이는 이렇게 역사 속에 남겨졌다. 그들에겐 망신이지만 하나님의 절대 주권을 아주 잘 나타내 주었다.

조폭에서 병거로

농사를 짓고 살던 사람들이 전쟁이 일어나거나 내부 분란이 있을 때는 무장하고 싸우러 나가야 했다. 전문적 군인들은 다윗 왕 때에나 등장하였고, 사사시대나 사울 때까지만 해도 전쟁이 터지면 그저 농사짓던 남자들이 밭 갈다가 뛰쳐나가는 경우가 대부분이었다. 〈반지의 제왕〉 같은 영화 속의 전쟁 장면을 상상해서는 안 된다. 때문에 그 당시 무기는 아주 원시적이었다. 대신 투석새총(?) 기술은 발달한 것으로 보이는데, 상상하자니 좀 안쓰러워 보일 정도지만 성경은 이렇게 자랑하고 있다.

"그때에 그 성읍들로부터 나온 베냐민 자손의 수는 칼을 빼는 자가 모두 이만육천 명이요 그 외에 기브아 주민 중 택한 자가 칠백 명인데 이 모든 백성 중에서 택한 칠백 명은 다 왼손잡이라 물매로 돌을 던지면 조금도 틀림이 없는 자들이더라"(삿 20:16).

넌시는 것에는 왼손잡이가 용한가 보다. 이외에도 방패와 곤봉, 단도, 창을 사용하였다. 그러다 다윗 왕 말기에 전차가 도입되었고 솔로몬 때에는 널리 쓰였다. 말이 끄는 이 전차는 히타이트헷 족속 방식을 따라 운전자, 전사, 무기 드는 자 이렇게 삼인조가 이끌었다.

개량된 무기가 없이도 막강 무력을 떨치던 이들이 있었는데 바로 다윗의 개인 용병들이었다. 당시 이스라엘 사람들이 생각지도 못하던 방식의 군사 조직이었다. 사울은 왕이 되어서도 옛날 지파 동맹식의 군사 행정을 유지했었다. 즉 전쟁이 나면 남자들을 불러 모아 놓고 "싸우러 나가자!" 고 선동해야 하는 '징집군사제'였던 것이다. 훈련된 직업군인이나 군사 지도 체제가 없었다. 한쪽 눈을 모두 뽑아 버려 이스라엘 사람들을 능욕하려던 암몬 민족 때문에 사울이 – 그가 왕이 되기 전이지만 – 어떻게 군사를 불러 모았는지 보라.

"한 겨리의 소를 잡아 각을 뜨고 전령들의 손으로 그것을 이스라엘 모든 지역에 두루 보내어 이르되 누구든지 나와서 사울과 사무엘을 따르지 아니하면 그의 소들도 이와 같이 하리라 하였더니 여호와의 두려움이 백성에게 임하매 그들이 한 사람같이 나온지라"(삼상 11:7).

사울의 군사체제는 왕국을 세우고 나서도 크게 변하지 않았다. 하지만 이런 '정의파' 군사들이 조직적 정예부대보다 우월할 수는 없었다.

반면 다윗은 자신의 목숨을 위협하는 장인어른 사울로부터 도망 다니면서 차츰 변모하기 시작한다. 스스로 이스라엘의 원수인 블레셋으로 찾아가 피신하였을 때, 다윗은 자신을 알아보는 원수들 앞에서 목숨을 부지하기 위해 문짝에 몸을 비비고 침을 흘리며 미친 척을 한다삼상 21:10-15. 멀쩡한 인간이 할 수 있었던 가장 극단적이고 가장 굴욕적인 생존 본능을 스스로 경험한 후에 그는 바뀌기 시작한다. 골리앗과 싸울 때처럼 하나님만 믿고 돌을 던지던 무모한 소년에서 이제는 이른바 조폭 두목이 된다.

"그러므로 다윗이 그곳을 떠나 아둘람 굴로 도망하매 … 환난당한

히타이트 전차

모든 자와 빚진 모든 자와 마음이 원통한 자가 다 그에게로 모였고 그는 그들의 우두머리가 되었는데 그와 함께한 자가 사백 명 가량이었더라"(삼상 22:1-2).

마을에서 소외당하고 원통하여 집을 떠난 부랑아들과 다윗의 저지는 상통할 만하였다. 사람이 더 이상 잃을 게 없다고 생각하면 무섭게 강해지는 법. 인생의 바닥을 친 자들끼리 뭉쳐 다윗과 함께 승승장구하며 이스라엘의 역사를 새롭게 써 나간다. 그 정점이 바로 예루살렘 정복이었다. 나중에 다윗이 왕이 된 이후 가장 큰 위기를 맞았을 때에 그를 구한 것도 이 용병들이었다. 아들 압살롬에게 쫓겨 요단 동편 마하나임으로 피신했을 때 당시 이스라엘의 민심은 거의 압살롬에게 넘어갔다. 그러나 이 용병들은 의리를 지키고 다윗을 위해 싸워 압살롬을 무찌른다.

하지만 이젠 너무나 강하게 커 버린 그들에게서 다윗은 위협의 냄새를 맡은 걸까? 압살롬의 반란이 잠재워진 후 다윗에겐 또 한 번 큰 변화가 온다. 이번엔 정치적 변화였다. 남쪽 출신 아마사를 군대장관으로 임명하는 조건으로 다시 왕위에 오른 다윗은 그와 생사고락을 같이한 요압 군대장관을 2선으로 옮긴다. 그의 본격적인 친유다 정책 때문이기도 하지만, 압살롬을 너그러이 대우하라고 그렇게 부탁했는데 나뭇가지에 머리가 걸린 압살롬을 요압이 여지없이 죽여 버린 것도 한몫 했을 것이다. 요압은 자기보다 조금이라도 더 다윗과 가까워질 수 있는 인물들을 여지없이 살해했다. 후에 다윗은 솔로몬에게 요압을 편히 보내지 말라고 유언을 남긴다. 그리고 요압은 군대장관답지 않게 참으로 애처롭게 죽는다. 죽임을 당할까 무서워 요압은 하나님의 장막에 도망가서는 제단의 뿔을 붙잡고 숨는다. 한때 혈기 왕성한 냉혈장군 요압은 거기서 쳐 죽임을 당한다.

다윗 용병들의 역사적 의의는 크다. 이 조직적인 용병 운영은 아직도 사사시대의 체제에 걸쳐 있던 사울 왕국으로부터 크게 진보한 역사적 일례이기도 하였다. 위기 때만 불러 모아 싸우는 어설픈 징집병이 아니라, 한 몸처럼 움직이는 조직적 군인들이 있어야만 가능한 진짜 왕국이 일어선 것이다.

하지만 다윗의 군사체제도 그의 뒤를 이은 솔로몬의 막강 병력과는 비교할 수 없었다. 아버지 다윗으로부터 엄청난 유산을 물려받은 이 황태자는 '누리자'가 인생의 모토였기에, 사실 전쟁보다는 평화를 누리며 삼천 궁녀와 함께 철학과 음악, 수목학과 수의학을 즐겼다.

> "그가 잠언 삼천 가지를 말하였고 그의 노래는 천다섯 편이며 그가 또 초목에 대하여 말하되 레바논의 백향목으로부터 담에 나는 우슬초까지 하고 그가 또 짐승과 새와 기어다니는 것과 물고기에 대하여 말한지라"(왕상 4:32-33).

아버지처럼 세력을 확장하기 위해 전쟁을 치른 적은 단 한 번도 없었으며 그의 강한 군사력은 모두 수비 강화를 위해서 존재하였다. 심지어 자기 영역이 빼앗겨도 되찾을 전쟁을 하지 않았을 정도다. 이집트로 피신했던 에돔의 왕자 하닷이 돌아와 왕이 되고 에돔 일부가 독립한다. 그러나 솔로몬은 아무 조처도 하지 않았다. 아람의 르손이 다메섹을 점령했을 때에도 아무 대응을 안 했다왕상 11:14-25. 솔로몬은 주로 다윗의 유업을 보존하고 문화적 확대에 관심을 기울였으며, 왕실의 명성을 선전하기 위한 건축과 외교에 몰두했다. 역사를 보면 나라의 최고 지도사는 항상 사기 지리 기간 동안에 건축을 통해 족적을 남기고 싶어 한다. 솔로몬도 성전 건축으로 유명하다. 그의 왕궁과 이방신들의 성소도 열심히 지었다. 조세 집행을 통해 전역에서 올라온 공물을 비축하는 국고성도 건축하였다.

그의 건축 활동 중 솔로몬의 군사력을 짐작하게 해주는 것이 병거와 마병성 건축, 요새지의 축성이다왕상 9:15-22. 병거와 병거를 끄는 말을 위해 군사적 요충지에 특별 단지를 구성했는데, 그 고고학적 증거들이 므깃도와 게셀에서 발견되었다. 상당히 큰 규모인 1400병거와 1만 2000마병들을 여러 병거성과 예루살렘에 두었는데왕상 10:26, 그저 군사적 위용을 과시하고 방어와 수비를 위한 것이었지 전쟁에서 실제 사용한 기록은 없다.

실로 다윗과는 차원이 다른 군사력이다. 병거는커녕 다윗은 나귀나 노새를 타고 다녔고삼하 18:9, 그의 군사는 단순한 보병이었다. 심지어 아람의 소바 왕 하닷에셀과 전쟁 후 말과 병거를 획득하고도 병거 이용법을 몰라 말의 힘줄을 다 끊어 놓았다삼하 8:4.

솔로몬은 국가 방어에 철저하여 수비대와 용병 숫자를 증강하고 국경지대나 주요 교역 도시에 요새를 축성하고 확장하였다. 먼저 예루살렘을 요새화하기 위해 '밀로'를 건축하는데, 밀로는 예루살렘 남동쪽의 언덕

발굴된 밀로의 일부;
© Yoav Dothan/ Public Domain

지대와 솔로몬의 왕궁 사이에 위치한 도시 방어 시설의 일부였다왕상 11:27. 다윗이 예루살렘을 정복하기 전 이미 여부스족이 건설했었고, 점령 시 발생한 파손 때문에 다윗이 보축하였다삼하 5:9 이하. 솔로몬 이후 새롭게 확장되어 북쪽 지역에 세운 성전과 왕궁을 방어하는 매우 중요한 군사적 역할을 했다. 이외에 하솔, 므깃도, 게셀, 벧호론, 바알랏, 타마르 등도 요새화하였다.

신성과 제비뽑기, 여가 활동

고대 이스라엘 사람들도 춤이나 음악을 즐겼다. 그들에게 춤이나 음악이 정말 여가 활동이었는지는 명확하지 않다. 다만 춤과 음악은 그들의 종교-절기 의식과 밀접히 관련 있었다. 종교와 관련된 춤과 노래는 여가 활동 이상의 절대적 행위였다. 현대와는 달리 신의 존재와 임재가 조금도 의심받지 않았는데 지금은 과학으로 설명되는 모든 현상이 당시에는 신의 역사로 이해될 수밖에 없었기 때문이다. 비가 내리는 것, 아내가 아기를 임신하는 것, 그리고 아픈 사람이 살고 죽는 모든 것이 신의 의지로 가능한 것이었다. 때문에 그들이 종교적 의식으로 행하던 춤과 노래가 여가 활동일 수는 없었던 것이다.

하지만 이 빡빡한 신적 속성을 뚫고, 인간의 유락만을 위해 삐져나오기도 했다. 그들이 부른 시와 노래의 대부분은 시편과 예언자의 신탁에 담겨져 내려왔으나, 매우 세속적인 것으로 여겨지는 노래가 성경에 살짝 묻어 전수된 것이 있다. 바로 민수기 21장 17-18절에 담겨 있다.

> "우물물아 솟아나라 너희는 그것을 노래하라 이 우물은 지휘관들이 팠고 백성의 귀인들이 규와 지팡이로 판 것이로다."

우물 건축을 축하하며 불렀던 노래다. 인류 역사에서 노래의 전수는 노동과 밀접한 관련이 있다. 고된 노동을 할 때 일의 능률을 높이고 고단함을 씻기 위해 리듬감 있게 부르는 노동요가 있는데, 우리나라의 뱃노래나 논에서 부르는 민요 같은 것이다. 선지자 이사야의 신탁에도 밤을 새워가며 아침이 오기만을 기다리는 파수꾼들의 노래가 발견된다.

> "파수꾼이여 밤이 어떻게 되었느냐 파수꾼이여 밤이 어떻게 되었느냐 아침이 오나니 밤도 오리라 네가 물으려거든 물으라 너희는 돌아올지니라"(사 21:11-12).

나는 개인적으로 이 파수꾼들의 노래하는 마음을 절대 공감한다. 군대에 있었을 때 우리 소대의 주 임무는 부대 경계를 서는 일이었다. 한밤중에 나가 서 있으려면 마음이 먹먹해진다. 같이 나간 근무병과 시간을 죽이기 위해 잡담을 시작하는데, 한 30분 떠든 것 같아 시계를 보면 2분밖에 지나지 않았다. 이때 효과 만점인 것 중 하나가 노래를 부르는 것이다. 태어나서 그때만큼 노래를 많이 부른 적이 없었던 것 같다. 복음성가부터 머라이어 캐리까지 레퍼토리도 화려했다. 물론 노래보다 더 효과 있던 것은 여자 이야기였다.

종교적 영역으로 여겨지던 것이 인간의 유락으로 흘러나온 또 다른 예가 있는데 바로 '제비뽑기'다. 현대인들이 점심 메뉴를 정하기 위해 하는 사다리 타기나 주사위 던지기는 본래 인간의 깊은 신심하고도 관련이 있다. '운'을 즐기자고 하는 이 세속 놀이의 이면에는 하나님이 그 '우연'마저 주관하신다는 절대적 신앙이 있었다. 그래서 고대에는 잘잘못을 가리기 어려울 경우 신께 의탁하여 제비뽑기를 통해 잡아 내기도 하였다. 요나의 경우처럼 말이다욘 1:7. 우연이 절대 우연이 아니라는 것이다. 이 사실을 받아들이기 위해서는 정말 절대적인 믿음이 요구된다. 현대의 신앙인은 과연 이 제비뽑기식의 운명 결정을 받아들일 수 있겠는가? 다음 본문을 보라.

> "그 남편이 의심이 생겨 그 아내를 의심하였는데 … 그의 아내를 데리고 제사장에게로 가서 … 제사장은 그 여인을 가까이 오게 하

여 여호와 앞에 세우고 … 여인에게 맹세하게 하여 그에게 이르기 를 네가 네 남편을 두고 탈선하여 다른 남자와 동침하여 더럽힌 일이 없으면 저주가 되게 하는 이 쓴 물의 해독을 면하리라 그러나 네가 네 남편을 두고 탈선하여 몸을 더럽혀서 네 남편 아닌 사람과 동침하였으면 … 이 저주가 되게 하는 이 물이 네 창자에 들어가서 네 배를 붓게 하고 네 넓적다리를 마르게 하리라 할 것이요 여인은 아멘 아멘 할지니라"(민 5:14-22).

남편의 생각에 아내가 다른 남자와 부정을 저지른 것 같은 의심이 들 경우, 제사장에게 데려가 일종의 독극물을 마시게 한다. 마시고 괜찮으면 정직한 것이고 아니면 부정을 행한 것이다. 고대 바벨론에도 유사한 방법으로 여자의 부정을 가리기도 하였다.

"타인들한테서 부정의 비난을 들으면, 아내는 '남편을 위하여' 강물에 뛰어들어 신판으로써 자기의 정절을 입증한다"(함무라비 법전 132조).

강물에 떠내려가 죽으면 부정한 것이고 헤엄쳐 살아 나오면 정직한 것이다. 당시 여자들은 꼭 수영을 배웠어야 하겠다. 남편과 공모한 이웃들이 씌운 억울한 누명에서 살아남아야 할 일이 있지 않았을까? '시죄'試罪, ordeal라 불리는 이 절차는 고대 사회에서 매우 공적인 법적 절차였다. 중세 유럽에서도 공공연히 행해졌다.

이외에도 제사드릴 희생 염소를 선택할 때레 16:8, 땅의 경계를 정할 때수 18:11, 땅을 나눌 때민 33:54; 삿 1:3, 나가 싸울 군인을 뽑을 때삿 20:9, 심지어 가룟 유다가 자살하자 그의 후임 사도를 선택할 때도 제비뽑기를 하였다행 1:26. 이 행위에 대한 그들의 신념은 이와 같다.

> "제비는 사람이 뽑으나 모든 일을 작정하기는 여호와께 있느니라" (잠 16:33).

애매한 판결을 해결하는 '운'에 대한 시험은 결국 신의 간섭에 대한 절대적 믿음이 있었기 때문에 행해질 수 있었다.

이 우연과 운, 믿음에 대한 인간의 짜릿한 기대감이 결국 신성을 제거한 오락을 낳았다. 주사위를 던져 나오는 운에 맡겨 게임을 즐기게 된 것이다. 요르단의 텔 베이트 미르심Tell Beit Mirsim의 왕국 터에서 기원전 약 1200년경의 게임 한 세트가 발견되었는데, 5개의 작은 피라미드형 물체와 5개의 작은 원뿔, 상아로 만든 주사위가 발견된 것이다. 지금의 보드게임과 매우 유사하다. 고대 이스라엘에도 운과 기술로 하는 게임들이 성행하였던 것 같고, 그 기원은 아마도 이집트였을 것으로 보인다.

본래 매우 신성하고 엄격한 법적 절차여서 사람의 목숨을 살리고 죽이기까지 하는 이 제비뽑기가 그 신성을 제거하였을 때 그저 인간의 유희를 위한 카지노나, 화투, 모노폴리, 트럼프 놀이에 응용되었다니 참 아이러니하다. 물론 이 유희도 심각해지면 종종 사람의 인생을 살리기도 하고 죽이기도 한다.

이 신성한 제비뽑기를 다시 심각하게 부활시키는 것은 어떨까? 그저 '다수'가 이기는 표 대결 때문에 우리 사회가 불순한 패거리 문화나 여론몰이로 친빅해지는 것 같아서 하는 말이나. 민주주의의 고귀한 정신을 정치꾼들의 썩은 입술에서 제하고 싶다. 먼저, 하나님의 역사와 간섭을 '믿는' 신앙인들부터 이 제비뽑기를 활용하면 어떨까? 제비뽑기로 교회 목사님도 신학교 총장님도 뽑아 보자. 선거 때문에 생기는 온갖 추잡한 것들이 많이 해결될 것이다. 믿음이 있는 자들이니 마음을 모아 몇 달간 충분히 기도하면 어떤 결과가 나오든 받아들이겠다는 준비가 될 것이다. 그리고 시행하면 별 탈 없을 게다. 왜 못하는 걸까? 믿음이 있다면서 말이다.

물론 이렇게 나가면 제비뽑기로 남편을 고르자는 '이단아'들도 부끄러운 줄 모르고 기어 나올 것이다. 믿음 운운하며 신학적 논쟁을 하자는 것이 아니다. 신앙인들이 선한 '의지'가 있다면 성경의 이 전통을 왜 '응용'하지 못하겠는가. 그래서 성경은 다음과 같은 매우 현실적인 구절도 남겼다. 깊이 생각해 보자.

> "제비 뽑는 것은 다툼을 그치게 하여 강한 자 사이에 해결하게 하느니라"(잠 18:18).

07

롯의 두 딸의 누명

결혼 풍습

1795년도 예멘 유대인의 결혼 계약서(Ketubah).
Diaspora Museum, Tel Aviv CC-PD-Mark

현대인들의 삶이 참 바쁘다 보니 이리저리 흩어져 살아가는 옛 친구들이 다 같이 모이기가 쉽지 않다. 그래도 종종 만나는 경우는 이들 가운데에 결혼식이 있거나 장례가 있을 경우다. 결혼과 장례, 우리 생명체에게는 가장 의미심장한 의식이다. 하나는 생명을 시작하게 하고 또 다른 하나는 마무리를 짓기 때문이다.

고대 이스라엘 사회에도 결혼과 장례가 있었고 매우 뜻 깊은 행사로 여겨졌다. 그래서 예수님은 그의 첫 기적을 가나의 혼인잔치에서 행하셨나 보다요 2:1-11.

롯의 두 딸과 근친상간

고대 이스라엘의 결혼에는 두 축이 있다. 하나는 친족결혼이고 다른 하나는 근친상간이다. 이들이 권장하는 결혼 상대는 친족이다. 하지만 지나친 근친 간의 성적 결합은 엄하게 금지한다.

고대 사회의 근친상간은 때론 그 원시적 상황으로 인해 불가피하게 벌어지기도 하였을 것이다. 때문에 우리가 오해하지 말아야 할 것이 있다. 종종 우리는 뉴스를 통해 경악스러운 근친 간의 성폭행을 접하기도 한다. 불건전한 성욕이 만들어 내는 질병이다. 그러나 아브라함의 조카였던 롯이 그의 두 딸과 동침하게 된 경우는 조금 해석을 달리할 필요가 있다. 이들은 소돔에서 살았는데 죄악이 가득한 도시여서 흉악하였다. 하나님이 이곳을 벌하자 롯과 두 딸은 무서워 도망가 산속 굴에서 숨어 살았다. 그리고는 이런 일이 벌어졌다.

"큰딸이 작은딸에게 이르되 우리 아버지는 늙으셨고 온 세상의 도리를 따라 우리의 배필 될 사람이 이 땅에는 없으니 우리가 우리 아버지에게 술을 마시게 하고 동침하여 우리 아버지로 말미암아 후손을 이어가자 하고 그 밤에 그들이 아버지에게 술을 마시게 하고 큰 딸이 들어가서 그 아버지와 동침하니라 그러나 그 아버지는 그 딸이 눕고 일어나는 것을 깨닫지 못하였더라 이튿날 큰딸이 작은딸에게 이르되 어제 밤에는 내가 우리 아버지와 동침하였으니 오늘 밤에도 우리가 아버지에게 술을 마시게 하고 네가 들어가 동침하고 우리가 아버지로 말미암아 후손을 이어가자 하고 그 밤에도 그들이 아버지에게 술을 마시게 하고 작은딸이 일어나 아버지와 동침하니라 그러나 아버지는 그 딸이 눕고 일어나는 것을 깨닫지 못하였더라"(창 19:31-35).

성경에는 참 별 얘기가 다 있다. 그런데 혹자 중에 이렇게 말하는 이가 있어 불편하다. 롯의 두 딸이 소돔 같은 도시에서 살았기 때문에 자기 아버지와 쉽게 관계마저 가질 수 있는 변태 소녀였다는 것이다. 이 이야기에서 근친상간이 부정적인 뉘앙스로 그려진 것은 분명하다. 그들의 사이에서 태어난 자식이 후에 이스라엘이 경멸하는 모압과 암몬 자손의 소상이 되었다는 기록이 이를 암시한다.

그러나 두 딸의 상황은 반드시 옹호 받아야 한다. 고대 이스라엘에서 여자가 남편이 없다는 것은 생존을 위협받을 만큼 무시무시한 일이다. 오죽하면 성경이 누누이 강조하는 생활보호 대상자가 고아와 외국인, 그리고 과부겠는가예, 출 22:21-24. 더불어 이 여인들이 자손, 특히 아들이 없으면 심히 각박한 팔자타령을 해야만 했다. 아브라함의 아내 사라나 야곱의 아내 라헬을 예로 언급하지 않아도 가까운 우리 할머니들이 이런 원시적인 타령을 해야만 했다는 것을 우리는 잘 안다. 당시 원시시대에는 튼튼한 아들을 제외하고는 그들을 보호하고 부양할 수 있는 사회적 제도가 미비했다. 아들이 경찰이거나 군인이며 힘센 아들이라면 그야말로 든든한 적금이라 할 수 있었다.

창세기는 롯이라는 인물을 설명하기 위해 흥미로운 문학적 암시를 준다. 아브라함과 롯이 함께 동행하다 머물던 장소가 두 집안이 거주하기에 넉넉지 못하자 서로 갈 길을 정해 떠나기로 했다.

"나아브라함를 떠나가라 네롯가 좌 하면 나는 우 하고 네가 우 하면 나는 좌 하리라 … 아브람은 가나안 땅에 거주하였고 롯은 그 지역의 도시들에 머무르며 그 장막을 옮겨 소돔까지 이르렀더라 소돔 사람은 여호와 앞에 악하며 큰 죄인이었더라"(창 13:9-13).

흥미롭게도 롯은 늘 '도시'를 선호하는 이로 창세기는 묘사한다. 그가 살던 도시 소돔을 나중에 하나님이 벌하시려 했고, 천사들이 그를 구하러 산으로 도망가라 하였을 때도 굳이 '성읍'으로 가겠다고 우긴 것이 롯이었다.

"그 사람들이천사들이 그들을 밖으로 이끌어 낸 후에 이르되 도망하여 생명을 보존하라 돌아보거나 들에 머물지 말고 산으로 도망하여 멸망함을 면하라 롯이 그들에게 이르되 내 주여 그리 마옵소서 … 성읍은 도망하기에 가깝고 작기도 하오니 나를 그곳으로 도망하게 하소서 이는 작은 성읍이 아니니이까 내 생명이 보존되리이다"(창 19:17-20).

목숨이 위태로운 긴박한 상황에서도 도시가 좋단다. 유대 전승 속에 인간의 문명을 상징하는 '도시'나 '탑', '철기 도구'는 부정적인 상징으로 자주 쓰였다. 결국 그 성읍에서 사는 것도 두려워 롯은 두 딸과 산으로 도망간다. 롯이 두 딸과 결합하였다는 이 이야기의 결론은 늘 인간적인 욕심으로 인생살이를 선택하는 롯, 그리고 도시로 대표되는 인간의 욕망과 죄악에 대한 징벌을 말하는 것이다. 두 딸의 변태 성향과 결부하는 건 썩 바람직한 이해가 아니다.

이 징벌을 인류의 무의식 속에 각인하려 했는지, 성경은 '아이러니'irony, 역설라는 문학적 기제를 동원하며 섬뜩하게 이야기를 전개한다. 롯이 살던 도시는, 그를 방문한 천사들마저 겁탈하려 했던 성적 풍습이 괴기스러운 곳이었다. 마을을 찾은 외부인을 성적으로 유린하려는 마을인 것이다. 그곳에서 살던 롯에게 아이러니한 운명의 장난이 벌어진다. 이방 손님을 마을 사람들이 윤간하는 것만큼이나 괴기스럽게 자신이 두 딸에게 차례로 윤간(?)을 당한 것이다. 이야기의 처음에서 성sex은 괴기한 쾌락을 위한 것이었지만, 이야기 끝에서 성은 자손 번성이라는 당연 임무로 돌아간다. 자기 마을을 방문한 이방인마저 상대하려 했던 '과도함'이 이제는 자손을 이을 기본적인 대상마저 없어 자기 딸과 근친하는 '궁핍함'으로 돌아갔다.

하나 더. 고대 이스라엘 사회에서 어린 소녀가 '남자를 알게 되는 일'은 매우 소중한 일이었다. 그래서 사사 입다의 어린 딸이 아버지의 경솔한 서원 때문에 희생 제물로 죽게 되자 그 무엇보다도 자기가 남자를 모르고 처녀로 죽게 됨을 가슴 아프게 애곡하였다삿 11:34-40. 아이러니하게도 입다는 자기 어머니가 '남자를 너무 많이 알아' 불우하게 자란 트라우마가 있는 자였다삿 11:1-3. 그의 어머니는 기생이었는데 히브리어 원문으로 보자면 기생은 본래 창녀란 뜻이다. 그런데 자기 딸은 자기 어머니와는 정반대로

'남자를 전혀 모르고' 죽어 애곡을 하니 입다 마음에 피멍이 들었다.

비슷한 아이러니가 롯에게도 벌어진다. 마을 사람들이 자기를 방문한 손님들을 겁탈하려 하자 롯은 참으로 어이없게도 아직 남자도 모르는 두 딸을 문 밖으로 내어 주어 윤간을 당하게 하려 했다창 19:8. 롯은 두 딸의 그 소중한 것을 마을 불량배들에게 내동댕이쳐 버렸다. 하지만 참 아이러니하게도 그 '내동댕이쳐 버렸던' 딸들의 소중한 것을 나중에 자기가 취하게 된다. 결국 마을의 극악무도한 불량배들과 롯은 문학적으로 섬뜩한 동격이 된다.

이처럼 롯과 두 딸 간의 근친상간은 인간적 안목을 좇아 살던 롯의 비극적 결말을 보여 주는 신앙적 메시지이며, 이 메시지에 극적 효과를 가져다주는 문학적 기제인 것이다. 두 딸의 민망하고 절박했던 상황은 인간적 안목을 추구하던 롯에게 닥친 비극, 욕심에 이끌리는 인간 문명이 낳은 비극을 상징하는 것이다.

근친상간은 이처럼 부정적이다. 인류의 윤리 역사 속에서도 그러하고 성경에서도 그러하다. 절대 금해야 하는 근친 간의 성적 관계를 레위기 18장이 나열하고 있는데, 남자의 경우 아래의 사람과는 상상도 해서는 안 된다. 우선 자기 어머니, 그리고 아버지의 다른 아내, 고모, 숙모아버지 형제의 아내, 이모, 장모, 누나나 여동생, 이복 자매, 제수나 형수형제의 아내, 처제나 처형아내의 자매, 아내의 딸, 며느리… 생각만 해도 머릿속이 붕괴된다. 그래서 그냥 아래 도표를 보며 이해하자. 삼각형은 남자고 동그라미는 여자다. 남자인 '나'는 주황색 여자와는 성관계가 가능하며 회색 여자와는 금지되

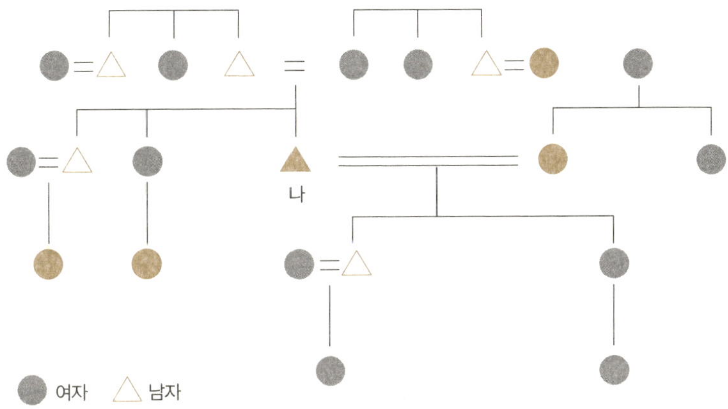

어 있다.

성서의 근친상간 금령은 매우 부계주의이다. 어머니 형제의 아내와 관계 갖는 것은 뚜렷이 금지하지 않지만, 같은 혈통의 남자들 간에는 서로의 아내와 성적 관계를 갖는 것이 강하게 금지되어 있다.

유대 전통에서 그들이 권장하던 친족 결혼은 주로 사촌 간의 결혼이며 삼촌과 조카 사이의 결혼도 허용하는 편이었다.

역연혼, 여성들의 로망 보아스

다만 예외가 있다. 위의 금기는 친인척이 살아 있을 경우에 해당하며, 때론 남자가 먼저 죽은 자기 형제의 미망인과 결혼해야 할 경우도 있었다. 이를 역연혼逆緣婚, levirate이라 한다. 대개 두 형제가 같은 집안에 속하며, 죽은 형제가 자식이 없는 경우에 발생한다.

"형제들이 함께 사는데 그중 하나가 죽고 아들이 없거든 그 죽은 자의 아내는 나가서 타인에게 시집가지 말 것이요 그의 남편의 형제가 그에게로 들어가서 그를 맞이하여 아내로 삼아 그의 남편의 형제 된 의무를 그에게 다 행할 것이요 그 여인이 낳은 첫 아들이 그 죽은 형제의 이름을 잇게 하여 그 이름이 이스라엘 중에서 끊어지지 않게 할 것이니라"(신 25:5-6).

근친상간 금령을 깨는 이 예외의 법칙은 사실 당사자들에겐 큰 부담이 아닐 수 없었다. 형제의 미망인을 받아들이게 되면 자신의 가계도도 재산 상속도 복잡하게 된다. 물론 자기 본처로부터 단단히 시달림 당할 각오도 해야 한다. 그래서 유다의 아들 오난은 자기 형의 미망인을 취하긴 하였으나 사후 발생할 복잡한 일을 피하기 위해 얌체 짓을 한다. 형수와 잠자리는 즐기면서도 임신하지 않도록 체외사정을 하는 기교를 부리더니 결국 벌을 받아 죽었다창 38:6-10.

이 부담스러운 역연혼을 기꺼이 받아들인 매너남이 있으니 바로 룻기에 등장하는 '교회 오빠' 보아스다. 여자에겐 그야말로 최고의 남자다. 친절하기로는 둘째가라면 서러울 정도요, 재력가이며 거기에 어리숙하기까지 하여 여자가 계획하는 대로 다 넘어오고 만다.

보아스는 미망인이 된 나오미의 친족인데, 나오미에겐 이국적 매력의 며느리 룻이 있었다. 이게 무슨 고부 간의 화해인지 둘 다 과부다. 하지만 룻은 시어머니 나오미를 위해 충절을 다하는 보기 드문 - 아니 믿기 어려운 - 여인이었고, 보아스는 이를 익히 들은 바가 있었다. 거의 거지처럼 자기 밭에 들어와 이삭을 줍는 룻을 보아스는 과잉에 가깝게 보살펴 주었고룻 2장, 심지어 용기 내어 밤에 몰래 찾아와 옆에 누운 그녀를 타박하지 않고 안아 주었다룻 3장. 원래 젠틀맨은 여자에게 절대 '노우'no라고 말하지 않는 법이라 하지 않는가. 이 매너남은 룻이 그저 하룻밤 상대가 아니었다는 것을 증명이라도 하듯 적극 행동에 나선다. 당시 역연혼 관습에 따라 룻을 자기 아내로 맞이하려는 법적인 조취를 취한다.

그런데 잠깐, 여기에 좀 석연치 않은 것이 있다. 법적으로 보자면 역연혼의 대상이 되어야 할 자는 이방 며느리 룻이 아닌 나오미여야 한다.

> "나오미의 남편 엘리멜렉의 친족으로 유력한 자가 있으니 그의 이름은 보아스더라"(룻 2:1).

어쩌면 신명기에 적혀 있는 제도적이고 명문화된 법과 실제 마을 구석에서 행해지던 관습에 차이가 있었는지도 모른다. 룻기에서 벌어진 일과 신명기 법과의 차이는 당시 원시사회의 실질적 사회상을 반영하는 것일지도 모른다. 지금도 중앙의 법과 그 법이 제도적으로 미치지 못하는 시골 후미진 곳의 관습이 서로 다른 경우가 많지 않은가. 물론 보아스가 아무리 매너남이라 하더라도 '거의 할머니가 된 나오미를 취하려 했을까…. 젊은 룻이니까 받아들였겠지'라는 실례되는 긍정은 조용히 마음속으로 하자.

하지만 보아스에게는 또 하나의 문제가 있었다. 나오미의 남편 엘리멜렉이 자기의 친형제가 아니었던 것이다. 엄격히 말해서 신명기가 명시한 역연혼을 자기에게 적용하기에는 애매했다. 나오미를 돕는다는 명분으로 룻과 결혼할 방법은 '동족 구속'이라는 전통을 내세우는 것이었다.

> "만일 네 형제가 가난하여 그의 기업 중에서 얼마를 팔았으면 그에게 가까운 기업 무를 자가 와서 그의 형제가 판 것을 무를 것이요" (레 25:25).

보아스는 공부도 잘했던 모범생이었나 보다. 느닷없이 이 규례를 앞세워 나오미를 구속해야 할 친족을 찾는다. 그리고 성문 앞에서 장로들과 함께 담판을 내린다. 보아스가 노린 것은 바로 위에서 말한 바와 같은 역연혼 풍습의 부담감이다. 또 하나, 법적인 문제나 관례에 대해 잘 모르는 것 같은 그 친족을 매우 혼란스럽게 하는 것이다.

> "보아스가 그 기업 무를 자에게 이르되 모압 지방에서 돌아온 나오미가 우리 형제 엘리멜렉의 소유지를 팔려 하므로 내가 여기 앉은 이들과 내 백성의 장로들 앞에서 그것을 사라고 네게 말하여 알게 하려 하였노라 만일 네가 무르려면 무르려니와 만일 네가 무르지 아니하려거든 내게 고하여 알게 하라 네 다음은 나요 그 외에는

무를 자가 없느니라 하니 그가 이르되 내가 무르리라 하는지라"(룻 4:3-4).

나오미에겐 남편이 남기고 간 땅이 있는데 사정이 어려워 팔아야 한다는 것이다. 그런데 이 뜬금없는 소리도 사실 말이 안 된다. 가장이 죽으면 그 재산은 아들이나 남자 친족들에게 가지 아내에게 가는 법은 절대 없다. 심지어 딸에게 가는 일은 있어도 아내에게는 가지 않는다.

"너는 이스라엘 자손에게 말하여 이르기를 사람이 죽고 아들이 없으면 그의 기업을 그의 딸에게 돌릴 것이요 딸도 없으면 그의 기업을 그의 형제에게 줄 것이요 형제도 없으면 그의 기업을 그의 아버지의 형제에게 줄 것이요 그의 아버지의 형제도 없으면 그의 기업을 가장 가까운 친족에게 주어 받게 할지니라 하고 나 여호와가 너 모세에게 명령한 대로 이스라엘 자손에게 판결의 규례가 되게 할지니라"(민 27:8-11).

나오미에게 남겨진 땅이 있었다면 왜 거지처럼 남의 땅에서 구걸을 해야만 했을까? 결국 어떻게 해서든지 룻을 취하려는 보아스의 엉큼한 계략이 아니었을까? 이때 그 사람이 그 땅을 사서 구속하겠다고 하자 보아스는 결정적인 공략을 한다.

> "보아스가 이르되 네가 나오미의 손에서 그 밭을 사는 날에 곧 죽은 자의 아내 모압 여인 룻에게서 사서 그 죽은 자의 기업을 그의 이름으로 세워야 할지니라 하니 그 기업 무를 자가 이르되 나는 내 기업에 손해가 있을까 하여 나를 위하여 무르지 못하노니 내가 무를 것을 네가 무르라 나는 무르지 못하겠노라 하는지라"(룻 4:5-6).

어느 날 아침 성문 앞에서 주민들과 장로들 앞에 서서 어안이 벙벙해진 그 친족은 땅도 사고 과부 하나까지 책임져야 한다는 부담에 포기하고 만다. 여자 앞에선 어리숙했지만 그 여자를 위해선 매우 비상한 이 남자 보아스. 정말 여자들의 최고 오빠다 - 실제 당시 연령을 생각해 보자면 거의 룻의 아버지뻘이었지만 말이다.

당시 지방 곳곳에서 행해지던 실질적인 관습은 제도적으로 명시된 법과는 차이가 있었다. 하지만 보아스가 보여 준 문제 해결 과정은 그가 얼마나 면밀하고 똑똑한 사람인지, 반면 한 여인을 차지하기 위해 얼마나 우직하였는지 잘 보여 준다.

그런데 그 자리에 있던 장로들은 보아스가 하는 말이 좀 수상하다고 느끼진 못했을까? 당시 즉, 사사시대의 관습과 오경에 적힌 법문 사이에는 충분히 괴리가 있을 수 있겠지만, 만약 그렇지 않다면 마을의 유력한 인물인 보아스가 이미 장로들에게 손을 써 놓지 않았을까? 물론 나의 순수한 상상이지만 말이다. 당시 사회에서 충분히 있을 법한 일이다. 누군가에게 피해를 주는 일이 아니고 오히려 자기가 문제를 떠안는 일이었다면 장로들에게 영향력을 미친 것을 누가 탓하겠는가. 본래 역연혼법에 의하면 그 친족이 자기의 책임을 포기할 경우 사람들 앞에서 큰 수치를 당해야만 한다.

> "그러나 그 사람이 만일 그 형제의 아내 맞이하기를 즐겨하지 아니하면 … 그의 형제의 아내가 장로들 앞에서 그에게 나아가서 그의 발에서 신을 벗기고 그의 얼굴에 침을 뱉으며 이르기를 그의 형제의 집을 세우기를 즐겨 아니하는 자에게는 이같이 할 것이라 하고 이스라엘 중에서 그의 이름을 신 벗김 받은 자의 집이라 부를 것이니라"(신 25:7-10).

그러나 룻기 4장에서 이런 과정은 그저 신을 벗는 것으로만 간략하게 치러졌다. 그 친족이 쉽게 포기할 수 있도록 수치스런 공공 행위는 면하게 해주겠다고 보아스가 미리 손을 좀 쓴 것 같다.

동족결혼의 실상, 재산을 지키자

룻기에서 보여 준 역연혼, 그리고 동족 구속법은 한 친족 여인을 향한 매우 로맨틱한 이야기에 둘러싸여 있다. 이 관례 속에는 분명 인도주의적 배려가 있지만, 사실 그보다는 경제적 유익이 앞서 있다. 이 때문에 사촌 간의 결혼 같은 동족결혼endogamy을 권장하는 것이다. 위 민수기의 구절에서 보는 것처럼 딸들이 아버지의 기업을 물려받는 경우가 있다. 이 딸들을 위한 결혼 규례를 보자.

> "이스라엘 자손의 지파 중 그 기업을 이은 딸들은 모두 자기 조상 지파의 종족 되는 사람의 아내가 될 것이라 그리하면 이스라엘 자손이 각기 조상의 기업을 보전하게 되어 그 기업이 이 지파에서 저 지파로 옮기게 하지 아니하고 이스라엘 자손 지파가 각각 자기 기업을 지키리라"(민 36:8-9).

이 딸들은 아버지의 재산을 물려받는 대신에 그 재산을 가지고 다른 종족의 남자와 결혼할 수 없다. 그 재산을 부계 종족 안에서 지키기 위해서다. 과부가 된 여자가 남편의 재산을 가질 수 없는 이유는 기본적으로 아내는 혈육이 아니기 때문에 남편이 없으면 남이나 다름없기 때문이고, 그렇기 때문에 다른 종족과 재혼하여 그 재산을 유출시킬 가능성이 있기 때문이다. 그래서 고대 바벨론의 함무라비법도 여자가 재혼할 경우 재산을 남기고 가야 하며 결혼할 때 친정에서 가져온 지참금만 가지고 나갈 수 있다고 명령한다.

> "과부는 평생 남편의 집에 거하나 재혼하고자 할 때는 전남편의 증여물이나 유산을 전남편의 자녀들에게 넘겨주고 자기의 신부 지

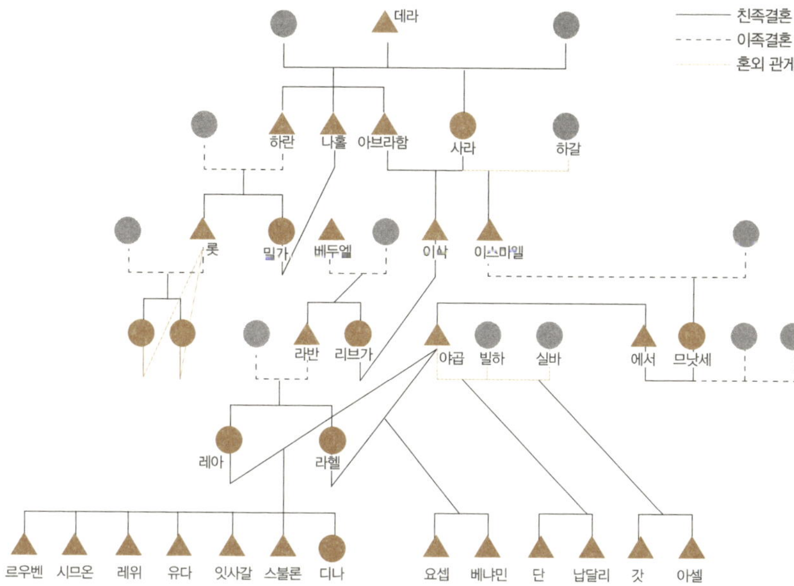

창세기 족장들의 결혼 관계 표: 대부분 친족결혼을 따르고 있다

참금을 갖고 나가 재혼한다"(172조).

이처럼 고대 이스라엘은 부계의 혈통 관리와 경제적 유실 방지를 위하여 친족 간의 결혼을 적극 권장하였다. 동시에 지나친 친족결혼으로 빚어질 수 있는 생물학적 윤리적 불상사를 막기 위해 엄격한 근친상간 금령도 따랐다.

친족 외부와의 결혼exogamy은 성서가 많이 다루고 있지 않으며, 뭔가 특정한 메시지를 전달하기 위해서만 등장한다. 대부분 이방인들에 대한 배타적 정서를 드러낸다. 예를 들어, 솔로몬 왕은 정치 외교적 목적을 위해 수백 명의 이방 여인들과 결혼하였는데 결국 이방 종교도 같이 유입하였다고 성경은 보고한다왕상 11:1–4.

반면 보아스와 결혼한 룻은 모압 여성이지만 히브리 전통에 충실한 여인으로서, 유대교 전통 속에서 이방인의 모범적인 개종 사례로 언급되기도 한다. 그녀의 출신지인 모압은 위에서 다루었던 롯과 두 딸 사이의 근친상간을 통해 탄생한 민족이다. 전통 이스라엘 민족주의자들에겐 참란한 민족이 아닐 수 없다.

기원전 6세기, 나라가 망한 이스라엘 사람들이 동방에서 포로로 살다가 다시 예루살렘에 돌아오게 되었을 때, 에스라나 느헤미야 같은 민족주의자들이 이스라엘 사람들과 결혼한 이방인들에게 맹공을 퍼붓는다. 이때 많은 이방 여인들이 자기 가족과 생이별을 하여야만 했다. 룻기는 이 가운데에 의미를 갖는 책이다. 룻의 이야기는 자기 자신들의 잘못보다는 모든 것을 이방인 탓으로만 돌리려 했던 이스라엘 사회 속에서 의미 있게 자리 잡은 이야기다. 귀환 사회에 몰아닥친 반이방주의를 룻기만 지적하고 있는 것은 아니다. 포로기 이후 기록된 제 3 이사야사 56–66장도 감추지 않고 목소리를 높인다.

> "여호와께 연합한 이방인은 말하기를 여호와께서 나를 그의 백성 중에서 반드시 갈라내시리라 하지 말며 … 또 여호와와 연합하여 그를 섬기며 여호와의 이름을 사랑하며 그의 종이 되며 안식일을 지켜 더럽히지 아니하며 나의 언약을 굳게 지키는 이방인마다 내

가 곧 그들을 나의 성산으로 인도하여 기도하는 내 집에서 그들을 기쁘게 할 것이며 그들의 번제와 희생을 나의 제단에서 기꺼이 받게 되리니 이는 내 집은 만민이 기도하는 집이라 일컬음이 될 것임이라"(사 56:3-7).

이사야의 이 목소리와 함께 룻기, 그리고 '신께서 유대인이건 이방인이건 다 주관하려 하는데 네가 무슨 상관이냐'며 민족주의적 선민의식을 비꼬는 요나서는 같은 계통의 의식을 지닌다고 볼 수 있겠다. 성경은 친족 외부 특히 이방 민족과의 결혼을 이처럼 별나게 다루었다.

결혼지참금과 일부다처제

요새도 그렇지만 당시에도 돈이 없으면 장가가기 힘들었다. 특히 처녀를 취할 경우 그 가격(?)이 법에 명시되어 있기도 했다신 22:28-29; 출 22:16-17. 이삭이 리브가와 결혼할 때창 24:53, 그리고 세겜과 디나 사이에도창 34:12 이 결혼지참금이 오갔다. 고대 바벨론의 함무라비 법전에 의하면 신부도 꽤 많은 결혼지참금을 가져와야만 했다. 구약성서는 이에 대한 구체적 언급은 하지 않고 간접적 암시만 보여 준다수 15:19; 창 4:59, 61, 29:24, 29.

참 고약한 결혼지참금도 있었다. 사울은 자기 딸을 다윗에게 주겠다고 하면서 블레셋 남자의 생식기 표피 100개를 가져 오라고 요구하기도 했다. 성경의 기록처럼 사울은 정신 상태가 그리 맑지 못했나 보다. 사실 사울은 다윗이 블레셋 사람들의 손에 죽기를 바랐을 것이다. 그런데 다윗은 그 찝찝한 것을 무려 200개나 모아 미래의 장인께 가져다 드린다. 그렇게 해서 얻은 아내가 바로 미갈이다삼상 18:25-29. 미갈을 볼 때마다 다윗은 썩 유쾌하지 않았을 것 같다.

이 결혼지참금은 실상 일부다처제를 가능토록 했으며, 일종의 부의 상징이기도 했다. 솔로몬의 경우처럼 말이다. 정확한 데이터는 없으나, 적어도 왕들은 일부다처를 즐겼고 일부일처를 고집하는 왕은 없었다. 하지만 일반 이스라엘인들에게는 사정이 달랐다. 그들도 일부다처를 행했으나 일반적인 경우는 아닐 것이고 보통은 한 명 내지 두 명 정도를 취했을 것이다. 경제적인 고려도 있지만, 이스라엘 인구의 성비율도 이를 허락하지 못했을 것이다.

이혼, 차라리 사자나 공룡과 살지

이혼은 결혼을 하기 때문에 발생하는 일이다. 현대의 우리 주변에도 많이 있지만, 옛날 성경 시대에도 있었다. 성경이 이혼에 대한 많은 정보를 주는 것은 아니다. 간접적인 언급은 있는데, 부정적인 상징으로 그리고 여성에게 불리한 모습으로 묘사되어 있는 경우가 많다.

> "사람이 아내를 맞이하여 데려온 후에 그에게 수치 되는 일이 있음을 발견하고 그를 기뻐하지 아니하면 이혼 증서를 써서 그의 손에

주고 그를 자기 집에서 내보낼 것이요 그 여자는 그의 집에서 나가서 다른 사람의 아내가 되려니와 그의 둘째 남편도 그를 미워하여 이혼 증서를 써서 그의 손에 주고 그를 자기 집에서 내보냈거나 또는 그를 아내로 맞이한 둘째 남편이 죽었다 하자 그 여자는 이미 몸을 더럽혔은즉 그를 내보낸 전남편이 그를 다시 아내로 맞이하지 말지니 이 일은 여호와 앞에 가증한 것이라 너는 네 하나님 여호와께서 네게 기업으로 주시는 땅을 범죄하게 하지 말지니라"(신 24:1-4).

이 구절은 고대 이스라엘 사회에 이혼증서가 있었다는 역사적 정보도 주지만, 당시 이스라엘 사람들이 지녔던 여성과 성에 대한 가부장적인 사고도 보여 준다. 법적으로 이혼하여 다른 남자의 아내가 되었던 자기 전처와는 다시 결혼할 수 없다. 그리고 이혼을 요구하고 성사하는 것은 모두 남자가 주도한다.

그런데 여기에서 이혼의 사유가 되는 아내의 '수치 되는 일'은 무엇일까? 간음을 떠올리기 쉬운데 간음은 아니다. 간음은 이혼이 아니라 사형이었다레 20:10; 신 22:22. 유대 전통에서 랍비 힐렐Hillel의 법 해석을 따르던 유명한 무리들이 있었는데, 이들은 아내가 남편에게 줄 음식만 태워도 이혼을 허락하자고 했다. 구약성서 외경에 속하는 집회서 25장 26절은 "시키는 대로 하지 않는 여자는 인연을 끊고 보내 버려라"고까지 말하고 있으니 당시 이혼이라는 것은 매우 남성 중심적이요, 남자의 손에 달린 일이었다. 그러니 아내의 수치스러운 일이라는 것도 매우 불공평한 판단에 근거했을 것이다. 집회서의 몇 구절을 더 소개하려 한다. 잠시 여자 분들은 옆에 찬물 한 잔을 가져다 놓고 읽으시길.

"고약한 아내와 함께 살기보다는 사자나 공룡과 함께 사는 편이 차라리 낫다. 고약한 아내의 얼굴은 곰의 모습처럼 사납게 보인다. 이런 여자의 남편은 이웃 잔칫집에 가서도 나오느니 한숨뿐이다. 세상에 악처보다 더 고약한 것이 있으랴? 죄인들이 받을 보상은 이런 여자를 아내로 맞는 것이다. 조용한 남자가 수다스런 여자와 함께 사는 것은 노인이 모래 언덕을 걸어 올라가는 것과 같다"(집회서 25:16-20, 공동번역).

정말 대단한 발언이다. 여성에 대한 거침없는 모독도 기가 차지만 이 도발적인 내용을 이처럼 유머러스하게 표현하다니 대단하다. 구약의 외경을 가톨릭교회에서는 성경 안에 받아들여 읽고 있는데, 결혼 안 한 신부님들이 이 구절을 어떻게 강독하실지 궁금하다.

이혼에 관하여 구약성서보다 더 구체적인 정보를 주고 있는 고대 메소포타미아의 법전을 보면, 이혼당한 여자를 꽤 보호하려 한 흔적이 보인다. 한 예를 보자.

"만약 어떤 남자가 그의 아내가 아이를 낳은 후 이혼하고 다른 아내를 취하게 되면, 그 남자는 집 그리고 그가 소유한 것으로부터 쫓겨나고, 그는 사랑하는 이를(?) 따라 떠나가라"(에쉬눈나 법 59조).

여자의 마음을 통쾌하게 하면서도 씁쓸하게 만드는 조항이다. 재산은 차지할 수 없으나, 남편은 사랑하는 이를 찾아 간단다. 물론 여자가 죄가 없고 아이가 있어야 한다.

함무라비 법전은 잘못하지 않고 이혼당하는 여자가 취할 수 있는 위자료에 대해 명시한다138-9조. 구약성경은 이에 대해 말하지 않는다. 심지어 여자가 이혼을 요구할 수 있는 경우도 소개한다.

> "여자가 자기의 남편을 싫어하여 '나를 결코 껴안지 마오'라고 말하면, 그 이면의 사정을 조사할 것이니, 그녀가 몸을 지키고 과오가 없는 반면 그녀의 남편이 외출이 심하고 그녀를 크게 멸시하였으면, 그녀를 나무랄 수 없으니 그녀는 자기의 신부지참금을 가지고 자기의 아버지 집으로 갈 수 있다"(142조).

남편이 심하게 외출하고 여자를 멸시하면 여자는 자신의 자존감을 지키고 이혼할 수 있는 권리를 행사할 수 있었다. 그 옛날에도 말이다. 이 고대 원시사회에서도 여성은 투쟁했었나 보다. 그 결과 그나마 위와 같은 조항들이 명문화될 수 있었을 터인데, 아무튼 인류의 역사에서 자유와 권리는 싸우지 않고 획득되어 본 적이 없다. 지금도 힘내어 싸우기 바란다.

남자들이 만만히 물러서지 않을 것이기 때문이다. 바로 위 조항 아래에 있는 것을 보라.

> "만약 그녀가 몸을 지키지 못하여 밖에 나가고 가산을 낭비하고 남편을 멸시하였으면, 그녀를 물속에 던진다"(143조).

아내는 남편의 부정으로부터 탈출하는 것으로 만족해야 했지만, 남편은 아내를 물에 던져 익사시켜 버려야 속이 시원했던가 보다. 아래의 조항은 참 마음을 서리게 한다. 조항을 통해 막고는 있지만, 사실 그 당시 많이 일어나던 비극이었기에 만들어졌을 것이다.

> "사람이 아내를 얻었으나 그녀가 'lahbum'말라리아?에 걸려서 또 한 아내를 얻기로 마음먹었으면, 그는 그렇게 하여도 좋다. 그는 lahbum에 걸린 아내를 버릴 수 없다. 그녀는 그가 지은 집에 거하고 그녀가 살아 있는 동안 그는 그녀를 부양하여야 한다"(148조).

구약성서가 함무라비 법전만큼은 아니지만 그래도 이혼당한 여자를 보호해 주려는 몇 가지 노력을 보여 준다. 우선 이혼증서는 이혼 후 여자가 다시 재혼할 수 있도록 써 준다. 그리고 어떤 사람이 가난하여 자기 딸을 여종으로 파는 경우가 있는데, 이는 딸이 어느 남자의 첩으로 가는 것을 의미한다. 이런 가련한 딸에 대한 보호 구절이 있다.

"사람이 자기의 딸을 여종으로 팔았으면 … 만일 상전이 그를 기뻐하지 아니하여 상관하지 아니하면 그를 속량하게 할 것이나 상전이 그 여자를 속인 것이 되었으니 외국인에게는 팔지 못할 것이요 만일 그를 자기 아들에게 주기로 하였으면 그를 딸같이 대우할 것이요 만일 상전이 다른 여자에게 장가들지라도 그 여자의 음식과 의복과 동침하는 것은 끊지 말 것이요"(출 21:7-10).

남성 중심적인 이혼 관례 속에서도 이처럼 남자의 방종을 막는 몇 가지 법규가 있었다. 남자가 절대 이혼하지 못하는 경우가 있는데, 약혼하지 않은 처녀를 겁탈한 경우에는 그 여자와 결혼하여 평생 같이 살아야만 했다신 22:28-29. 아내가 결혼할 당시 처녀가 아니었다고 거짓 증언한 찌질한 남자는 벌금도 물고 평생 이혼도 할 수 없다신 22:13-19.

다만 아내가 처녀였다는 것을 증명하기 위해선 친정 부모가 자기 딸의 '처녀 표적'을 가지고 있어야만 하는데, 첫 성관계 시 종종 발생하는 여성의 하혈 자국을 말하는 것이다. 글쎄 그 표적을 동물의 것으로 위조할 수도 있었을 텐데…. 고대 이스라엘에 CSI 수사국이라도 있었는가 보다.

Part 3

성과 에로티시즘

사라와 아세라의 젖가슴 가나안과 이스라엘의 성, 에로티시즘
Girls on Top! 성서의 남녀 대결

08

사라와 아세라의 젖가슴

가나안과 이스라엘의 성, 에로티시즘

Peter Paul Rubens(1577-1640)의 아담과 이브

인간 삶의 모든 영역 속에 가장 깊이 감돌고 있는 것이 있다면 그것은 죽음이고 또 하나는 섹스다. 살아 있는 것들의 절대적인 관심사다. 생명체는 모두 '불멸'immortality을 꿈꾼다. 컵 안에 물을 담고 흙을 뿌린 다음에 젓가락으로 돌려 보라. 휘젓기를 멈추어도 한번 돌던 흙먼지는 계속 돌고 싶어 한다. 생명체도 이와 같은 관성의 욕망이 있어서, 살기를 멈추고 싶어 하지 않는다. 때문에 죽음은 살아 있는 것들의 가장 큰 문제다. 그래서 죽음을 이기신 예수, 부활의 예수가 기독교의 핵심인 것은 당연하다.

유한한 몸뚱이를 가지고 있는 생명체가 불멸할 수 있는 유일한 방법은 자신을 재생산하는 것인데, 그러기 위해서 암수는 만나 섹스를 하고 자신을 유전자에 담아 다음 세대에 전수한다. 그럼으로써 가상의 불멸이 가능하게 된다. 불멸에 대한 갈망이 절대적인 만큼, 섹스에 대한 욕구도 불같이 뜨겁다. 이 섹스가 이루어지기 위해선 암수가 서로를 원해야 하는데, 이를 위해 인간의 두뇌에서 발생하는 화학 작용이 에로스적인 사랑이다. 물론 사랑이 에로스에만 한정되지는 않는다. 이 사랑을 통해 생명체는 죽음의 문턱을 넘어서도 존재할 수 있다. 그래서 성경도 사랑과 죽음을 같이 등록시켜 놓았다. "사랑은 죽음같이 강하고"아 8:6.

그런데 섹스는 좀 가려야 한다. 너무 좋아 무분별해지기 쉽기 때문이다. 가리지 않는 섹스는 금기시되기도 한다. 우리의 가장 강한 욕구이면서도 말이다. 이 욕구와 금기 사이에서 벌어진 묘한 파장을 우리는 에로티시즘이라 부른다. 가려져 있지만 들춰 보고 싶은 것이 바로 에로티시즘이다.

성경의 이야기 속에도 죽음과 성, 이 두 가지는 많은 이야기 속에 작동하고 있는 회로다. 하나님과 구원에 이르는 길을 제시하지만, 인간을 가장 깊이 이해할 수 있는 곳도 성경이다. 흥미롭게도 인류의 기원 그리고 에로티시즘의 기원은 성경의 시작과 함께하고 있다. 본래 첫 사람이었던 남자 아담과 여자 이브는 벗었지만 부끄러워하지 않았다고 한다창 2:25.

그러나 이 첫 남녀는 먹음직하고 보암직하지만 '금기'된 것을 탐하고 나서부터 눈이 밝아져 벗은 것을 부끄러워하기 시작하였다.

> "동산 중앙에 있는 나무의 열매는 하나님의 말씀에 너희는 먹지도 말고 만지지도 말라 … 여자가 그 나무를 본즉 먹음직도 하고 보암직도 하고 지혜롭게 할 만큼 탐스럽기도 한 나무인지라 여자가 그 열매를 따먹고 자기와 함께 있는 남편에게도 주매 그도 먹은지라 이에 그들의 눈이 밝아져 자기들이 벗은 줄을 알고 무화과나무 잎을 엮어 치마로 삼았더라"(창 3:3-7).

에덴동산의 보고는 죄의 기원뿐만 아니라 에로티시즘의 근저도 밝혀 주고 있다. 참 성聖스러우면서도 성性스러운 이야기다.

사라와 아세라의 젖가슴

대체 아브라함의 아내 사라는 얼마나 예뻤을까? 얼마나 예뻤기에 여행할 때 아브라함은 사라를 아내가 아니라 누이라고 속여야 했을까? 그의 걱정처럼 사라는 이집트에서 그 미모 때문에 붙들려 가 왕에게 큰일을 당할 뻔했다. 다행히 하나님이 개입하셔서 사라는 구출되었고, 아브라함은 왕으로부터 어마어마한 위로금(?)을 받는다창 12장. 아브라함은 그랄에서도 같은 행동을 한 차례 더 한다창 20장. 마찬가지로 하나님이 위기의 순간 들이닥쳐 구하시고 아브라함은 또 한몫 단단히 챙긴다. 아브라함이 사고 치면 하나님이 뒤처리하시고 거기에 큰 재물도 챙기는데, 이 못된 행동을 아브라함의 아들 이삭도 똑같이 한다창 26장. 아버지를 보고 배운 건지 아니면 아버지가 친히 전수하여 주었는지, 자기도 그랄에 가서는 아내 리브가를 누이라고 속인다. 아브라함으로부터 이미 한 차례 당했던 그랄 왕 아비멜렉은 거북 보고 놀란 가슴 솥뚜껑 보고 놀란 것처럼 화들짝했다. 아비멜렉이 얼마나 황당했을까? 저 집안이 대를 이어 자기를 물 먹이니 말이다.

남편 때문에 맘 평안한 날 없었을 사라. 동정도 가지만 남자들은 대체 그녀가 얼마나 예뻤을까 궁금하지 않을 수 없다. 고맙게도 유대 전승은 사라의 미모를 적나라하게 우리에게 남겨 놓았다. 기원전 약 1세기와 기원후 1세기 사이에 아람어로 적혀진 '창세기 외경'$_{\text{1QapGen}}$은 사라를 머리부터 발끝까지 다 벗겨 놓았다. 이 문헌은 1947년 이스라엘 사해 근처에 있는 동굴에서 발견된 사해사본 – 혹은 쿰란 문헌 – 의 일부다. 창세기 외경은 당시 유대인들, 특히 쿰란 공동체를 형성하고 있던 에세네파 무리의 성경 이해와 당시 성경의 다양한 전승들을 엿볼 수 있게 한다. 각설하고 사라부터 빨리 보자.

> 그녀의 얼굴 모양이 얼마나 고상하고 아름다운지
>
> 그녀의 머릿결은 얼마나 부드러운지.
>
> 그녀의 눈은 얼마나 사랑스럽고 그녀의 코는 얼마나 매력적인지.
>
> 그녀 얼굴빛은…
>
> 그녀의 젖가슴은 얼마나 예쁜지 얼마나 아름답고 하얀지.
>
> 그녀의 팔은 정말로 아름답고 그녀의 손은 완벽하도다.
>
> 손 모양이 너무나 매력적이어라.
>
> 손바닥도 사랑스럽고 손가락들은 길고도 가늘어.
>
> 그녀의 발도 얼마나 아름다운가.
>
> 다리도 완벽하네.
>
> 신방에 들어가는 그 어떤 아가씨도 신부도 그녀보다 아름답지는 못하였으리.
>
> 참으로 그녀의 아름다움은 어떤 여인보다도 우월하다.

모든 여인들보다 훨씬 뛰어난 그녀의 미모!

이 모든 아름다움에 더하여 그녀는 지혜도 많아 그녀가 하는 모든 것이 사랑스럽다.

(창세기외경 20:2-8)

사라에 대한 이 관음은 이야기 흐름상 절대적인 요소가 아니다. 이집트의 한 신하가 왕에게 사라의 아름다움을 칭송하는 장면 속에 나오는 꽤 긴 구절인데, 유대 전승 속에 아가서를 제외하고 여성의 미모를 적나라하게 묘사한 매우 드문 문헌이다. 이 글은 당시 유대인들의 미모에 대한 기준을 살펴볼 수 있는 귀한 역사 자료가 될 수 있다. 저자가 아람어를 배울 때 담당교수님은 이 문헌이 어쩌면 당시 남자들이 침대 아래 몰래 숨겨놓고 보던 글일 수도 있다고 농담을 하신 것이 기억난다. 실제 이 본문은 당시 유대 남자들이 상상하는 무언가를 충분히 엿볼 수 있게 한다.

그런데 이 기준은 지금 우리들이 선호하는 미녀의 기준과 크게 다른 것이 없어 보인다. 여성의 얼굴, 가슴, 다리는 지금도 보편적인 관심의 대상이다. 현대의 글들이 에로티시즘을 표현할 때 훨씬 다양한 단어들을 동원한다면, 이 글은 그저 '아름답다', '매력적이다'로 단순히 표현한다. 아람어 원문을 보자면 그 구문이 매우 시적이다. 그들의 에로틱한 글쓰기는 풍부한 표현보다는 시적인 절묘함으로 구성된 것 같다.

지금부터 약 2000년 전 중동 지역의 여인을 상상해 보며 사라의 미모를 다시 한 번 음미하여 보자. 아름답고 매력적이라는 표현 외에 눈에 띄는 것이 있다면 '부드럽다'이다. 그 머릿결이 부드럽다고 하는데, 아마도 촉감보다는 모습을 묘사한 것 같다. 윤기가 흐르며 출렁이는 긴 생머리는 예나 지금이나 남자의 마음을 설레게 하였나 보다. 또 다른 표현은 '하얗다'이다. 당시 그 지역 여인들의 피부는 다소 어두웠을 텐데, 북방계열의 영향을 받은 하얀 피부의 여인은 꽤나 인기를 누렸을 것 같다. 또 한 가지 눈에 띄는 것은, 사라의 외모를 머리부터 발끝까지 매우 찬찬히 훑어보고 있다는 것이다. 눈, 코, 가슴에 이어 팔과 손을 묘사하는데, 특히 손 모양을 면밀하게 관찰하는 것이 눈에 띈다. 당시 평범한 여인들은 지금처럼 몸매를 과도하게 강조하거나 노출하지 못했다. 때문에 자연스럽게 항상 노출되어 있는 '손'이 매력의 발산지가 될 수도 있었을 것이다. 피아노나 기타를 연주하는 긴 손가락이 매력적으로 보이는 것처럼 집안일을 하거나 요리하고 접대하는 당시 여인들의 손은 남성들의 엉큼한 시선을 꽤 받았나 보다. 길고도 가는 손가락을 칭송한 것을 보니 당시 여인들도 적절히 가늘어지기 위해 꽤나 애를 썼어야 했을 것이다.

그런데 손바닥이 사랑스러운 것은 어떤 것일까? 쉽게 가늠이 되지 않는다. 아마도 손바닥은 여자의 집안 배경이나 나이를 짐작하게 해주었을 것으로 보인다. 손바닥이 사랑스럽다는 것은 아직 어려 고된 집안일을 하지 않았거나 집이 부유하여 곱게 자란 것을 암시했을 것이다. 그때나 지금이나 남자들은 살결이 고운 여인을 선호했나 보다. 그리고 욕심이 많은 남자는 여인의 미모에만 만족하지 않는다. 사라는 '지혜'도 있어 더 사랑스러웠으니, 잠언에 등장하는 '현숙한 여인'처럼 시어머니도 좋아할 만며

느릿감이다잠 31장. 그런데 한동안 애를 못 낳았으니….

위의 신체 묘사 가운데에 가장 은밀한 부분은 '젖가슴'이다. 종종 방송을 통해 접할 수 있는 원시 부족들을 보면, 여인들이 아래 부분은 가리지만 가슴은 적나라하게 노출하는 경우가 있다. 고대인들에게 젖가슴은 그저 아기에서 밥을 주는 용도로 무덤덤했던 것인가? 분명 그렇지 않다. 성경의 아가서는 아름답고 에로틱한 대상으로 여인의 가슴을 표현하고 있으며, 에스겔서나 호세아서는 음란과 관련하여 여인의 유방을 말한다호 2:2; 겔 23:3.

> "네 키는 종려나무 같고 네 유방은 그 열매송이 같구나 내가 말하기를 종려나무에 올라가서 그 가지를 잡으리라 하였나니 네 유방은 포도송이 같고 네 콧김은 사과 냄새 같고"(아 7:7-8).

그래서 흥미롭게 발견할 수 있는 것은, 고고학 탐사로 많이 발굴된 가나안의 여신 아세라Asherah다. 수많은 상에서 아세라는 자기 가슴을 손으로 붙들어 올리며 자랑하고 있다.

아세라는 가나안 최고의 신 엘El의 부인이며 이 부부는 많은 신들의 부모다. 가나안은 농경 사회였기에 다산과 풍요가 매우 중요했고 그 바람이 투영된 것이 바로 이 아세라라 할 수 있다. 그래서 아세라의 가슴은 많은 자식에게 젖을 먹이는 어머니의 가슴, 다산과 풍요의 상징으로만 여겨지기 쉽다. 그러나 위에서 소개하지 못한 다른 아세라 중에는, 구체적으

왼쪽은 Dagon Museum, 오른쪽은 The Reuben and Edith Hecht Museum
소장; Hanay/ CC-BY-SA 3.0

왼쪽은 The Jewish Museum New York 소장; CC-BY-SA 3.0 오른쪽은 The Reuben and Edith Hecht Museum 소장; Hanay/ CC-BY-SA 3.0

로 다산만을 상징하기 위해 임신한 뚱뚱한 배를 지니고 있는 것도 있다. 그래서 위의 아세라들이 특별히 다산만을 강조하기 위해 만들어진 것은 아니라는 것이다. 이 신상들은 자기 가슴을 강조하면서도 매우 잘록한 허리, 소위 우리가 말하는 관능적 S라인이 살아 있다. 때문에 아세라가 들어올려 보이는 이 가슴은 모성의 가슴이기도 하지만 동시에 매우 에로틱한 여인의 가슴이기도 한 것이다.

게다가 가나안의 신화를 보면 그 성적인 묘사가 아주 적나라하다. 아세라의 가슴은 충분히 그 성적인 뉘앙스를 담고 있으리라. 아세라상은 그 크기가 우리 손바닥만 하니, 어쩌면 남녀의 침실 혹은 그들이 사랑을 나누는 어디에든지 가져다 놓았던 성인용 물품은 아니었을까? 성적인 감흥을 유발하면서 동시에 다산을 기원했던 것 말이다.

여성의 가슴은 양면성이 있다. 마음 푸근하게 하는 어머니의 젖이면서도, 남자들의 시선을 끌어당기는 유혹이다. 여성의 젖가슴은 고대 팔레스타인 지역에서도 분명 아찔한 대상이었다. 사라도 아세라도 그런 가슴을 자랑한다. 20세기 미국에 환풍기 바람으로 치마가 들춰진 마릴린 먼로가 있었다면, 고대 팔레스타인에는 자기 젖가슴을 들어 보이는 아세라가 있었던 것이다.

가나안의 손가락 이스라엘의 발 – 완곡법의 마술

고대 이스라엘 사람들이 살던 가나안의 성에 대해 좀 더 알아보자. 같은 땅에 살았지만, 이스라엘과 가나안이 남긴 성은 너무나 다른 색채를 보인다. 가나안의 신화는 현대 포르노물 빰칠 만한 묘사를 대담하게 남겨 놓았다. 반면 구약성경은 아가서를 제외하곤 성에 대한 시각이 극히 보수적이고 가부장적이다. 성경은 고대 가나안의 종교 문화가 아주 되바라진 것으로 보고한다. 이에 대한 반발과 차별화가 보수적인 경향을 가져온 한 이유가 되었을 것이다. 민수기의 보고에 따르면, 이스라엘 사람들은 싯딤에 가서 그곳 여자들과 성행위를 하며 바알 제의를 드렸다민 25:1–5. 이후 하나님은 그들을 크게 징벌하신다. 호세아도 바알 종교를 매우 음란한 것으로 묘사하며 질타한다.

당시 가나안의 성적인 상상력을 그들의 신화를 통해 엿보자. 아래 구절은 우리에게 가장 잘 알려진 가나안의 신 바알Baal이 자기의 여동생이자 애인인 아나트Anat와 성관계를 갖는 장면이다. 아래에서 하드는 바알의 또 다른 이름이다.

"신성한 하드Hadd, 그의 '손가락'은 불끈 솟았고 처녀 아나트Anat의 '입', 바알Baal의 누이 중 제일 우아한 이의 '입'은 젖었네"(KTU 1.10 iii 8-9).

위에서 손가락과 입이 각각 무엇을 의미하는지는 독자께서 상상하는 바 그대로다. 이런 문학적 표현을 완곡법이라 하는데, 이는 다행히도 독자가 아는 만큼만 보이게 해준다. 어리고 순진한 사람들에겐 그냥 손가락이 꼿꼿해지고 입이 젖는 의아한 광경이지만, 엉큼한 독자 여러분들의 눈앞에는 분명 다른 광경이 보일 것이다. 때론 학자들이 너무 친절하게 의역하는 경우가 있어 강의실에서 읽기 참 민망하기도 하다.

바알과 관계를 맺은 후 아나트는 소를 낳는다. 둘이 남매 사이라지만 소를 낳는 판이니 뭐 그리 놀랍지도 않다. 신화는 본래 원시인류사회의 심층적인 정신세계를 담고 있다. 원시농경사회에서 소가 갖는 상징과 그 적나라한 성적 묘사에는 사실 다산을 기원하는 농경민들의 생존 본능이 새겨져 있는 것이다.

구약성경도 읽기 민망한 부분에서는 완곡한 표현을 사용한다. 대표적으로 룻기를 살펴보자. 룻기는 유대인들이 절기 때 읽는 5권의 '메길롯'Megillot, 두루마리 중 하나다. 나머지 네 권은 아가서, 에스더서, 애가, 전도서다. 남녀노소 모두 다 즐기는 축제에서 이 룻기를 읽는데, 미성년자가 듣기에는 좀 민망한 장면이 3장에 나온다. 룻이라는 여인은 한밤중에 타작마당에서 잠들어 있는 보아스 곁에 다가가 눕는다. 그전에 시어머니 나오미가 룻에게 하는 말부터 들어 보자.

> "그런즉 너는 목욕하고 기름을 바르고 의복을 입고 타작마당에 내려가서 그 사람이 먹고 마시기를 다하기까지는 그에게 보이지 말고 그가 누울 때에 너는 그가 눕는 곳을 알았다가 들어가서 그의 발치 이불을 들고 거기 누우라 그가 네 할 일을 네게 알게 하리라 하니"(룻 3:3-4).

구약성경에서 '발'은 남자의 성기를 가리키는 완곡한 표현이다. 이 이야기를 듣는 유대인들은 '발치'가 지닌 묘한 이중적 의미에 재미도 느끼고 벌어지는 상황도 잘 파악하게 된다. 어린 아이들은 그저 멀뚱히 듣겠지만, 뭐 좀 아는 사람들은 키득거리며 웃기도 하고 스릴 넘치는 상황에 몰입이 되기도 할 것이다.

> "보아스가 먹고 마시고 마음이 즐거워 가서 곡식 단 더미의 끝에 눕는지라 룻이 가만히 가서 그의 발치 이불을 들고 거기 누웠더라 밤중에 그가 놀라 몸을 돌이켜 본즉 한 여인이 자기 발치에 누워 있는지라"(룻 3:7-8).

> "룻이 새벽까지 그의 발치에 누웠다가 사람이 서로 알아보기 어려울 때에 일어났으니 보아스가 말하기를 여인이 타작마당에 들어

온 것을 사람이 알지 못하여야 할 것이라 하였음이라"(룻 3:14).

전체 18절밖에 되지 않는 3장에 이렇게 자주 발이 언급되니 일종의 '해학'이 보인다. 우리나라의 전통 마당놀이 공연을 보면 걸쭉하고 짓궂은 대사가 우리를 즐겁게 해주는 것과 같다. 마침 룻기는 우리나라 전통 소리처럼 오랜 기간 입으로 구전되었고 언어적 유희가 가득한 글이다.

'발' 때문에 생긴 일화가 있다. 어느 날 옥스퍼드 대학에서 열린 성서연구 세미나에 참석하게 되었는데, 참가자들 중에 눈에 띄는 사람이 있었다. 마치 중세 시대 수도사들처럼 회색 후드 옷을 입고 있는 남자와 수녀복을 입고 있는 여자였다. 자기들은 영국 성공회 소속인데 일종의 수도승과 수녀라고 소개했다. 결혼이 가능한 성공회 신부들과는 달리 그들은 금욕적인 생활을 하며 결혼이나 성생활은 하지 않는다고 한다. 마침 이들과 함께 이사야서 6장을 다루는 세미나에 참가하였다. 이사야 6장 2절을 보면 천상의 존재인 스랍이 나오는데, 이들은 날개로 자기의 '발'을 가리고 있다. 참가자들 사이에서 이 발에 대하여 재미있는 질문과 대화가 오갔다. 왜 천상의 존재가 성생활에 필요한 성기가 달렸을까를 토론하면서 웃고 있는데, 마침 그 수도승이 대화에 끼어들었다. 주제가 좀 그래서 뻘쭘해할 줄 알았더니, 아주 천연덕스럽게 이렇게 말했다. "그게 달렸다고 꼭 성생활을 하는 건 아니에요. 나도 그렇고…." 예견치 못한 그 수도승의 해학에 순간 모두 배가 아프게 웃었다. 그날 저녁 파티에 그 수도승은 인기 만점이었다.

사실 고대 이스라엘이나 서아시아의 전승은 천사가 성생활을 하는 것으로 믿는다. 위경 에녹서를 보면 천사와 인간의 딸들이 어떻게 결합하게 되었는지 아주 장황하게 전한다. 이사야서 6장은 하나님의 장엄과 거룩이 크게 부각되어 있는 본문이다. 감당할 수 없는 거룩 때문에 모든 것들이 흔들려 요동하기도 하고4절, 자기의 부정함을 깨닫기도 하며5절, '거룩'이 입에서 터져 나오기도 한다3절. 그 거룩한 하나님 곁에 서 있는 스랍이 감히 자기의 부끄러운 곳을 드러내 놓을 수가 없다. 그곳을 가림으로 말미암아 하나님의 거룩하심이 다시 한 번 강조되는 것이다.

완곡법은 가루약을 먹기 쉽게 담은 캡슐 같고, 예쁜 비키니 수영복 같은 것이다. 가루약은 그냥 삼키기에는 너무 텁텁하고, 바로 눈앞에 벌거벗은 아가씨는 쳐다보기에 부담스럽다. 은근히 덮어 주고 가려 주면 오히려 더 즐길 수 있는 것이다. 오히려 덮은 것을 들추고 싶어 하는, 금기된 것을 욕망하는 심리가 에로티시즘을 배가시킨다. 그래서 프랑스의 누드 해변보다는 용인의 캐리비언베이가 더 훌륭한 것이다. 결국 완곡법은 민망한 것도 어렵지 않게 즐길 수 있게 해주는 것이다.

완곡법은 성에 대해 우리가 가져야 할 적절한 태도도 가르쳐 준다. 정말 좋은 것은 절제와 완곡의 매너를 갖추어야 한다. 만약 룻기 3장에서 보아스의 거시기를 발이 아니라 진짜 그 단어를 썼다고 해보자. 그 단어가 갖는 강한 독성 때문에 아마도 읽는 재미와 스릴이 크게 줄었을 것이다. 적절히 가렸기에 룻기의 타작마당 스캔들은 재미도 있고 즐겁기도 한 것이다. 요사이 인터넷을 중심으로 벌어지는 무분별한 노출이나 변태적 관음은 우리의 성적 감각을 점차 무디어지게 만들 것이다. 심지어 왜곡된 쾌락을 위해 네티즌들의 인격에 손상이 가해지기도 한다. 성은 은밀할 때에 가장 에로틱하다. 진정한 에로티시즘을 즐기고 싶다면, 완곡의 미덕부터 갖추자.

성의 축제, 쾌락과 음란

성은 인간 최고의 쾌락을 선사하기도 하지만, 잘못하면 '음란'이란 낙인이 찍히기도 한다. 가나안의 신화는 전자를 추구하는 것 같고, 이스라엘은 후자를 강조한다. 먼저 엘이 즐긴 그 광경을 엿보자. 엘은 늙어서도 어린 두 여신들과 동시에 성행위를 즐길 만큼 정력적이었다. 조금은 친절하게 의역을 하겠다.

> 엘이 해변으로 나아가네, 그 깊음의 바닷가로.
>
> 엘은 두 달아오른 소녀를 데리고, 이 두 달아오른 소녀를 솥 위에 놓았다.
>
> 보라, 하나는 아래로 내려가고, 보라, 다른 하나는 위로 올라가니
>
> 보라, 하나가 부르짖는다. "아버지, 아버지."
>
> 보라, 다른 하나가 부르짖는다. "어머니, 어머니."
>
> 엘의 남근은 바다처럼 길어졌다. 오, 엘의 남근이 대양처럼.
>
> 엘의 남근은 바다처럼 길어졌다. 오, 엘의 남근이 대양처럼.

엘은 두 달아오른 소녀를 데리고, 이 두 달아오른 소녀를 솥 위에 놓았다.

엘이 그들을 데려다가 그의 집에 놓았다.

엘이 그의 오른손에 있는 지팡이를 아래로 내린다.

엘, 그의 막대기를.

그것을 하늘을 향해 찔러 올려, 하늘의 새를 잡는다.

낚아챈 그것을 석탄 위에 놓는다.

엘이 두 여자를 유혹한 게로다. 보라, 두 여자가 울부짖는다.

"오, 내 남자 나의 남자! 그대의 지팡이가 내려왔어요, 그대의 손에 있는 막대기가."

보라, 새가 불에 뜨겁게 달궈졌네. 석탄에 구워졌어.

두 여자는 엘의 여자라. 영원히 엘의 여자.

…

이 두 딸은 엘의 딸들이라. 영원한 엘의 딸들.

…

그는 몸을 숙여 그들의 입술에 입 맞추었네.

오, 그들의 입술 얼마나 달콤한지, 석류처럼 달콤해.

입을 맞춰 아기를 가졌네, 서로 안고 나서 임신을 하였네.

(KTU 1.23 V 30-51)

참 적나라한 묘사다. '지팡이'나 '새'가 뜬금없어 보일 텐데, 이는 각각 남자와 여자의 성기를 의미한다. 두 여자와의 성행위나 근친상간의 암시는 이 신화의 원시적 배경도 알려 주지만, 학자들은 당시 가나안 종교 제의 속에서 행해지던 제사장과 성전 창녀들의 성행위 매뉴얼로 보기도 한다. 아무튼 가나안 최고의 신인 엘은 많은 자녀를 둔 아버지 신답게 꽤나 정력적인 활약을 하였다.

반면 가나안의 문화와 종교에 반감이 컸던 여호와주의자들은 이들의 성적 문화를 크게 배척했다. 그래서 성에 대한 억압으로 이어졌을 가능성도 있다. 구약성경에서도 발견되는 적나라한 성적 묘사들은 거의 부정적이고 주로 음란을 말하기 위해 사용된다. 그것도 매우 남성 중심적이어서 성적 묘사와 음란은 늘 여자에게만 적용되었다.

호세아서는 가나안 땅에 들어가 하나님 외에 다른 신을 섬기는 이스라엘을 질타하는데, 하나님을 남편으로 이스라엘을 바람피우는 아내로 비유한다. 그래서 이스라엘의 배교는 여자의 음란으로 표현될 수밖에 없었다. 에스겔서 23장도 꽤나 적나라한 표현으로 유명하다. 북이스라엘을 오홀라, 남유다를 오홀리바로 부르며 이 자매가 이웃 민족들과 행음하고 망하였다고 말한다. 하나님만 의지하지 않고 이방 민족의 힘과 종교를 신봉하였던 이스라엘을 질타하는 것이다.

> "너 사람아, 예전에 두 여인이 있었다. 그들은 한 어미의 딸이었다. 그들은 이집트에 있을 적에 이미 놀아났었다. 소녀 적부터 놀아났었다. 거기에서 사내들에게 으스러지게 껴 안겨 남자를 모르던 그

젖가슴이 짓눌렸었다. 언니의 이름은 오홀라요, 아우의 이름은 오홀리바였다. … 오홀라는 내 그늘에서 살면서도 외간남자들과 놀아났다. 아시리아인들과 사랑에 빠져 몸이 달아올랐다. … 오홀라는 이집트에 있을 적부터 바람을 피우더니 그 버릇을 버리지 않았다. 거기에서 오홀라는 소녀의 몸으로 남자들과 자리를 같이하였고 남자를 모르던 그 젖가슴이 짓눌려 몸은 여지없이 더러워졌다. … 그런데 아우 오홀리바는 이 모든 것을 보고서도 자기 언니보다 더 몸이 달아 다른 남자들과 놀아났다. … 오홀리바는 점점 더 심하게 놀아났다. 심지어 벽에다가 바빌론 사내의 모양을 새기고는 붉은 물감으로 칠해 놓고 쳐다보았다. … 그 모습을 보기만 하고도 몸이 달아올라 바빌론으로 사자들을 보내어 사내들을 불러다가 한자리에 들었다. 그 사내들의 애무를 받으며 그는 자기의 몸을 더럽혔다. … 오홀리바는 이렇듯이 놀아나면 놀아날수록 이집트에서 소녀의 몸으로 놀아났던 그 시절이 그리워졌다. 물건이 나귀의 그것만큼 크고 정액을 말처럼 쏟는 이집트의 정부들과 열을 올리던 일을 잊지 못하였다. 이집트에서 소녀의 몸으로 젖가슴을 짓눌리고 가슴이 으스러지게 안기던 그 젊은 시절을 못 잊어 애태웠다"(공동번역).

가나안 신화의 성적 묘사와 비교하여 매우 부정적이며 여성 비하적이다. 하지만, 당시 가부장적인 사회에서 하나님을 떠나 다른 신을 섬기는 배교를 가장 절절하게 표현할 수 있는 방법은 이런 문학적 은유를 사용하는 것이었다. 남성 독자들은 상상하여 보라. 자기의 아내나 애인이 다른 남자와 몸을 섞는 것을. 상상한 바 그대로가 바로 하나님의 마음인 것이다. 여성과 그들의 성에 대한 존중감이 손상되기는 하였지만, 당시 남성 중심적인 사회에서 – 심지어 지금에도 – 가장 효과적인 충격요법이 아닐 수 없다.

진흙 속의 진주, 아가서

그래서 아가서가 없었다면 큰일 날 뻔했다. 성경이 가르치는 성, 특히 여자의 성적 즐거움은 전부 음란하고 부정적인 것이 될 뻔하였다. 종교적 이데올로기 속에 억압되었던 성을, 다시 꽃처럼 활짝 피워 예쁘게 담은 책이 바로 아가서다.

아가서의 기원은 결혼식 축가에서 비롯된 것으로 본다. 남녀의 생생한 사랑 행위를 각종 비유와 완곡한 표현으로 노래한 시인데, 후대에 하나님과 그의 백성 간의 사랑으로 해석되어 성경에까지 안착하였다. 역시 유사한 충격요법이다. 나와 하나님 간의 신앙 행위도, 온몸을 뜨겁게 불사르고 황홀한 즐거움을 주는 사랑의 행위와 연동되어야 하는 것이다.

그래도 하나님과 그의 백성의 사랑을 이렇게까지 진하게(?) 표현할 필요가 있었을까? 말했다시피 아가서가 없었더라면, 성경은 성의 무덤 같은 책이 될 뻔하였다. 여기에는 하나님의 또 다른 섭리가 있어 보인다. 성의 보석 상자인 아가서는 다행스럽게도 여성의 성을 속 시원하게 해방시킨다.

백문이 불여일견이라고 한번 살펴보자. 읽기 전에 위에서 말한 완곡법의 마술을 기억하기 바란다. 독자 여러분이 상상할 수 있을 만큼, 그리고 경험한 만큼만 보일 것이다. 아쉽게도 처녀 총각은 모를 것이 많을 수도 있다. 이들에겐 그저 아름다운 노래일 뿐이다. 아가서는 그 시작부터 신부가 조금도 주저하지 않고 사랑의 욕구를 노래한다.

> "그리워라, 뜨거운 임의 입술, 포도주보다 달콤한 임의 사랑. 임의 향내, 그지없이 싱그럽고 임의 이름, 따라놓은 향수 같아 아가씨들이 사랑한다오. 아무렴, 사랑하고말고요. 임을 따라 달음질치고 싶어라. 나의 임금님, 어서 임의 방으로 데려가 주세요"(아 1:2-4, 공동번역).

이 부분은 분명 여성의 목소리와 욕망이 담겨 있다. 가나안의 신화나 에스겔서의 적나라한 표현과 비교하자면, 여성이 진정 바라는 성적 로망이 어떤 것인지 잘 보여 주는 듯하다. 감성적이고 로맨틱하게 입술, 달콤한 포도주, 향내, 싱그러움 같은 단어들을 나열한다. 그러다 끝에 이르러 자기를 빨리 방으로 데려가 달라는 간청으로 여성적 에로티시즘을 완성한다. 포르노물의 적나라함이 에로티시즘의 묘미를 잃어버렸다면, 아가서의 심미적 묘사는 이를 잘 살리고 있다. 신부는 좀 더 과감한 표현을 망설이지 않는다.

> "가슴에 품은 유향 꽃송이 같은 내 사랑. 엔게디 포도원에 핀 헨나 꽃송이어라"(1:13-14, 공동번역).

포도원은 아가서에서 여성의 성이나 성기를 가리키는 표현이다. 사랑하는 신랑이 자기의 가슴과 은밀한 곳에 꽃처럼 머물러 있다 한다. 신부의 노래는 더 숨 가빠진다.

> "사내들 가운데 서 계시는 그대, 나의 임은 잡목 속에 솟은 능금나무, 그 그늘 아래 뒹굴며 달디단 열매 맛보고 싶어라. 사랑의 눈짓에 끌려 연회석에 들어와 사랑에 지친 이 몸, 힘을 내라고, 기운을 내라고, 건포도와 능금을 입에 넣어 주시네. 왼팔을 베게 하시고, 오른팔로 이 몸 안아 주시네. 들판을 뛰노는 노루 사슴 같은 예루살렘의 아가씨들아, 이 사랑이 잦아들기까지 제발 방해하지 말아다오. 흔들어 깨우지 말아다오."(2:3-7, 공동번역).

학자들은 솟은 능금나무, 열매, 건포도, 능금 등이 매우 성적인 뉘앙스를 담고 있다고 하는데, 순진한 나는 무슨 말인지 잘 모르겠다. 팔베개를 하고 안고 있으니, 무슨 장면인지는 분명하다. 이 사랑의 묘약에 취하여 깨고 싶어 하지 않는 것이 여성의 성임을 감성적으로 노래한다. 여인은 자기의 성, 포도원이 무르익어 주체할 수 없다고 애교스럽게 표현한다.

> "여우 떼를 잡아 주셔요. 꽃이 한창인 우리 포도밭을 짓밟는 새끼 여우 떼를 잡아 주셔요. 임은 나의 것, 나는 임의 것"(2:15-16, 공동번역).

한창인 자기의 성을 다른 이에게여우 빼앗기고 싶지 않고 오직 임에게만 주고 싶어 하는 마음이다. 에스겔서나 호세아서가 묘사한 여자의 음란과 매우 대조되는 표현이다. 아래 구절에서 은밀한 사랑을 나누고파 임을 찾아 헤매는 여인의 모습이 음란은커녕 사랑스러워 보인다.

> "밤마다 잠자리에 들면, 사랑하는 임 그리워 애가 탔건만, 찾는 임은 간 데 없어 일어나 온 성을 돌아다니며 이 거리 저 장터에서 사랑하는 임 찾으리라 마음먹고 찾아 헤맸으나 찾지 못하였네. … 물으며 지나치다가 애타게 그리던 임을 만났다네. 나는 놓칠세라 임을 붙잡고 기어이 어머니 집으로 끌고 왔다네. 어머니가 나를 잉태하던 바로 이 방으로 들어왔다네"(3:1-4, 공동번역).

그다음에 이어지는 신부 예찬은 길고도 아름답다. 사라를 묘사한 것보다 더 화려하다. 그다음, 남자가 탐하는 여인과의 사랑놀이를 이렇게 노래한다.

"나의 신부여! 그대 입술에선 꿀이 흐르고 혓바닥 밑에는 꿀과 젖이 괴었구나. 옷에서 풍기는 향내는 정녕 레바논의 향기로다. 나의 누이, 나의 신부는 울타리 두른 동산이요, 봉해 둔 샘이로다. 이 낙원에서는 석류 같은 맛있는 열매가 나고, 나르드, 사프란 창포, 계수나무 같은 온갖 향나무도 나고, 몰약과 침향 같은 온갖 그윽한 향료가 나는구나. 그대는 동산의 샘 생수가 솟는 우물, 레바논에서 흘러내리는 시냇물이어라"(4:11-15, 공동번역).

입술, 혀, 꿀과 젖, 석류, 창포, 향나무, 몰약, 더 나아가 동산과 샘, 생수가 솟는 우물, 흘러내리는 시냇물잠 5:15-17, 참조, 시각과 촉각, 후각, 미각 등 인간의 모든 감각을 동원하여 황홀한 사랑을 노래한다. 적나라하지만 가나안의 것과 비교하자면 무척 심미적이어서, 완곡히 내비치는 그 묘사가 더없이 에로틱하다. 이 예찬에 여인은 한층 더 고조되어 이렇게 응한다.

"북새야, 일어라. 마파람아, 불어라. 나의 사랑하는 임이 이 동산에 오시어 달콤한 열매를 따 먹도록, 내 동산의 향기를 퍼뜨려라" (4:16, 공동번역).

이 정도면 '에로'도 예술이 될 수 있다고 말할 수 있지 않을까? 이 심미적 색채로 빼어난 에로티시즘을 전하는 성경이 놀라울 따름이다. 여성의 성적 욕망을 이렇게 심미적으로 인정하는 아가서에 많은 여성들은 고마워해야 할지도 모르겠다. 이제 드디어 신랑과 신부의 몸은 서로 결합한다.

> "나는 자리에 들었어도 정신은 말짱한데, 사랑하는 이가 문을 두드리며 부르는 소리, '내 누이, 내 사랑, 티 없는 나의 비둘기여, 문을 열어요. 내 머리가 온통 이슬에 젖었고, 머리채도 밤이슬에 젖었다오.' '나는 속옷까지 벗었는데, 옷을 다시 입어야 할까요? 발도 다 씻었는데, 다시 흙을 묻혀야 할까요?' 나의 임이 문틈으로 손을 밀어 넣으실 제 나는 마음이 설레어 벌떡 일어나 몰약이 뚝뚝 듣는 손으로 문을 열어드렸네. 내 손가락에서 흐르는 몰약이 문고리에 묻었네"(5:1-5, 공동번역).

내가 설명하는 것보다 침묵하는 것이 본문이 의도하고자 하는 가장 적절한 상상을 야기하리라 생각된다.

이어서 다음 구절들은 매우 관음적이다. 남자들은 누구든지 이 엉큼한 욕구가 있다. 그러나 이것도 다음과 같이 매너 있게 표현한다면 눈살 찌푸려지지 않을 것이다.

> "귀한 자의 딸아 신을 신은 네 발이 어찌 그리 아름다운가 네 넓적다리는 둥글어서 숙련공의 손이 만든 구슬꿰미 같구나 배꼽은 섞은 포도주를 가득히 부은 둥근 잔 같고 허리는 백합화로 두른 밀

단 같구나 두 유방은 암사슴의 쌍태 새끼 같고 … 사랑아 네가 어찌 그리 아름다운지, 어찌 그리 화창한지 즐겁게 하는구나 네 키는 종려나무 같고 네 유방은 그 열매송이 같구나 내가 말하기를 종려나무에 올라가서 그 가지를 잡으리라 하였나니 네 유방은 포도송이 같고 네 콧김은 사과 냄새 같고 네 입은 좋은 포도주 같을 것이니라 이 포도주는 내 사랑하는 자를 위하여 미끄럽게 흘러내려서 자는 자의 입을 움직이게 하느니라"(7:1-9).

사실 매우 적나라하다. 첫 구절의 넓적다리는 공동번역이 '두 허벅지가 엇갈리는 곳'이라 번역하며, 구슬꿰미가 무엇을 표현한 것인지 알려 준다. 다음 구절 '배꼽'도 여성의 은밀한 곳을 상징하는 것으로 학자들은 해석한다. 그저 손이나 입으로 비유하던 가나안의 신화에 비하여 그 문학적 상상력이 화려하고 즐겁다. 가나안의 신화가 성기 결합intercourse과 같은 적나라함이었다면, 위 아가서 구절은 맛있는 에로티시즘의 진수성찬이다.

성스러운 책

성경은 그저 가리려고만 했던 오랜 교회 교육의 무게를 쉽게 던져버리질 못했다. 그 바람에 아가서와 같은 책은 알면서도 모르는 척 읽어야만 했던 책이다.

여전히 엄밀한 페미니스트들은 불만이겠지만, 아가서는 탈남성주의적

성의식을 말하며 여성의 성을 자유롭게 해방시킨다. 음란이란 이름으로 억압된 성서의 성을 바로잡아 주는 고마운 책이기도 하다. 여느 묘사보다 한층 더 에로틱하면서도 그 품위를 지키고 있어서 더 고맙다. 성서가 권장하는 에로티시즘의 정수도 맛보게 하기에 저질 미디어가 토해 내는 성의 공해로부터 우리의 마음을 청정하게 해준다.

성은 하나님께 속하는 신성한 것이다. 교회와 기독교가 성경의 성을 말하기 꺼려 하기 때문에, 불순한 세력이 성을 왜곡하여 전달하기 일쑤다. 인간 실존에 절대적 영역을 차지하는 성을 우리가 먼저 말하여 아름다운 것을 아름다운 것으로 지켜보자. 아가서, 민망할 정도로 야하지만 얼마나 아름다운가. 성을 어떻게 다루어야 하는지 가르쳐 주는 진정한 교과서이며, 그 황홀한 사랑을 경험하여 하나님과의 관계도 생각해 보라는 하늘의 말씀이다.

09

Girls on Top!
성서의 남녀 대결

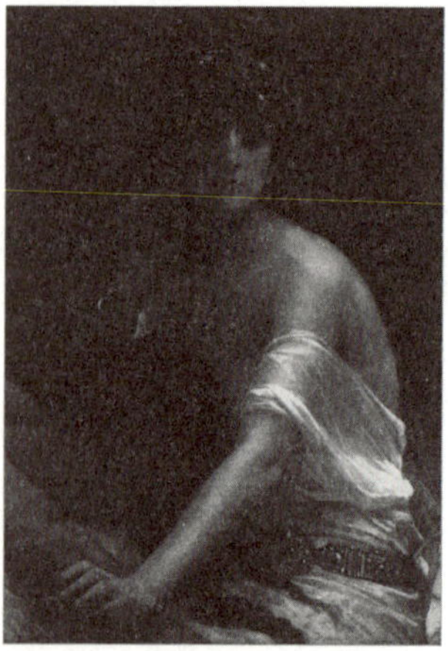

Alexandre Cabanel(1823-1889)의 삼손과 들릴라
Images from the-athenaeum.org

나는 음악을 아주 좋아한다. 쇤베르크나 레드 제플린 정도 듣는다며 은근히 심오한 척하기도 했다. 그러면서 아이돌이나 팝 가수들을 다소 비아냥거리기도 했는데, 그런 나에게 비밀이 하나 있었다. 그것은 아무도 몰래 차 안에서 혼자 듣던 노래다. 슬픈 듯하면서도 경쾌한 멜로디가 매력인 보아BoA의 'No.1'이다. 히트한 뒤 훨씬 뒤에야 알게 된 노래지만 일주일에 서른 시간 가까이 강의를 하던 시간강사 시절, 파김치가 된 몸을 이끌고 운전대를 잡을 때마다 이 소녀의 노래는 나를 3분 동안만이라도 '넘버 원'이 될 수 있게 해주었다.

이 소녀가 몇 년 뒤 어린 티를 확 벗은 노래를 발표한다. 바로 'Girls on top'이다. 이 노래 속의 보아는 더 이상 귀여운 여동생이 아니다. 남자들에 대한 불쾌감을 공격적으로 드러낸다. 마치 군화 같은 하이힐로 남자들의 가슴을 밟고 서 있을 것 같은 기세다. 궁금해서 좀 조사를 해보았다. 'No.1'을 부를 때 보아는 불과 열여섯 살 어린 소녀였고 'Girls on top' 때에는 열아홉 살이니, 아직 어리긴 해도 성인이 된 때다. 그런 보아에게 무슨 일이 벌어진 것일까?

나는 이 소녀의 변화와 새로운 자각이 무척이나 궁금하다. 엉뚱한 말이지만 성경이 이에 대한 힌트를 좀 던져 줄 수 있을까?

여자 대 남자

종종 우리는 남자와 여자 간에 벌어지는 대결을 접하곤 한다. 자라면서 보는 엄마아빠의 티격태격도 있고, 연애하는 친구들의 흥미진진한 밀당도 있지만, 옛이야기를 담은 성경 속에서도 많이 만날 수 있다. 그런데 이 대결에서는, 결론부터 말하자면, 늘 여자가 이긴다.

성경 속의 남녀 대결 하면 아마도 모두 삼손과 들릴라를 떠올릴 것이다. 이들은 각각 남자 영웅과 여자 영웅을 대표한다. 남자는 어떤 자질을 갖추어야 영웅이 될 수 있을까? 우리가 어릴 적부터 수없이 접해 온 동화, 만화, 소설, 영화들이 잘 그려 주었듯이 남자 영웅하면 뭐니 뭐니 해도 힘과 용기다. 삼손은 그야말로 이 두 가지의 화신 즉, '남자 영웅'인 것이다. 성경도 그의 힘과 용기를 극대화하여 묘사한다. 사자를 맨손으로 때려잡았다 하지 않은가.

> "삼손이 그의 부모와 함께 딤나에 내려가 딤나의 포도원에 이른즉 젊은 사자가 그를 보고 소리 지르는지라 여호와의 영이 삼손에게 강하게 임하니 그가 손에 아무것도 없이 그 사자를 염소 새끼를

찢는 것같이 찢었으나 그는 자기가 행한 일을 부모에게 알리지 아니하였더라"(삿 14:5-6).

사람이 사자를 맨손으로 잡았다는데, 뭐 그리 큰일도 아니라는 듯 위 구절들은 담담하게 말한다. 이런 무미건조한 표현이 오히려 삼손을 무시무시한 괴력의 사람으로 상상하게 만든다. 더군다나 하나님의 영이 임하여 그런 힘이 나왔다니, 사자는 물론 코끼리와 격투기를 해도 암바를 걸어 이길 수 있을 것만 같다. 성경은 이렇게 삼손을 '힘'의 남자로 매우 뚜렷이 그리고 있다.

용기도 하늘을 찌른다. 어깨에 힘 좀 주는 남자들이 정말 용기가 있다는 건 어떻게 알 수 있을까? 학교에서 일진이랍시고 약한 아이를 괴롭히거나 선생님이 나타나는지 망꾼까지 세워 가며 담벼락에서 몰래 담배 피우는 녀석들은 후보감이 아니다. 조직의 강자 앞에는 다들 쭈그러들게 마련이다. 그런데 삼손은 아랑곳하지 않았다. 일제 강점기에 일본 사람을 함부로 건드렸다간 큰일 날 것이 뻔하다. 반면 삼손은 화나고 자존심 상한 일을 당하자, 블레셋 사람들의 밭에다가 꼬리에 불을 붙인 여우 삼백 마리를 풀어 놓아 태워 버린다. 블레셋 사람 몇도 죽였다. 화들짝 겁이 난 이스라엘 사람들이 그래서 이렇게 말했다.

"유다 사람 삼천 명이 에담 바위 틈에 내려가서 삼손에게 이르되 너는 블레셋 사람이 우리를 다스리는 줄을 알지 못하느냐 네가 어찌하여 우리에게 이같이 행하였느냐 하니 삼손이 그들에게 이르되 그들이 내게 행한 대로 나도 그들에게 행하였노라 하니라"(삿 15:11).

그다음, 힘 좀 쓰는 친구들이 두고두고 자랑하는 것이 좀 속되게 말해서 '쪽수' 영웅담이다. 일 대 오, 혹은 일 대 십 정도? 블레셋에 잡혀간 삼손은 일 대 천이었다. 손에는 나귀 턱뼈만 있었다. 그가 두고두고 자랑했을 영웅담을 들어 보자.

"이르되 나귀의 턱뼈로 한 더미, 두 더미를 쌓았음이여 나귀의 턱뼈로 내가 천 명을 죽였도다 하니라"(삿 15:16).

이 정도면 성경이 얼마나 확실히 삼손을 남자 영웅으로 그려 놨는지 잘 알 수 있겠다.

그런데 이걸로도 모자란지, 성경은 그의 헤어스타일도 신경 썼다. 그의 힘은 모두 하나님이 주신 것이었다. 그 조건은 나실인으로서 서약을 지키며 머리카락을 자르지 않고 기르는 것이었다.

흥미롭게도 긴 머리는 여성들의 전유물이 아니라 강한 남성미의 상징이기도 했다. 유럽의 장수들을 그린 옛 그림에는 남자들이 터질 듯한 근육에 긴 머리를 휘날리는 경우가 많다. 미국의 프로 레슬링 WWE에도 한때 장발의 장사들이 많았으며, 남성적인 스포츠 축구도 보면 한때 긴 머리를 휘날리는 선수들이 많았다. 1960~1970년대를 풍미하던 강한 록 음악 연주자들도 대부분 긴 머리를 돌리며 헤드뱅잉을 했다. 물론 시대가 변하여 1990년대 중반쯤에는 머리를 싹 밀어 버리는 것이 남성미의 상징이 되기도 하여, 심지어 꽃미남 축구선수 데이비드 베컴David Beckham마저 머리를 밀었다. 하지만 고대로 갈수록 긴 머리는 남성미의 상징이었던 것이 분명하다. 삼손의 긴 머리도 남자 영웅의 '힘'을 강조하는 상징이다.

그러면, 남자를 제압할 여자 영웅의 자질은 무엇일까? 다들 여성의 미모나 관능적 매력을 먼저 떠올릴 것이다. 하지만 이에 못지않게 우리 인류가 칭송하는 여자의 메리트는 지혜다. 때문에 우리 선조들이 입에 침이 마르도록 칭찬한 신사임당과 견주어 거의 흡사한 '현숙한 여인'이, 지혜를 다루는 잠언에 등장하는 것이다잠 31장.

특히 지혜를 한 여성으로 인격화하여 표현하는 것이 매우 독특하다. 길거리에서 지혜를 선포하거나잠 1:20–33, 8:3–36 우매한 이들을 초청하여 잔치를 베푸는 자애로운 여사님으로 의인화되어 나타난다잠 9:1–6. 특히 하나님이 이 세상을 창조하실 때 그 옆에 함께하여 창조의 청사진이 되기도 하고 하나님의 기쁨이 되어 주기도 하였다는 유력한 여인이 바로 지혜다잠 8:22–31.

이 '지혜' 양은 당연히 인기가 많다. 많은 남자들이 주위에 몰릴 것이 뻔하다. 그렇다면 어떻게 해야 지혜 씨의 마음에 들 수 있을까?

"나지혜를 사랑하는 자들이 나의 사랑을 입으며 나를 간절히 찾는 자가 나를 만날 것이니라"(잠 8:17).

역시 끈질기게 구애해야 연애는 성공하는 법. 자기를 간절히 찾아야 한 번 만나 주겠다는 콧대 높은 여인이 바로 '지혜'다.

지혜라는 단어 자체도 여성이다. 히브리어 원어로는 '호크마'라 부르는데 여성형 명사다. 헬라어로 지혜는 '소피아'라 부르는데, 서구에서 소피아는 여자 이름으로 자주 사용되었다. 유명한 소피아 로렌이나 소피 마르소처럼 말이다. 우리나라도 마찬가지다. 학교에서 '지혜'라는 여학생은 많이 봤지만 남학생은 본 적이 없다.

이렇게 인류 역사의 담화 속에는 여자 영웅이 관능적 매력 말고도 지혜를 갖춘 경우가 많다. 남자는 힘과 용기, 여자는 지혜와 관능이라는 전형적이고 고리타분한 공식을 꽤 불편해 하실 여성분들도 많을 것이다. 나도 이와 같은 구도가 불만이다. 미모 지상주의가 거센 한국에서 살아가는 여성분들도 고충이 많겠지만, 뭐든 자기 팔뚝 굵기로만 게임을 하려는 무식한 남자들 틈에서 나도 숨 쉬고 살기가 쉽지 않다. 미래에는 이런 전형적인 공식에 변화가 있기를 바란다. 물론 그런 큰 변화가 올까 의심스럽다만, 이런 공식 안에 매어 살아갈 수밖에 없는 인간 스스로의 처지를 우리가 '배려'와 '상생'으로 개선하여 나가길 기대한다. 아무튼, 지금까지 인류의 문명이 보고하는 정보에 의하면 오랜 기간 남성 위주의 세계에 맞서 온 여인네들의 무기는 지혜와 관능미였다.

지혜와 관능의 승리

들릴라는 블레셋 사람들의 사주로 움직이는 스파이 '마타하리'였다 삿 16:4-5. 세기의 모든 여자 스파이들이 그러했듯, 이들은 우선 똑똑해야지혜 교활하게 자기의 정체를 감쪽같이 숨길 수 있으며, 남자들을 언제든 부분 마취시킬 수 있는 매력관능미이 있어야 정보를 캐 올 수 있다. 여성 편력이 꽤 있던 삼손이 그녀에게 폭 빠진 것을 보면 그녀는 꽤 매력적이었을 것이다. 이에 더하여 들릴라는 테크니컬한 말솜씨도 있는 훌륭한 두뇌의 여인이었다. 이 여인의 임무는 삼손의 힘이 무엇으로 말미암아 생긴 것인지 알아 오는 것이다. 밤마다 귓가에 황홀한 숨소리를 내뿜으며 "자기야, 자기는 왜 이렇게 힘이 좋아? 그 힘이 어디서 나오는 거야?" 하며 앙탈을 부리는 들릴라에게 삼손은 즐거운 고민을 할 수밖에 없었을 게다.

삼손은 서너 번 거짓말을 하며 비밀을 잘 지켰지만, 이미 그는 들릴라에 의해 부분마취가 되어 있는 상태였다. 이 마취에 빠지면 판단력이 흐려진다. 삼손은 들릴라와 밤일을 치르고 아침에 깰 때마다 블레셋 사람들에 의해 결박되는 위기가 있었다. 그것도 자기가 들릴라에게 했던 거짓말대로 묶여 있었다. 들릴라가 자기의 비밀을 폭로하여 죽이려 한다는 것을 삼손이 모를 리가 없다. 그러나 마치 마약이 자기를 죽음으로 몰아넣을 줄 알면서도 빠져나오지 못하는 중독자처럼 삼손은 들릴라를 내치지 못한다. 오히려 더 농락당한다. 삼손은 그녀 때문에 목숨을 잃을 위기를 당하지만, 모면할 때마다 들릴라는 다시 찾아와서 당당하게 삐친다. 물론 예쁘게 삐쳤을 것이다.

"들릴라가 삼손에게 이르되 보라 당신이 나를 희롱하여 내게 거짓 말을 하였도다 청하건대 무엇으로 당신을 결박할 수 있을는지 이제는 내게 말하라 하니"(삿 16:10).

뒤이은 13절에서도 들릴라는 똑같이 몰아붙였다. 삼손은 화도 나지 않았을까? 당장 어떻게 결박할 수 있는지 알려 달라고 하질 않는가? 당장 죽이겠다는 소리인데, 손자가 예뻐 죽는 할아버지는 자기 수염을 잡아당겨도 손자가 귀엽다 한다. 사랑에 폭 빠져 버리면 눈에 넣어도 아프지 않는단다. 그놈의 사랑… 삼손이 자기 목숨을 걸고도 교태를 부리는 들릴라를 한없이 받아들인 것은 사랑 때문이었다.

"삼손이 소렉 골짜기의 들릴라라 이름하는 여인을 사랑하매"(삿 16:4).

사랑에 빠진 남자를 가장 애타게 만드는 법을 들릴라는 잘 알고 있다.

"들릴라가 삼손에게 이르되 당신의 마음이 내게 있지 아니하면서 당신이 어찌 나를 사랑한다 하느냐 당신이 이로써 세 번이나 나를 희롱하고 당신의 큰 힘이 무엇으로 말미암아 생기는지를 내게 말하지 아니하였도다 하며"(삿 16:15).

밤마다 건네주는 그녀의 몸은 이미 없으면 고통스러운 마약이 되어 버렸을 것이다. 그녀는 남자의 몸뿐만 아니라 마음도 어느 부분을 건드려야 할지 잘 알고 있었다. 정말로 사랑한다면 보여 입증하라는 것이다. 남자의 허세 - 사랑하는 여자 친구를 위해서라면, 부모가 시골에서 나물 팔아 근근이 보내 준 학비로 공부하면서도, 자기 한 학기 모든 과목이 낙제 점수를 받아도, 밤낮으로 아르바이트를 뛰어 200만 원짜리 명품 가방을 사주고 사랑을 증명해 주려는 남자의 허세를 들릴라는 잘 자극하였다. 결국 들쑤시는 이 여자 때문에 삼손은 이 지경이 된다.

> "날마다 들릴라가 그 말로 그를 재촉하여 조르매 삼손의 마음이 번뇌하여 죽을 지경이라"(삿 16:16).

번뇌하다 죽을 지경이어도 한 번 더 달콤한 사랑을 나누고 죽자 결심한 것일까? 결국 삼손은 자기의 비밀을 털어놓는다. 제삼자의 입장에선 이 말밖에 나오지 않는다. "바보!"

> "들릴라가 삼손에게 자기 무릎을 베고 자게 하고 사람을 불러 그의 머리털 일곱 가닥을 밀고 괴롭게 하여 본즉 그의 힘이 없어졌더라"(삿 16:19).

들릴라의 탐스러운 허벅지에 머리를 뉘어 잠이 들었다. 여자와 진한 사랑을 나눈 뒤 맛볼 수 있는 꿈처럼 달콤한 잠이다. 이 광경을 머릿속에 그려 보자. 남자의 혈관을 팽팽하게 만드는 들릴라의 농염한 다리가 보인다. 그리고 이 허벅지 위에는 삼손의 꿈꾸는 듯한 얼굴이 포근히 놓여 있다. 그녀의 쭉 뻗은 다리 위에 흩어지듯 내려 덮고 있는 삼손의 무성한 머리카락. 오버랩 되는 그녀의 다리여자의 관능미와 그의 긴 머리카락남자의 힘은 둘 간의 대결을 상징한다. 곧이어 삼손의 긴 머리카락은 잘려 들릴라의 다리에서 떨어지고 점점 그녀의 하얀 다리살만 드러나 보인다. 결국 여자의 관능미가 이긴 것이다. 수백 명의 블레셋 군사뿐만 아니라 발톱 하나가 곡괭이 같은 포악한 사자도 능멸한 삼손은, 여자의 허벅지에 모든 것을 맡기고 그냥 잠들어 버렸다.

옛날에 만들어졌던 〈삼손과 데릴라〉1949라는 유명한 영화를 보면 들릴라가 사실은 삼손을 사랑하는 여인이었고 자신도 블레셋 사람들에게 속아 스파이 노릇을 한 것으로 되어 있다. 삼손이 힘을 잃고 잡혀가자 자기도 고통스러워하는 장면이 나오는데, 성경에는 전혀 없는 이야기다. 삼손의 머리카락이 잘린 후 들릴라는 성경에서 사라진다. 삼손은 그녀를 사랑했다지만 그녀는 아니다. 그저 이용했을 뿐이다. 이런 관계가 되면 여자는 자기의 매력으로 남자를 중독시킨다. 중독되면 위의 삼손처럼 알면서도 당한다. 파멸로 향하는 줄 알면서도 한 번 더 느껴 보고 싶어 하는 것이 중독이다.

모성의 힘

지독히도 가부장적인 고대 이스라엘의 사회에서 여성은 늘 폄하당하고 희생당하기 일쑤였다. 특히 사사기에는 많은 여성들을 치 떨리게 만드는 흉악한 사건이 몇 있다. 사사기 맨 마지막에는, 이름도 없는 어느 한 레위인의 첩이 레위인 대신 밖으로 끌려 나가 밤새 윤간을 당하여 죽고, 그것도 모자라 자기 남편에 의해 몸이 열두 토막 나는 사건이 나온다. 성경에서 가장 참혹한 사건 중 하나로 꼽힌다. 심지어 어느 학자는 이 여인이 숨을 다 거두기도 전에 토막당했다고 분을 뿜기도 한다. 또 다른 하나는 사사 입다의 외동딸에게 생긴 가슴 아픈 사연이다. 입다는 전쟁에 나가기 전, 승리하여 돌아오면 자기를 제일 먼저 반기러 나오는 것을 희생 제물로 바치겠다고 하나님께 서원한다. 아마 강아지 한 마리쯤 뛰어 나올 것이라 생각한 것 같은데 아뿔싸 그의 무남독녀 외동딸이 아빠를 반기러 춤추며 뛰어나온 것이다. 입다 이야기의 앞뒤를 읽어 보면 뭐 그리 신앙이 철저하신 분 같지도 않은데 이 서원을 굳이 실행한다삿 11:35. 더 가슴 아픈 건 외동딸이 자원하여 서원을 이행하라고 아버지에게 촉구한다는 것이다. 그러면서 자기는 '남자를 모르고' 처녀로 죽게 되어 한이라며 친구들과 잠시 애곡하다 온다삿 11:36–40. 당시 일찍 결혼하던 풍속을 생각하면 아마 그 딸은 나이가 열세 살쯤이나 되었을까. 지금 같으면 곱고 예쁜 중학교 1학년인 소녀다.

아이러니 중에 아이러니다. 이미 말씀드린 대로, 입다는 자기 어머니가 기생이어서 '남자를 너무 많이 알아' 고생스럽게 성장하였는데11:1–3, 7, 자기 딸은 남자를 모르고 한스럽게 죽다니 말이다. 사사기는 참으로 역설의 책이다. 여러 면에서 그러하기에 많은 학자들이 '아이러니'라는 주제로 이 책을 자주 탐구한다. 사사기는 여성을 가장 잔혹하게 유린하면서도, 사실 아이러니하게도 여자의 실세에 대해 은근히 내비친다.

군대장관 시스라와 겐 족속의 여인 야엘의 이야기를 보자. 이야기의 배경이 되는 시대가 독특한데, 아주 드물게 여자 사사 드보라가 이스라엘을 치리하던 때였다. 시커먼 남자들만 사사를 하던 때에, "… 이스라엘 자손은 그에게 드보라에게 나아가 재판을 받더라"고 뚜렷이 보고하고 있으니삿 4:5 구약성경에 이게 웬일인지 싶다. 더욱이 아래에 남자 장군 하나를 부리며 자기의 권한으로 그에게 나아가 적군과 싸우라고 명령까지 하니 의기양양한 여장부가 아닐 수 없다. 여성 독자들을 더 즐겁게 하는 것은, 이 남자 장수가 혼자는 겁나서 싸우러 갈 수 없으니 같이 가지 않으면 자기는 싸우지 않을 것이라고 드보라에게 징징거리기까지 했다는 것이다삿 4:8. 남녀 역할에 대한 '역설'을 꾀하는 문학적 장치임에 분명하다. 졸라대는 장수에게 드보라가 달래 주며 건넨 말도 재미있다. 같이 갈 터이니 쫄지 마시라, 안타깝게도 이번에는 하나님이 당신이 아닌 어떤 '여인'의 손으로 적의 장수를 무찌를 것이라 말하며 조롱(?)한다삿 4:9.

그야말로 여인 천하다. 여기까지 보면 드보라의 우월함은 고전적인 여성의 모습에서 온 것은 아니었다. 드보라는 여자이지만 여느 남자 지도자 못지않은 권위를 지녔다. 이 의외성에 놀랐다면, 그다음엔 기절할 만한 사건이 기다린다. 장관 시스라를 처리한 여인 야엘의 모습은 드보라와는 달리 정말 자애로운 한 여인의 모습을 보여 주기 때문이다.

이스라엘군에게 쫓겨 도망가던 시스라는 군대장군이다. 당연히 남자 영웅의 상징인 힘과 용기가 충만한 자다. 하지만 도망가다가 야엘을 만나고 그에게 도움을 구한다. 이스라엘 군사들의 칼날을 피해 목숨을 걸고 뛰었으니 시스라는 얼마나 지치고 힘들었을까. 이때 야엘은 그를 마치 엄마처럼 맞아 주고 보듬어 준다. 개역개정의 표현을 보자면, 야엘은 시스라를 '영접'하고 '내게로 들어오라' 하며 '두려워 말라' 위로하면서 자기의 '장막'으로 데려와 이불로 그를 '덮어 주기'까지 한다삿 4:18. 다 큰 어른도 엄마 앞에만 가면 자기를 포장한 사회적 권위와 가면을 벗어버리고 어린아이처럼 되듯이, 시스라도 자애로운 야엘 앞에서 완전히 자신을 무장해제시켜 버린다. 전쟁 중에 군인이 자기 갑옷을 벗고 창도 내려놓고 여인의 장막에서 이불을 덮고 잠이 든다는 게 말이나 되는 소리인가? 어떻게 이 '남자'는 이 '여자' 앞에서 완전 무방비로 노출될 수 있었단 말인가.

남자가 여자에게 끌리는 것은 단지 탐하고 싶은 욕구 때문만은 아니다. 종종 여자의 모성적 따뜻함에 남자들은 그만 녹아 버린다. 지치고 힘들어 집에 온 아들을 따스하게 맞아 주고, 맛있는 것도 먹여 주며 잠자리 이불까지 덮어 주는 엄마. 생각만 해도 몸과 마음이 푸근해진다. 정말로 시스라는 그 위급하고 긴박한 상황에서조차 아무것도 모르는 어린아이가 되어 버린다. 여기서 다시 한 번 역설이 눈에 띈다. 힘과 용기로 똘똘 뭉친 사자 같은 사내가 한 자애로운 여인 앞에서 애완견 치와와처럼 되어 버린 것이다. 통상적으로 여자를 지키고 보호해 주어야 할 남자가 역으로 여자에게 자기를 지켜 달라고 부탁까지 한다.

> "시스라는 야엘에게 부탁하였다. 천막 문에 섰다가 누가 와서, 여기에 누가 없느냐고 묻거든 없다고 해주오"(삿 4:20, 공동번역).

이렇게 시스라를 잠들게 한 야엘의 유혹에는 '모성'이라는 특급 마취제가 장착되어 있었다. 시스라가 목이 말라 물을 좀 달라 했을 때 야엘이 주었던 것은 물이 아니라 우유였다삿 4:19. 젖은 엄마에게서만 나오는 모성의 상징이다. 이렇게 본문은 장수 시스라를 엄마 품에 고이 잠든 어린아이로 만들어 버렸다.

분명 남자를 끌어당기는 여자의 관능에는 자애와 모성이라는 강한 자력이 있다. 모성은 여자를 남자보다 훨씬 더 원대하고 우월한 위치에 올려놓는다. 한 예를 보자. 여성은 남성이 넘나들기에 어려운 성의 경계선을 쉽게 넘나들 수 있다. 이는 한국의 남자 공중 화장실에서 곧잘 경험하는 일이다. 서서 일보고 있는 남자들 다리 사이에서 태연하게 대걸레질을 하다가 조준 좀 제대로 하라며 잔소리를 날릴 수 있는 분이 청소하시는 아줌마다. 반면 남자는 실수로라도 여자 화장실에 들어갔다간 경찰에 잡혀가는 수가 있다. 유명한 성 상담가는 대개 아줌마나 할머니인 경우가 많다. 남세스러운 침대 속 이야기나 은밀한 신체 부위의 이야기를 여성이 남자 상담가에게 하기는 어려운 일이다. 하지만 걸쭉하신 구성애 아줌마는 남자들에게 인기 만점이다. 무슨 이야기도 다 털어놓을 수 있을 것만 같다.

남자는 오발탄을 쏠 위험을 가진 권총 하나를 몸에 달고 태어났기에 여자들의 영역 안에서는 위험한 존재다. 반면 누나, 이모 혹은 엄마 같은 여성의 모성과 자애는 남자를 휘어잡을 수 있는 그들 고유의 힘이다. 때문에 많은 교단에서 여성 목사 안수가 더 확대되었으면 좋겠다. 신학 교육과 인성 교육이 잘 구비된 여성 목회자는 교회를 더욱 기름지게 하리라 믿는다. 교회의 구성원 중 여성 신도가 차지하는 비율은 절대적이다. 이들을 지금껏 주로 남자 사역자들이 상대하였으니 잡음이 많이 생길 수밖에 없지 않았을까 한다.

여성의 복수

다시 야엘에게 돌아가자. 모성의 여인이지만 전체적으로는 관능적이다. 본문은 뭔가 성적인 뉘앙스를 은근히 비치고 있다.

> "야엘이 나가 시스라를 영접하며 그에게 말하되 나의 주여 들어오소서 내게로 들어오시고 두려워하지 마소서 하매 그가 그 장막에 들어가니 야엘이 이불로 그를 덮으니라"(삿 4:18).

낯선 사내에 대한 그녀의 열렬한 환영 때문만은 아니다. 시스라가 여인의 '장막'에 들어갔다는 묘사는 또 다른 여인의 장막을 떠오르게 하는데 바로 아브라함의 아내이자 이삭의 어머니 사라의 장막이다. 사라는 유독 자기의 장막에 잘 거주하였다창 18:6, 9–10. 너무 예쁜 여자라 아브라함이 집 안에 가뒀는지도 모르겠다. 물론 아내를 위해서인지 자기 신상을 위해서였는지 의심이 가지만 말이다.

늘 장막에서 지내던 사라가 죽은 뒤, 아들 이삭은 아내 리브가를 맞이한다. 다음 구절을 눈여겨보라.

> "이삭이 리브가를 인도하여 그의 어머니 사라의 장막으로 들이고 그를 맞이하여 아내로 삼고 사랑하였으니 이삭이 그의 어머니를 장례한 후에 위로를 얻었더라"(창 24:67).

위 구절에서 '맞이하여'는 히브리어 원문에서 '취하다'take, 즉 성관계를 가졌다는 의미다. 장막은 이삭의 어머니의 것이었다. 이삭은 장막에 여인을 데리고 들어가 관계를 가졌고, 그 후 어머니를 잃은 상실감을 위로받았다. 장막 안에서 남자는 여자를 탐하였고 동시에 모성의 빈 공간도 채울 수 있었던 것이다. 남자가 아늑한 장막 안에서 여인을 통해 느꼈던 에로티시즘은 따스한 모성과 달콤한 쾌락이었다. 사실 여자의 관능미에는 이 두 가지 요소가 모두 내포되어 있는 것이다. 마치 여인의 가슴이 모성과 성적 매력 두 가지를 모두 표출하는 것과 같다. 창세기의 이 구절은 남자에게 여자가 무엇인지 매우 뜻 깊은 통찰을 제공하여 준다.

분명 시스라와 야엘의 '장막'은 사라의 장막 전승을 알고 있는 가운데 형성된 본문으로 보인다. 이런 본문 간의 상호 관계를 '인터텍스츄얼리티'intertextuality, 본문상호성라고 부르기도 한다. 시스라가 장막 안에서 편하게 잠들 수 있었던 것은 자기를 따뜻하게 맞이하고 우유를 주었던 야엘의 모성 때문이기도 하지만, 이삭처럼 시스라도 두 가지 모두를 취하였기 때문이 아니었을까. 자기에게 오라고 손짓하는 여인의 장막에서 그 여인이 덮어 주는 이불 아래 잠이 들었다는 것은 한 유부녀가 외간 남자에게 베풀기엔 다소 지나친 행위다. 그런데 여인이 이불을 덮어 주었다는 표현은 연속해서 두 번이나 나온다삿 4:18-19. 분명 행간에는 시스라와 야엘이 같이 남긴 흔적이 보이는 듯하다.

자, 이제 숨을 크게 들이쉬고 다음에 벌어질 상황에 대비하자. 야엘의 꾀와 자애, 관능적 손짓에 그만 무방비로 누워 잠든 시스라는 끔찍한 대가를 치른다.

> "그가 깊이 잠드니 헤벨의 아내 야엘이 장막 말뚝을 가지고 손에 방망이를 들고 그에게로 가만히 가서 말뚝을 그의 관자놀이에 박으매 말뚝이 꿰뚫고 땅에 박히니 그가 기절하여 죽으니라"(삿 4:21).

야엘이 시스라를 죽인 방식을 더 눈여겨보자. 뒤이어 쫓아온 이스라엘군이 시스라를 처리했어도 되었을 텐데, 왜 굳이 본문은 이 자애로운 여인의 손에 말뚝과 망치를 쥐게 하였으며, 아무리 겐 족속이 이스라엘과 돈독한 관계였다 하더라도 이런 위험천만한 엽기행각을 이 여인에게 맡

겼을까? 여자의 손에 무기 하나를 들게 하고 남자를 처단한 이 방식은, 사실 좀 더 근원적인 남녀 대결의 역설적 전환이고 통쾌한 복수이기도 하다. 말뚝이 관자놀이를 뚫고 들어가는 장면은 마치 남자의 성기가 여자의 성기에 결합되는 모습을 연상시키는 것이다.

물리적 세계에서 여자보다 근육이 좀 더 발달한 남자들은 자신의 성욕을 채우기 위해 여자들에게 위압과 위협을 가해 왔다. 오랜 인류의 역사 속에서 그러하였고 특히 고대로 갈수록 더 자명하다. 수많은 여성들이 남성의 성폭력에 찢겨지고 신음했다. 더불어 말뚝 같은 성기로 몸을 뚫어 버리듯 하는 전형적인 남성의 성행위는 다소 공격적이며, 반면 여성은 수동적으로 보인다. 물리적 세계 속에서 이 각도는 여성을 위에서 누르는 남자의 정복욕의 상징이기도 하다.

야엘의 살해 장면은 남성의 이런 공격적 성에 대한 여성 내면의 속 시원한 보복의 표출이다. 말뚝이 얇은 피부 아래 관자놀이를 뚫고 들어가 땅에 박혔다. 말뚝이 살을 뚫어 피가 터져 나오게 한 것은, 처녀성에 목숨마저 걸어야 했던 고대 이스라엘 여인들의 한풀이 제의처럼 보인다. 남자와의 첫날밤, 처녀라는 입증으로 그 '말뚝'의 공격에 피를 흘리지 못하면 최악의 경우 돌팔매질 당하여 죽을 수도 있었기 때문이다신 22:20-21. 이에 얼마나 많은 어린 여인들이 수모를 당해야만 했을까? 결국 남자 시스라는 자기네가 때론 폭력의 일환으로 오용한 방식 그대로 자기도 당한 것이다.

공격적인 남자의 성행위, 인식, 습관에 대한 여성의 통렬한 복수는 시사하는 바가 크다. 근간의 뉴스에 심상치 않게 자주 등장하는 성폭력 사건은 참으로 우리의 가슴을 섬뜩하게 만든다. 그저 하고 싶어 미쳐 버린 성폭력 범죄자들은 잔인하게 피해 여성을 죽이기도 하고, 그 대상의 연령도 유치원 여아에서부터 할머니에게까지 이르니 정말 제정신이 아닌 듯싶다. 어떤 범죄자는 밤부터 새벽까지 음란 동영상을 보다가 술을 마시고 아침에 여성을 강간하여 살인까지 했다니 중독 중증이다. 그 천인공노할 범죄자는 자기 힘으로 여자를 제압하여 그 몸을 유린하고 죽이기까지 했다. 어찌 보면 남자가 여자를 눌러 이긴 것이다. 그러나 사실 그 남자는 자기도 저지르고 나서 곧 후회할 중독에서 벗어나지 못하고 허우적대고 있었던 것이 아닌가. 마치 삼손이 자기가 힘을 잃고 죽임 당할 것을 알면서도 들릴라의 달콤함을 거부하지 못했던 것처럼 말이다. 여기서 우리가 알 수 있는 것은 그 충동에서 벗어나지 못해 일을 저지른 놈이 결국 패자라는 것이다. 그 여자의 몸을 짓밟았어도 그 놈은 여자에게 진 꼴이다. 그 짓에서 헤어나지 못하기 때문이다.

Luca Giordano (1632-1705)의 '야엘과 시스라';
Cooper-Hewitt, National Design Museum

남자가 여자에 대한 탐욕을 버릴 수 있을까? 이 욕정의 본능이 우리의 DNA 속에 박혀 있는 어쩔 수 없는 코드라면, 영원히 남자는 여자에게서 벗어날 수 없다. 오죽하면 아무도 없는 집에서 자신을 유혹한 여인을 뿌리치고 뛰쳐나간 요셉을 우리 남자들이 얼마나 경이롭게 존경하여 왔던가? 어쩌면 사도 바울의 훌륭한 전도 사역의 비결도 그가 독신이었기 때문은 아니었을지…. 또 오죽하면 인간의 육체로 오신 하나님 즉 예수님께서는 결혼도 안 하시고 여자를 멀리해야만 했겠는가.

보아에겐 무슨 일이 있었을까?

구약성경에는 위의 두 사건 외에도 성 대결에서 여성이 우위를 차지하는 이야기들이 더 있다. 룻과 보아스의 관계도 그러하다. 시어머니 나오미가 계획한 지략과 밤에 보아스를 찾아간 룻의 관능이 유력남 보아스를 압도한다. 밧세바와 다윗은 어떤가? 패배를 모르는 전직 장군이요 나라의 수장인 다윗은 옆집 여인 밧세바의 농염한 목욕 장면에 어김없이 이성을 잃는다. 마치 예외 없는 컴퓨터 프로그램 같다. 후에 밧세바는 여우 같은 계략으로 아들마저 왕으로 올려놓으니, 다시 한 번 여인의 지혜와 관능미가 이룬 성과를 볼 수 있다. 에스더는 또 어떤가? 여성 독자들에겐 좀 불쾌한 말일 수도 있으나, 자기 민족의 대학살을 막은 에스더는 예뻐서 하나님의 일도 크게 했다는 일례를 성경에 남기고야 말았다. 물론 그녀의 지략과 용기도 칭송해 마땅하다. 이런 현상은 우리의 조상 아담 할아버지와 이브 할머니에게까지 거슬러 올라간다. 에덴동산의 이야기를 보면, 아담이 아닌 이브가 주도권을 잡고 있다창 2-3장. 아담은 이브에게 그저 끌려

다닌다. 길지 않은 에덴동산 생활을 통해 뱀은 아담이 아닌 이브를 잡아야 이들을 확실히 흔들 수 있다는 걸 알았을 것이다. 이분들이 원죄뿐만 아니라 또 다른 것에도 인류의 원조임에 분명하다.

어쩌면 성경을 이렇게까지 읽어야 하느냐고 반문할 수도 있다. 물론 꼭 이렇게 읽을 필요는 없다. 이렇게 저 깊숙한 곳까지 파 내려가지 않아도 우리는 본문 표면을 통해 충분히 일차적인 신앙적 메시지를 들을 수 있다. 하지만 이 본문의 재료가 된 많은 이야기들은 고대 이스라엘 사람들과 그 사회 속에 오랜 시간을 걸쳐 회람되고 잘 삭혀진 다음 성경에 유입된 경우가 많다. 때문에 인간과 사회 심층의 정신세계를 잘 반영하는 것이다.

일례로 창세기의 에덴동산 이야기를 다시 한 번 생각해 보자. 불순종이나 죄와 같은 일차적인 신학적 메시지는 누구든 쉽게 발견할 수 있다. 반면 이 이야기 아래에는 당시 고대인들의 모든 실존적 문제에 대한 답도 담겨져 있다. 인간은 어떻게 존재하게 되었고, 여자는 왜 생겨났는가? 이 세상에는 왜 엉겅퀴처럼 고통스러운 일들이 발생하게 되었는가? 더 나아가 인간은 왜 죽는가? 남자는 왜 늘 땀 흘려 일을 해야 하고, 여자는 왜 아기를 낳을 때 그토록 아픈 것일까? 흥미롭게도 여자는 왜 그토록 뱀을 혐오하는가에 대한 대답도 해주어, 원시시대 밭에서 일하다가 뱀을 보고 기절초풍하는 여자들에 대한 궁금증도 알려 준다.

때문에 우리가 위에서 살펴본 남녀 간의 이야기는 모두 깊은 인간 정신의 반영이다. 자기도 잘 보이지 않는 무의식 속에, 남자는 결국 자기가 여자에게 진다는 것 그리고 여자는 자기가 남자를 이길 수 있다는 의식이 '있다'는 것이다. 아무리 마초 같은 남자도 그런 두려움이 내면 깊숙이 박혀 있으며, 여리기만 한 여자도 은근히 그런 자신감을 지니고 있다. 그렇다면 왜 우리는 이런 보이지 않는 의식을 가지게 된 것일까?

보아에게 대체 무슨 일이 있었던 것일까? 열여섯 살에서 열아홉 살로 성장해 가는 소녀들에게 물어보아도 사실 자기 자신에게 무슨 변화가 있었는지 잘 모를 것이다. 하지만 그 시기에 소녀들이 겪는 예민하고도 어색한 경험은 잘 정보화되어 그들의 무의식 속에 저장된다. 어린아이에서 여성으로 성장해 가는 소녀들은 자기를 바라보는 남자들의 시선이 달라진다는 것을 눈치 채기 시작한다. 푸근하고 삼촌 같은 동네 아저씨는 물론, 평소 신뢰하고 믿음직한 선생님이나 성직자들도 예외가 아니었을 것이다. '남자'란 무엇인지 자기도 의식하지 못하는 사이에 그 정보가 저장된다.

어린아이에서 남자로 변화해 가는 소년들도 마찬가지다. 늪과 같이 은근히 자기를 끌어당겨 절대 놓지 않는 무언가를 경험한다. 몰래 보다가 부모님에게 혼나고도 컴퓨터만 켜면 또다시 접속하고 싶고, 예전엔 아무렇지도 않았던 것에 자꾸 눈길이 가면서 그들은 나름의 정보를 무의식 속에 저장한다.

나는 보아의 노래 "Girls on top"이 많은 여성의 의식 속에, 더 확고하게는 그들의 무의식에 있는 무언가를 반영한다고 본다. 이 세상 오빠들에게 그대는 나의 넘버원이라 부르던 어린 소녀가 이제는 이렇게 부르고 있다.

날 바라보는 네 야릇한 시선들이 난 싫어.
내게 강요하지 마. 틀에 갇혀 버릴 내가 아닌걸.
섹시한, 차분한, 영원히 한 남자만 아는 따분함.
그건 바로 착각, 모든 남자들의 관심사.
남자들 모두가 세상의 진리는 절대로 불변의 법칙이라고.
이 칼을 잡은 난 세상의 지배자, 힘의 논리, 남자만의 법칙들.
아주 웃기시네!
돈에 눈이 멀어 자존심을 사는 남자, 그대 이젠 맞이해라.
자! 이제 보아 얘길 담아 듣자! 새 시대. Story. Girls on Top!
이 세상의 반, 그건 여자들이 만들 거야.
당당하게 난 멀리 앞을 향해 걸어갈래.

"날 바라보는 네 야릇한 시선들이 난 싫어." "섹시한, 차분한, 영원히 한 남자만 아는 따분함." "이 칼을 잡은 난 세상의 지배자, 힘의 논리, 남자만의 법칙들. 아주 웃기시네!" 공교롭게도 지금껏 위에서 우리가 생각해 보았던 주제들과 상통한다. 이 소녀는 남성 중심의 사회에서 자기 같은 여성이 어떻게 남성들에 의해 정형화되는지 잘 알고 있고 동시에 이를 혐오한다. 그리고는 당당하게 세상을 만들고 앞을 향해 걸어갈 것이라 선언한다. 남성이 여성을 지배하는 듯한 사회와 문화 속에서 우리는 살고 있지만, 사실 여린 한 소녀의 속 깊은 곳에는 'Girls on top'이 있다.

물론 가수 보아에 대한 나의 상상은 상상일 뿐, 팬의 입장에서 이 글이

그녀에게 누가 되지 않았으면 좋겠다. 언제나 그녀는 나의 아이돌 No.1

You are the only one!

Part 4

그 나라와 정치

사무엘의 우왕좌왕 지파에서 왕국으로
우리가 남이가 지역, 당파, 패거리 정치
눈에는 눈, 이에는 이! 구약성서의 법
오해하지 맙시다! 구약성서의 율법

10

사무엘의 우왕좌왕

지파에서 왕국으로

1946년 8월, 텔 아비브. 통행금지가 헤제되자
사람들이 빵 가게 앞에 모여든 사진.
우와좌왕하는 사람들의 질서를 잡기위해 총을 들고 서 있는
영국 군인이 보인다.
Imperial War Museum

처음부터 사무엘은 심사가 뒤틀릴 수밖에 없었다. 사사가 되어 이스라엘을 치리하는 아들들이 뇌물 혐의 등으로 고소를 당하여 가뜩이나 심란한데, 자기를 찾아온 장로들이 한다는 첫마디가 "당신은 이제 늙었다"이니 말이다. 심지어 성경 저자도 사무엘이 늙었다고 말하며 시작한다.

> "사무엘이 늙으매 그의 아들들을 이스라엘 사사로 삼으니 장자의 이름은 요엘이요 차자의 이름은 아비야라 그들이 브엘세바에서 사사가 되니라 그의 아들들이 자기 아버지의 행위를 따르지 아니하고 이익을 따라 뇌물을 받고 판결을 굽게 하니라 이스라엘 모든 장로가 모여 라마에 있는 사무엘에게 나아가서 그에게 이르되 보소서 당신은 늙고 당신의 아들들은 당신의 행위를 따르지 아니하니 모든 나라와 같이 우리에게 왕을 세워 우리를 다스리게 하소서 한지라"(삼상 8:1-5).

이렇게 이스라엘 장로들은 왕을 원하였다. 그들을 위협하는 블레셋이 워낙 막강하기 때문이기도 했지만, 당시 이스라엘 주변 민족들은 대부분 왕이 있었기 때문이다.

하나님을 중심으로 필요에 따라 뭉치며 결속을 다지던 사사기의 열두 지파 체제를 이스라엘 백성들은 더 이상 달갑게 여기지 않았다. 위기 상황이 생기면 하나님께서 강력한 영을 부어 주시어 나가서 싸울 사사들을 세워 주셨는데, 그들의 권위는 단지 임시적인 것이었다. 이 체제의 고유한 정신은 오직 하나님만이 그들의 유일하고 진정한 왕이라는 것이기 때문이었다. 하나님에 대한 신앙적 결속으로 유기적인 '헤쳐 모여'를 하던 열두 지파 체제야말로 하나님이 본래 이스라엘에게 주었던 그들 고유의 통치-행정 체제다. 하지만 이스라엘은 소위 신이 그들의 왕이라는 신정정치를 이젠 망상으로 여겼다. 그리고는 당당히 당시 이스라엘의 최고 권위자였던 사무엘에게 자신들을 위하여 왕을 세워 달라고 요구한 것이다.

당시 이스라엘 백성들이 왕국을 원한 가장 큰 요인은 안보에 대한 불안 때문이었다삼상 8:19-20. 하지만 만만치 않은 사무엘을 꺾기 위해서 장로들은 특별한 공격(?)을 가할 필요가 있었다. 그래서 콕 집어낸 것이 바로 성직자들의 타락이었다. 특히 사무엘 자신의 직계 아들들이 사사에 올랐으나 국민적 지탄의 대상이 되었으니 사무엘은 궁지에 몰릴 수밖에 없었다. 그도 진즉 나라의 '종교적 위기'를 알고 있었기에 더욱 심기가 불편하였을 것이다.

"아이 사무엘이 엘리 앞에서 여호와를 섬길 때에는 여호와의 말씀이 희귀하여 이상이 흔히 보이지 않았더라"(삼상 3:1).

좀비들의 넋두리, '왕' 고픈 사사시대

이스라엘 백성들은 이전에도 하나님이 부여해 주신 열두 지파의 유기적 신정정치를 거부하고 왕을 세우려 시도한 적이 세 번 정도 있었다. 약탈을 일삼는 미디안을 단 300명의 군사로 물리친 기드온을 이스라엘 사람들이 왕으로 추대하였다. 그러나 기드온은 단호하게 거절하며 유명한 말을 남긴다.

"기드온이 그들에게 이르되 내가 너희를 다스리지 아니하겠고 나의 아들도 너희를 다스리지 아니할 것이요 여호와께서 너희를 다스리시리라 하니라"(삿 8:23).

하나님의 맘에 쏙 드는 발언이었다. 자기의 아들도 다스리지 않겠다는 것은 왕권 세습을 하던 주변 왕국들의 전형적인 행태를 비꼬는 것이다. 그리고 사실 매우 영리한 선택이었다. 사사시대에서 왕이 다스리는 국가로의 전환은 불가피한 시대적 혼돈을 야기할 수밖에 없으며, 이때 그 전환기를 떠맡는 지도자는 큰 고초와 희생을 감수해야만 하기 때문이다. 이는 나중에 초대 왕이 된 사울의 비극적 인생사를 통해 엿볼 수 있다. 사울은 옛 체제의 지도자였던 사무엘과 끊임없이 마찰을 빚었다. 이를 지혜롭게 피했던 기드온은 70명의 아들을 낳으며 아주 평온하고 부유하게 말년을 보냈다.

참 아이러니한 것은 종종 훌륭한 아버지 아래 꼭 골칫덩이 자식이 나타나 가문에 먹칠을 한다는 점이다. 사무엘이 섬겼던 엘리 제사장의 아들들이 악명 높은 망나니들이어서 그 덕에(?) 사무엘이 후계자가 되었는데, 사무엘도 똑같은 실패를 하지 않는가. 기드온에게는 그의 첩의 아들 아비멜렉이 문제였다. 물론 역사가들은 아비멜렉이 정말 기드온의 아들이었는지 의심하기도 한다. 기드온은 종종 여룹바알이란 이름으로 등장하였는데, 아비멜렉의 이야기에서삿 9장 그는 항상 여룹바알의 아들로 언급되지 기드온의 아들이라고는 전혀 소개되지 않기 때문이다. 여하간 그래도 최종 본문인 성경은 망나니 중의 개망나니 아비멜렉을 기드온의 아들이라 전개하면서 이 부자 간의 극한 대조를 효과적으로 부각시킨다.

아비멜렉은 자기 형제 70명을 몰살한다. 그리고 세겜 사람들을 설득하여 왕위에 오른다삿 9:1-6. 막내 요담만 스스로 숨어 살아 남았다. 그 후 요담은 유명한 나무 우화를 남긴다삿 9:8-15. 그 얘기인즉, 올리브, 무화과, 포도나무처럼 인간에게 유용한 나무들은 전부 왕이 되어 달라는 요구를 거절하고 좋은 열매를 생산하는 일에만 전념한다. 결국 가시나무가 이 요구를 받아들이는데 이렇게 말한다.

"가시나무가 나무들에게 이르되 만일 너희가 참으로 내게 기름을 부어 너희 위에 왕으로 삼겠거든 와서 내 그늘에 피하라 그리하지 아니하면 불이 가시나무에서 나와서 레바논의 백향목을 사를 것이니라 하였느니라"(삿 9:15).

가시나무가 무슨 그늘이 있으며 그 뾰족한 가시 틈에서 어떻게 쉴 수 있겠는가. '내 그늘에 피하라'는 일종의 블랙 유머다. 설상가상 자기 가시 아래로 오지 않으면 다 불살라 버리겠다고 위협까지 하는데, 이런 멍청한 일을 하는 것이 바로 왕을 뽑는 것이란다. 왕과 왕국에 대한 반감을 제대로 드러낸 고대 이스라엘의 한 전승을 잘 보여 준다.

세겜 사람에게 추대되어 왕이 된 아비멜렉은 결국 같은 사람들에게 배신을 당하고, 또다시 피를 좇다가 한 여자가 던진 맷돌에 두개골이 깨져 죽는다삿 9:21-57. 왕이 되어 달라는 요청을 거부한 아버지 기드온과 비교하면 스스로 왕이 되기 원한 아비멜렉은 매우 대조적인 종말을 맞는다. 이는 기드온과 아비벨렉 이야기를 연이어 소개한 사사기 6-9장의 신학적 메시지이기도 하다.

인간은 또다시 입다에게 와서 그들의 장관과 머리가 되어 달라고 요청한다삿 11:1-11. 기생의 아들로 태어나 고향 친족들에게 설움을 받고 그저 동네 잡류들과 주먹 쓰며 살아온 입다였는데, 암몬 민족의 침략이 거세지자 길르앗의 장로들은 싸움 잘하는 입다를 지도자로 삼아 위기를 모면하고 싶었다. 일반 사사들과는 달리 입다는 하나님의 임명이나 부르심이 없었다. 단지 장로들과의 '협상'으로 지도자가 된다. 이러한 선출 방식 자체

Gustave Doré (1832-1883); Doré's English Bible의 삽화 중
아비멜렉이 맷돌에 맞아 죽은 장면;
PD-Art (PD-old-100)

가 이미 이스라엘의 전통에서 떠나가는 모습이다. 장로들이 모여 탁월한 이에게 권력을 부여하는, 주변 민족들과 같은 왕국 탄생의 서막과 같다. 그러나 자기의 개념 없는 서원 때문에 딸을 희생 제물로 바친 우울한 개인사처럼 같은 친족 에브라임 지파와 어처구니없는 전쟁을 치른 것이 입다의 통치 결말이었다삿 12:1–7.

사람들이 사무엘에게 왕을 공식적으로 요구하기 전에도, 이미 이스라엘은 진정한 왕 하나님을 잊고 이렇게 다른 왕을 찾아 세우려 했다. 사사기는 마지막 결말에 이르러 가장 잔혹하고 병적인 이스라엘 지파 간의 폭력을 그리며 이야기를 마친다삿 17–21장. 지리멸렬해 가는 이스라엘을 그리며 사사기의 맨 마지막 구절은 이렇게 읊조린다.

> "그때에 이스라엘에 왕이 없으므로 사람이 각기 자기의 소견에 옳은 대로 행하였더라"(삿 21:25).

'이스라엘에 왕이 없으므로…' 이 말은 지파들 간에 폭력이 끊이지 않고 지속되는 가운데 마치 컴컴한 동굴 속의 괴기스러운 메아리처럼 반복되어 들린다삿 17:6, 18:1, 19:1. 당시 왕이 없었기 때문에 나라가 그 모양 그 꼴이었다는 뉘앙스다. 정말로 그때 왕이 없어서 그랬을까? 이미 사사기는 인간이 선택하려 한 왕들의 폐해를 밝히지 않았는가?

이스라엘은 마치 집단적으로 질병에 걸린 좀비들처럼 초점 잃은 눈으로 서로를 죽이며 살아가고 있었다. 그들은 문제의 포인트를 찾지 못한다. 왕이 없는 것이 문제가 아니라, 이미 하나님이 그들의 왕임에도 불구하고 계속 다른 인간에게서 찾고 있는 헛된 삽질이 문제인데 말이다. 그러면서 이스라엘은 계속해서 중얼거린다. "이스라엘에 왕이 없어서…, 이스라엘에 왕이 없어서…." 괴기스러운 공포 영화의 맨 마지막 장면 같다. 우리 주인공들이 여전히 탈출의 실마리를 잡지 못하고, 결국은 모두 좀비로 변해 가는, 그래서 절망에 절망을 더해 버린 마지막 장면 말이다. 그래서 사사기의 결말은 네 번이나 마치 병 걸린 사람처럼 이스라엘의 헛소리를 반복하여 들려준다. "이스라엘에 왕이 없어서…."

우왕좌왕 롤러코스터

이런 와중에 이스라엘에 왕국기가 도래하는 사무엘서가 사사기를 뒤따라 성경에 나온다. 룻기가 사사기와 사무엘서 사이에 위치하여 있긴 하지만, 유대인들이 구성한 본래 구조 속에는 사사기 다음에 곧장 사무엘서가 따른다.

사무엘. 그는 이미 퇴락하는 사사시대의 끝물에 지도자가 된 사람이다. 어쩌면 하나님으로부터 가장 고약한 사명을 부여 받은 것일지도 모른다. 진정한 왕임에도 불구하고 백성들로부터 따돌림을 당하신 하나님은 참으로 묘한 말을 사무엘에게 하셨다. 하나님이 스스로 허탈하게 웃으시며 푸념 같은 말을 사무엘에게 하신다.

> "여호와께서 사무엘에게 이르셨다. '백성이 하는 말 그대로 들어줘. 그들이 널 배척하는 게 아니야. 나를 왕으로 모시기 싫어서 그런 거지. 나를 배척하는 거야. 걔네들, 내가 이집트에서 데리고 나온 이후 이날 이때까지 나를 저버렸잖아. 다른 신들이나 섬기며 그런 짓을 해왔잖아. 너한테도 지금 그렇게 하는 거야. 그러니 이제 그들의 말을 들어줘. 대신 왕이 그들을 어떻게 다스릴 것인지 엄하게만 일러줘'"(삼상 8:7-9, 저자의 의역).

사무엘의 우왕좌왕은 이때부터 시작되었다. 하나님의 이 자조적인 웃음, 절대자가 내뱉은 허탈한 푸념은 심장을 뚫고 들어오는 총알 같았다. '총 맞은 것처럼' 사무엘의 심장은 쓰라림의 통증으로 떨렸다.

어릴 적 어머니가 자기를 남겨 놓고 간 실로의 성소에서 철없이 먹고 자던 때, 자기에게 찾아와 자기의 이름을 불러 주셨던 그 부드럽던 하나님의 음성이 교차하면서삼상 3:1-20, 사무엘은 좀처럼 마음 잡기가 쉽지 않았을 것이다.

'이게 모두 내가 자식들을 잘못 키운 탓 아닐까. 그놈들만 올바르게 지도자 노릇을 했어도 하나님께 이런 누를 끼쳐 드리진 않았을 텐데. 스승 엘리의 자식들이 막나갈 때 그걸 보고 깨달은 바가 있었어야 하는데. 오죽하면 하나님이 직접 내게 나타나 엘리의 잘못된 자녀 교육에 대해 말씀하셨겠는가삼상 3:13. 그런데 내가 똑같은 잘못을 저지르다니 면목이 없다. 아, 이게 다 내 탓이 아닐까….'

아마도 이런 생각에 사무엘은 편히 잠잔 날이 없었을 게다. 하나님이 그들의 진정한 왕임을 모르는 것이 다 자기의 불찰인 것만 같았다. 그러다가 이렇게 하나님의 센티멘털한 말을 들은 것이다. "그들이 널 배척하는 게 아니야. 나를 배척하는 거지." 하나님은 애써 사무엘의 과오를 덮어주시려는 것처럼 보인다. 그리고는 문제는 네가 아니라 나라고 말씀하시는데, 사무엘은 송구스러움에 미쳐 버릴 것만 같았다.

하나님의 자조는 그 효과가 있었다. 이후 사울이 사무엘로부터 기름 부음을 받고 첫 왕이 되어 왕국이 시작될 때까지, 그리고 이후에도, 사무엘과 이스라엘 모두 우왕좌왕했다.

하나님의 부탁대로 사무엘은 백성들에게 왕에 대한 엄한 경고를 한다. 왕이 있을 때에 발생할 수 있는 모든 부정적인 경우를 다 들어 설명하였다삼상 8:10-18. 심지어 왕 때문에 백성들이 울부짖어도 하나님은 응답하지 않을 것이라고까지 하였다. 마치 개구리들이 왕을 하도 바라자 신이 황새를 보내어 다 잡아먹어 버리게 했다는 이솝 우화처럼 말이다. 그러나 백성들의 마음은 완고했다. 왕을 주지 않겠다는 것도 아니고 그저 경고한 것뿐인데, 백성들은 "사무엘의 말 듣기를 거절하여 이르되 아니로소이다 우리도 우리 왕이 있어야 하리니"삼상 8:19라고 하였다. 이런 막무가내 반응에 사무엘은 또 심기가 뒤틀렸는지 하나님의 명령대로 왕을 세우리라는 약속은 하지 않고 다시 하나님께로 온다. 이에 하나님은 다시 한 번 사무엘에게 '왕을 세우라'고 명령한다. 이제는 사무엘이 완고하게 심통을 부린다. 이스라엘 사람들에게 왕을 세우리라는 약속은 하지 않고 그냥 돌아가 버리라고 호통을 친 것이다삼상 8:22.

이후 사울이 이스라엘의 초대 왕으로 등극하기까지 사무엘은 또 우왕좌왕한다. 사무엘상 9-12장에 걸쳐 사울은 무려 세 번이나 다르게 왕으로 등극한다. 먼저 '라마 전승'을 보자삼상 9:1-10:16. 블레셋 사람들의 위협이 커져 가는 가운데, 하나님은 사무엘에게 다시 한 번 왕을 세우라 하신다. 또 사무엘이 말을 듣지 않을까 염려가 되셨는지, 구체적으로 한 사람을 사무엘에게 지목하여 보낸다삼상 9:16. 아버지가 잃어버린 암나귀를 찾으러 나섰던 효심 많은 사울. 키도 크고 잘생긴 청년이었으며, 사무엘도 매우 호의적으로 기름을 붓고 하나님도 영을 듬뿍 부어 주신 새 지도자다. 이 이야기에 의하면 사울의 왕 등극은 매우 긍정적인 것으로 평가되어 있다. 앞서 8장에 있었던 분위기와 비교해 보면 참 의아한 반전이다.

그런데 뜬금없이 또 다른 이야기가 전개된다. 사무엘이 백성들을 미스바에 불러 놓고 제비뽑기를 하여 사울을 왕으로 또 선출한다삼상 10:17-27! 이 '미스바 전승'은 또다시 반전이다. 왕 선출에 대한 부정적 색채가 짙다. 왕이 된 사울을 멸시하는 무리가 일부 있다는 언급도 그렇고27절, 제비뽑기 하기 전에 사무엘이 하나님의 복잡했던 심정을 선포하는 것도 그렇다.

> "너희는 너희를 모든 재난과 고통 중에서 친히 구원하여 내신 너희의 하나님을 오늘 버리고 이르기를 우리 위에 왕을 세우라 하는도다 그런즉 이제 너희의 지파대로 천 명씩 여호와 앞에 나아오라 하고"(삼상 10:19).

너희는 배신자라는 것이다. 왕이 뭔지도 모르고 왕이 필요하지도 않은데도 달라고 아우성이던 개구리들에게 황새를 보내 버리려는 심사가 여기에는 보이는 것 같다.

또 다른 사울의 왕 등극 이야기가 또 한 번의 반전과 함께 등장한다삼상 11:1-15. '길갈 전승'인데, 사울을 가장 영웅적이고 긍정적으로 그린 이야기다. 카리스마 넘치는 사울은 암몬과 전쟁을 치러 승리한 뒤 길갈에서 왕국을 설립한다. 하나님의 신이 충만한 이상적인 지도자다. 앞 이야기에서 자신을 멸시하던 무리들도 용서하는 통 큰 사나이이기도 하다12-13절.

사울의 왕 등극에 대한 세 가지 다른 버전이 썩 매끄럽지 못하게 나열되어 있는 모습은, 고대 이스라엘 전승에서 왕국의 출발에 대한 해석이 얼마나 치열하게 상반되었는지 잘 대변해 준다. 하나님만 왕으로 여기며 지파 연맹을 그리워하던 전통주의자들과 이후 왕국에 충성했던 왕정 역사가들의 대립이 엿보인다.

자신을 버렸지만 왕을 세우라는 하나님의 자조로부터 시작하여 자기 자식의 타락을 들쑤셔 폭로하던 장로들, 자신의 불찰에 대한 분노로 심통을 부리던 사무엘에 이르기까지 이스라엘 왕국기의 우왕좌왕 롤러코스터는 이후에도 쭉 이어진다.

옛 전통 '지파'에서 새로운 질서 '왕국'으로

우왕좌왕으로 말하자면 사울을 따를 자 있을까? 그는 이스라엘의 초대 왕이다. 정신병력이 있어 다윗의 연주로 내면을 다스렸으며, 이후 다윗이 적을 무찌르고 승승장구하자 질투에 눈이 멀어 다윗의 목숨을 여러 번 노렸다. 아들로부터도 외면당하고 자신을 왕으로 기름 부은 사무엘과도 쉽지 않았다.

궁극적으로 사울 왕국은 옛 지파 동맹체로부터 발전하는 데 실패했다. 처음에는 사울의 카리스마로 적들을 쉽게 물리쳤지만, 시간이 흐르면서 블레셋의 위협을 막기에 역부족이었다. 내부적으로도 발전이 없었다. 군사적 요충지의 부재, 경제개발을 위한 국제교류 부재, 무기의 열세, 군사대비책 부재 등삼상 13:22, 28-31장의 길보아 전투 참조. 결정적인 우왕좌왕은 옛 질서와 새 질서 간의 갈등을 극복하지 못한 것에 있다. 이는 사무엘과 사울 간의 갈등 속에 드러난다. 사울은 전통적인 성전 즉 거룩한 전쟁의 원칙을 어겨 하나님의 명령을 이행하지 않는다삼상 15장. 심지어 제사장 사무엘을 기다리지도 않고 자신이 직접 제사를 집례하기도 했다삼상 13장. 주변 왕국에서는 왕이 제사장 기능까지 하였기 때문에 자기도 그렇게 하고 싶었을 것이다. 즉 본격적인 전제 정치체제의 왕국을 시도하였던 것으로 보인다. 그러나 시기적으로 너무 일렀다. 지파 동맹이라는 옛 질서와 왕국이라는 새로운 질서의 과도기에 치를 수밖에 없는 희생이 바로 사울의 실패로 이어진 것이다. 주변 왕국처럼 세습도 하지 못하고 아들과 함께 전쟁터에서 죽었다.

Rembrandt (1606-1669); 다윗의 연주를 듣고 있는 사울; Städel

뒤이은 다윗 왕은 전형적인 왕국으로 진일보한다. 사울 왕국에서 부재한 모든 것들이 보완되었다. 특히 예루살렘 탈환이 매우 중요한 기반이 되었다. 다윗은 왕이 되었지만 자기를 지지하는 남부 세력과 여전히 사울 집안과 옛 전통을 중시하던 북부 세력 간의 어깨 싸움에 힘들어했다. 마침 예루살렘은 정치적 종교적 중립지였다. 남과 북 어느 곳에도 속하지 않아 정치적 통치와 알력 중재에 유리하였다. 근본적으로 오랜 기간 가나안의 요새였기에 여호와 신앙 전통과 옛 이스라엘 지파 동맹에 얽매이지 않았다.

다윗이 여기에 법궤를 운송하여 안치한 것이 기가 막힌 정치적 성과를 가져다주었다. 법궤는 이스라엘 전체를 하나로 묶을 수 있는 종교적 상징물이다. 법궤는 광야시대 이래 하나님의 임재와 보호의 상징이었으니, 가나안 정착 후 법궤가 있는 곳이 곧 중앙 성소였던 것이다. 이는 효과적으로 새로운 왕권시대와 옛 지파 연맹시대를 화해시켜 주었다. 더 놀라운 것은 사울이 하려다 큰코 다친 일을 다윗이 당당히 행한 것이다. 법궤를 예루살렘으로 안치시키면서 그는 제사장이 해야 할 일을 스스로 행한다.

> "여호와의 궤를 메고 들어가서 다윗이 그것을 위하여 친 장막 가운데 그 준비한 자리에 그것을 두매 다윗이 번제와 화목제를 여호와 앞에 드리니라 다윗이 번제와 화목제 드리기를 마치고 만군의 여호와의 이름으로 백성에게 축복하고"(삼하 6:17-18).

옛 전통이 그 몸에 생생히 남아 있는 사무엘도 이젠 없고, 예루살렘을 탈환하고 법궤까지 옮겨 놓은 민족적 과업을 이루었으니 그 누가 다윗에게 뭐라 할 수 있겠는가. 이렇게 다윗은 옛 전통에서부터 더 멀리 떠나 왕이 제사장 기능까지 하던 주변 왕국의 체제에 더 깊이 진입하였다. 또 그들처럼 다윗은 왕위를 아들에게 세습했다.

그러나 여기서도 우왕좌왕은 계속되었다. 세속적인 왕국을 지향하려는 다윗과 이에 항거하는 옛 지파 동맹 세력 간의 갈등이다. 한때 아버지 다윗을 왕좌에서 쫓아내기도 한 압살롬이 이를 잘 이용했다.

다윗이 추진하는 새로운 왕국은 이스라엘 사람들 사이에서 적잖은 반감을 일으켰다. 옛 지파 동맹시대가 그들에겐 더 정서적으로 맞았기 때문이다. 옛 사사시대에는 사람들 사이에 소소한 송사가 있을 때 소사사들이 해결하여 주었으나, 이제는 직접 왕궁으로 가 재판을 청하여야 했다. 압살롬은 이에 대한 반감을 부추겨 백성들의 마음을 움직였다.

> "압살롬이 일찍이 일어나 성문 길 곁에 서서 어떤 사람이든지 송사가 있어 왕에게 재판을 청하러 올 때에 그 사람을 불러 이르되 너는 어느 성읍 사람이냐 하니 그 사람의 대답이 종은 이스라엘 아무 지파에 속하였나이다 하면 압살롬이 그에게 이르기를 보라 네 일이 옳고 바르다마는 네 송사를 들을 사람을 왕께서 세우지 아니하셨다 하고 또 압살롬이 이르기를 내가 이 땅에서 재판관이 되고 누구든지 송사나 재판할 일이 있어 내게로 오는 자에게 내가 정의 베풀기를 원하노라 하고"(삼하 15:2-4).

압살롬은 왕궁에 사는 절대군주인 왕이 일반 백성들과 가지는 거리감을 부각시켰다. 옛날 사사들은 평소에는 자기들과 같이 밭 갈고 양을 치던 친근한 옆집 아저씨였기에, 이는 매우 효과적인 선동이 될 수 있었다. 옛 전통 사사들처럼 지도자가 된 사울은 실제로 밭에서 소를 몰다가 전쟁터로 튀어나왔다삼상 11:4-7.

민초들의 영웅으로 지도자에 오르는 옛 체제에 비하여, 새로운 제도는 왕을 성안에 모시고 백성들과 격리시켰다. 이걸 압살롬은 이렇게 이용했다.

> "사람이 가까이 와서 그에게 절하려 하면 압살롬이 손을 펴서 그 사람을 붙들고 그에게 입을 맞추니 이스라엘 무리 중에 왕께 재판을 청하러 오는 자들마다 압살롬의 행함이 이와 같아서 이스라엘 사람의 마음을 압살롬이 훔치니라"(삼하 15:5-6).

왕은 절을 드려야 하는 절대군주이지만, 옛 사사들은 서로 입을 맞출 수 있는 친근한 지도자였다. 압살롬은 아버지 다윗 왕을 궁지로 몰기 위해 백성들에게 옛 향수를 자극하였다. 그의 전략은 매우 성공적이어서 다윗을 정말로 몰아낼 수 있었고, 그는 잠시나마 왕 행세를 하였다. 천하의 다윗이 어떻게 그 지경까지 몰릴 수 있었을까? 이는 다윗에 대한 반대 세력도 만만치 않았다는 것을 암시한다. 그 중심에는 아직도 이스라엘에겐 하나님을 중심으로 '헤쳐 모여'를 하던 옛 사사시대에 대한 그리움이 있었던 것이다.

하나님의 선택보다 밧세바의 간청이 더 두드러진 솔로몬의 왕위 세습은, 고유한 이스라엘의 전통으로부터 더더욱 멀어져 간 사건이었다. 성전 건축과 여러 문화 사업이 돋보였던 솔로몬이지만, 잘 알다시피 그의 유명한 외국 처녀 사랑과 이방 신전 세우기로 결국 나라는 내분하게 된다. 그가 죽은 후 왕국은 둘로 갈라지고 통렬한 예언자들의 지탄 속에서 나라는 결국 망하고 말았다.

과연 무엇이 옳았을까? 옛 지파 체제? 새로운 왕국? 하나님은 어느 편을 지지하신 걸까? 처음 사무엘과 상의하실 때는 그렇게나 섭섭해 하시더니, 어찌 나중에는 다윗과 예루살렘에 영원한 약속까지 하신 것일까?

성서학을 동원한 여러 설명이 가능하겠으나, 감히 하나님의 '진의'를 묻는 우리들에게 전도서는 아래와 같은 답을 해준다.

> "하나님이 모든 것을 지으시되 때를 따라 아름답게 하셨고 또 사람들에게는 영원을 사모하는 마음을 주셨느니라 그러나 하나님이 하시는 일의 시종을 사람으로 측량할 수 없게 하셨도다"(전 3:11).

> "또 내가 하나님의 모든 행사를 살펴보니 해 아래에서 행해지는 일을 사람이 능히 알아낼 수 없도다 사람이 아무리 애써 알아보려고 할지라도 능히 알지 못하나니 비록 지혜자가 아노라 할지라도 능히 알아내지 못하리로다"(전 8:17).

> "바람의 길이 어떠함과 아이 밴 자의 태에서 뼈가 어떻게 자라는지를 네가 알지 못함같이 만사를 성취하시는 하나님의 일을 네가 알지 못하느니라"(전 11:5).

솔직히 모르는 것은 모르는 것으로 인정해야 할 때도 있다.

11

우리가 남이가

지역, 당파, 패거리 정치

예루살렘 성전에서 벽을 대고 성경을 읽고 있는 유대인.
2007년 3월. Brian Jeffery Beggerly CC-BY-2.0

잠시 살아 본 영국은 별 크지도 않은 나라였지만 지역 간의 구별의식이 대단해 보였다. 본래 여러 민족과 나라가 합쳐져 생긴 나라이긴 하다. 영국은 기원과 지역이 각기 다른 잉글랜드와 웨일스, 스코틀랜드, 북아일랜드, 그 외 여러 섬들이 모여 한 나라를 이루고 있는데, 얼마나 독립적인지 월드컵에 각각 축구팀이 따로 출전할 정도다. 절대 같이 나가는 법이 없다. 웨일스에 가면 영어가 아닌 자신들끼리만 쓰는 언어를 사용하고, 북아일랜드는 영국으로부터 독립하기 위해 몇 년 전까지만 해도 테러를 서슴지 않았다. 최근에 스코틀랜드는 영국으로부터의 독립에 관련된 국민투표를 결정하기도 했다. 조그만 잉글랜드 안에서도 북쪽의 촌사람들과 런던, 옥스퍼드, 케임브리지, 켄트 등을 중심으로 하는 남쪽의 세련된 사람들 간의 지방색도 매우 확연하다.

특히 이들은 공공연히 사람들의 '계급'class을 인정하고 받아들인다. 이 계급을 구분 짓는 척도 중 하나가 발음이다. 귀족들이 쓰는 소위 '여왕 발음'Queen's language 혹은 학자들이 쓰는 '대학 발음'University accent을 권위 있는 귀족적 발음으로 삼는다.

참 이상하다. 땅덩어리가 작은 나라일수록, 구성원이 작은 집단일수록 편 가르기가 심하다. 구성원이 워낙 많고 커서 서로 간에 접촉이 밀접하지 않고 잘 모르는 경우, 오히려 질시가 덜하다. 작은 공동체 안에 서로가 서로를 너무 잘 알아 미지의 거리감이 사라지고 막연했던 존중감이 거둬질 때, 도리어 막 대하는 경우가 많다. 어느 곳이든 이런 작태가 없진 않지만, 조그마한 한반도에 사는 우리나라도 자타가 인정하는 지역 대립의 나라다. 일제의 식민사관이 우리 민족의 저항의식을 무력화하고 일제에 순종하도록 과장 날조하기도 했지만, 옛적부터 우리 민족의 당파 싸움은 분명히 존재했다. 약소국이기 때문에 생긴 비극이기도 하지만 우리는 38선을 경계로 남북이 지역적 이념적 대립을 하고 있다. 또한 남한 안에서도 차로 이동하면 두 시간도 채 안 되는 거리의 지역끼리 서로 못 잡아먹어 안달인 적도 있었다.

'우리가 남이가?' 이 말을 인터넷에 검색하여 보면 꽤 많은 사이트가 떠오른다. 대부분 유쾌한 내용들이 아니다. 이 말은 당파 정치, 지역 간 반감같이 역사적 뿌리가 깊은 저질 패거리 문화를 표현하는 말이다. 한마디로 우리 민족의 '악종 바이러스'다. '남이가?' 이 말끝은 우리나라 어느 특정 지역의 사투리라서, 공정을 기하기 위해서는 '남이여' 내지는 '남이유'도 넣어야 하겠지만, 너무 오해는 마시기 바란다. 난 고향이 서울이다.

영국이나 한국처럼 아담한 이스라엘도 민족적 정치적 대립이 장난이 아닌 나라다. 인류의 미래를 좌지우지할 수도 있을 만큼 심각한 '뜨거운 감자'가 바로 중동 문제인데, 이스라엘이 그 핵심이다. 이스라엘과 팔레스타인은 좁은 땅덩어리 안에서 같이 살면서 마치 좁은 창살 안의 두 맹수처럼 싸운다. 땅덩어리가 좀 컸으면 나으려나.

성경에 등장하는 고대 이스라엘도 마찬가지였다. 그 작은 곳에 열두 개의 독립 지파가 있었으니 그 구성원들의 자의식이 얼마나 강했는지 짐작이 간다. 그래서 종종 서로 싸우고 죽이기도 했는데, 이 열두 지파 연맹의 마지막은 사사기의 결말에서 읽을 수 있는 것처럼 참담 그 자체였다삿 17-21장. 열두 토막으로 찢겨진 그 여인의 몸뚱이는 열두 지파 연맹이 잔혹한 폭력으로 찢겨질 것을 암시한다.

아비멜렉, 배반

'우리가 남이가'로 단순무식하게 편 가르기를 하고 누군가를 고립시키며 부당한 정치 행각을 정당화한다면, 우리 사회는 고상해지기 어렵다. 묘하게도 이런 패거리 짓거리는 바이러스 같은 오물을 남겨 주변을 감염시킨다. 그래서 이걸 이용하는 사람은 자기도 후에 이용당한다. 사사기의 아비멜렉이 그러했다.

아비멜렉은 기드온의 첩이 세겜에서 낳은 아들이다. 그는 왕이 되고 싶었다. 왜 그랬을까? 그의 권력욕 근저에는 무엇이 있었을까? 그는 이스라엘 최초의 왕이 되기 위하여 자기 형제 70명을 한 곳에서 다 살육한 망나니다. 이를 수행하기 위해 '방탕하고 경박한' 사람들을 돈으로 사기까지 했다삿 9:4. 이렇게 과도한 욕심으로 만행을 일삼는 사람들의 내면 깊숙한 곳에는 거의 지독한 콤플렉스가 썩은 냄새를 풍기는 경우가 많다. 그는 70인의 형제 중 유독 첩의 자식이라 기록되어 있다삿 8:31. 어머니가 기생이어서 입다는 고생하며 자랐고 마을 불량배들과 어울렸다고 성경이 말하는 것을 보면, 아비멜렉이 자라 온 환경도 짐작이 간다.

꽤 훌륭한 지도자였던 아버지가 죽자, 그가 먼저 하고자 했던 건 '이간질'이다. '우리가 남이가'로 자기의 출생지 세겜 사람들을 선동하였다.

> "여룹바알의 아들 아비멜렉이 세겜에 가서 그의 어머니의 형제에게 이르러 그들과 그의 외조부의 집의 온 가족에게 말하여 이르되 청하노니 너희는 세겜의 모든 사람들의 귀에 말하라 여룹바알의 아들 칠십 명이 다 너희를 다스림과 한 사람이 너희를 다스림이 어느 것이 너희에게 나으냐 또 나는 너희와 골육임을 기억하라 하니 그의 어머니의 형제들이 그를 위하여 이 모든 말을 세겜의 모든 사람들의 귀에 말하매 그들의 마음이 아비멜렉에게로 기울어서 이르기를 그는 우리 형제라 하고"(삿 9:1-3).

그가 자기 형제 70명을 살육하는 괴력을 보이자 세겜 사람들은 곧 그를 왕으로 삼는다삿 9:6. 정치적 과욕에 눈이 멀어 '우리가 남이가'를 외치는 이들이 진정성을 가질 리 없다. 그저 지방색, 인맥 관계를 이용할 뿐이다. 그래서 하나님이 아비멜렉에게 교훈적인(?) 징벌을 하신다. 자기의 골육 70명을 잔혹하게 죽이더니, 자기도 그 애틋한 골육들로부터 배반을 당한다.

> "아비멜렉이 이스라엘을 다스린 지 삼 년에 하나님이 아비멜렉과 세겜 사람들 사이에 악한 영을 보내시매 세겜 사람들이 아비멜렉을 배반하였으니 이는 여룹바알의 아들 칠십 명에게 저지른 포학한 일을 갚되 그들을 죽여 피 흘린 죄를 그들의 형제 아비멜렉과 아비멜렉의 손을 도와 그의 형제들을 죽이게 한 세겜 사람들에게로 돌아가게 하심이라"(삿 9:22-24).

교활하고 비겁하게 지역감정을 이용한 패거리 정치의 말로다. 하지만 그가 죽기 전까지 또다시 수많은 사람들이 피를 흘려야 했으니 비극이 아닐 수 없다삿 9:25-57. 지역감정을 이용하는 이도 또 이에 동조하는 사람들도 모두 그 씁쓸한 결과를 맛보아야만 했다.

다윗, 정치적 천재

최고의 통치자 다윗을 보자. 처음부터 그런 건 아니었겠지만 워낙 젊은 시절 험한 일을 겪다 보니 사람이 좀 독해졌다. 사울에게 쫓겨 다니다가 그렇게 된 것 같다.

다윗은 예전에 참 순진한 이미지의 사람이었다. 순진하다 못해 미련하기까지 했다. 양을 치는 목동이요, 음악을 연주하여 사람의 마음을 진정시키는 로맨틱한 소년이었다. 그래서 그런지 그의 모든 것은 참 무모했다. 무모할 정도로 용감하여 감히 거인 골리앗에게 대항했고, 무모할 정도로 충절이 있어 자신을 죽이려는 사울에게 절대적인 충성을 보였다. 심지어 사울을 죽일 수 있는 기회가 찾아와도 칼을 들지 않았다. 더 나아가 무모한 사랑(?)마저 하였으니, 왜 하필이면 사울의 아들 요나단과 그토록 진한 우정을 나눈단 말인가. 사울은 분명 자기 아들과 다윗이 서로 사랑한다 생각하여 참을 수 없을 정도로 불결하고 불쾌하게 생각하였다.

> "사울이 요나단에게 화를 내며 그에게 이르되 패역무도한 계집의 소생아 네가 이새의 아들다윗을 택한 것이 네 수치와 네 어미의 벌거벗은 수치 됨을 내가 어찌 알지 못하랴"(삼상 20:30).

'패역무도'란 말의 원문은 '뭔가 잘못되게 구부러지고변태적이고 반항적인'이란 뜻으로, 무엇을 암시하는지 자명하다. 이 때문에 사울은 더더욱 다윗을 죽이려 혈안이 되었다. 사랑하는 아들이 자기 정적의 편에 서고, 더 나아가 인정받지 못할 사랑을 나눈다고까지 생각하였으니 말이다. 아무튼 성경에 다윗과 요나단만큼 애절한 '커플'이 없을 정도이니, 다윗의 무모함이 어떠했는지 알 수 있다.

이 다윗이 점차 바뀌기 시작한 것은 그가 극악한 굴욕과 고통을 곱씹으면서부터였다. 자신의 목숨을 턱 앞까지 찾아와 앗아가려는 광기의 사울을 피해 이스라엘의 원수인 블레셋으로 피신했을 때, 자신을 알아보는 원수들 앞에서 목숨을 부지하기 위해 조선의 흥선대원군처럼 미친 사람 행세를 했다삼상 21:10-15. 이후 다윗은 자기 민족의 원수인 블레셋에 봉신으로 일하는 고단수의 계략을 실행하며 점점 '정치의 천재'가 되어 간다.

Gustave Doré (1832-1883); Doré's English Bible의 삽화 중 다윗과 요나단; PD-Art (PD-old-100)

다윗은 자신의 고향인 남쪽 유다 지방의 여인 두 명과 결혼한다. 인심을 사기 위해 유다의 장로들에게 전쟁 전리품을 보내기도 했다삼상 30:26-31. 꾸준히 관계를 이어 오던 다윗은 고향 헤브론에서 어렵지 않게 왕으로 추대될 수 있었다. 이후 다윗은 이스라엘의 역사에서 유례가 없는 승승장구를 한다. 북쪽은 자기의 원수 사울의 텃밭이었지만 늘 경우 바르게 행동하여 거기에서도 왕으로 추대된다. 저 멀리 아람 땅의 공주와도 결혼하며 더 큰 야욕을 보인다. 이처럼 그의 정치적 승전에는 다소 계산된 지역-친인 정치가 적용되었다. '우리가 남이가'를 남발한 것이다. 결국 이때 심겨진 지방색 정치의 검은 씨앗은 나중에 나라 전체를 멸망하게 할 만큼 심각한 불행의 열매, 괴물을 낳게 된다. 누가 괴물 중에 괴물인지 고대하시라.

지역적 편향성은 초기에 다윗에게 유리하게 작용하였다. 처음에 그는 전 이스라엘이 아닌 남쪽 유다만의 왕으로 등극하였다삼하 2:1-4. 그런데 블레셋의 봉신 군대장이던 다윗이 어떻게 블레셋의 허락을 받아 유다의 왕이 될 수 있었을까? 다윗이 고향 사람들의 민심을 얻은 것은 이해가 가지만, 블레셋이 가만히 있었다는 것이 이상하다.

하지만 블레셋 측에서 보자면, 다윗이 남쪽에서만 왕이 된 것을 이용하려 했을 것이다. 그가 남쪽의 왕이 되고 자신들과의 유대 관계를 유지하면, 이스라엘의 남과 북이 분단되어 약해질 것이기 때문이다. 동시에 남쪽 유다의 장로들도 정치적 계산이 분명히 있었다. 비록 원수의 앞잡이 노릇을 한 다윗이지만 데려올 가치가 있었던 것이다. 당시 블레셋은 중부 지역을 장악하였기 때문에 이제 남쪽을 공격할 것이 예상되었다. 아무래도 블레셋과 가까운 다윗을 내세워 그들의 침입을 방지하고자 꾀하였을 것이다. 정치적 호재는 개인의 외교술과 시대적 정황이 잘 맞아떨어져야 하나 보다.

사울의 정적이던 다윗이 남쪽에서 왕이 된 것은 남북의 갈등을 더 심화시키기만 했다. 사울의 추종자들은 북쪽에 그들의 왕국을 재건하려 노력하였다. 사울의 아들 중 유일한 생존자 이스보셋은 블레셋의 영향이 미치지 않는 요단 동편 얍복 강 남쪽 길르앗 지방의 마하나임에서 왕국을 재건했다삼하 2:8-10. 단 2년뿐인 통치였으나 이는 앞으로 일어날 남과 북의 긴 갈등을 예고하는 사건이었다삼하 3:1.

다윗의 역량은 주로 남쪽에서 기인했다. 다윗의 많은 아들들이 남쪽 헤브론에서 출생하였고삼하 3:2-5, 두 아내 아히노암과 아비가일 모두 남쪽 출신이다. 다윗은 자신의 편향성을 극복하려 했다. 사울의 북쪽 집안을 잘 달래면서 동시에 자신의 역량을 남쪽을 넘어 북쪽에까지 이르게 하려 했다. 심지어 갈릴리 호수 동쪽 아람 왕의 딸과 정략결혼까지 했다. 이런 외교적 정략결혼은 하나님이 고유하게 부여하신 이스라엘의 신정정치로부터 더 멀어져 이웃 왕국의 행태를 좇아가는 일이었다. 그의 이런 정략결혼은 아들 솔로몬이 매우 잘 배워 나라를 잘 말아먹었다. 성경은 이를 정확히 지적한다.

> "솔로몬 왕이 바로의 딸 외에 이방의 많은 여인을 사랑하였으니 곧 모압과 암몬과 에돔과 시돈과 헷 여인이라 … 솔로몬의 나이가 많을 때에 그의 여인들이 그의 마음을 돌려 다른 신들을 따르게 하였으므로 왕의 마음이 그의 아버지 다윗의 마음과 같지 아니하여 그의 하나님 여호와 앞에 온전하지 못하였으니 이는 시돈 사람의 여신 아스다롯을 따르고 암몬 사람의 가증한 밀곰을 따름이라 … 그가 또 그의 이방 여인들을 위하여 다 그와 같이 한지라 그들이 자기의 신들에게 분향하며 제사하였더라 … 여호와께서 솔로몬에게 말씀하시되 네게 이러한 일이 있었고 또 네가 내 언약과 내가 네게 명령한 법도를 지키지 아니하였으니 내가 반드시 이 나라를 네게서 빼앗아 네 신하에게 주리라"(왕상 11:1-11).

다윗 자신도 이 정략결혼으로 크게 욕을 보는데 이 결혼으로 낳은 아들이 후에 다윗의 큰아들 암논을 죽이고 아버지 다윗도 크게 능멸한 압살롬이다.

블레셋의 앞잡이였다는 과거 전적과 사울 및 그 집안에 대한 피해의식은 그로 하여금 이웃 왕국의 강력한 전제정치와 외교술을 자꾸만 훔쳐보게 만들었을 것이다. 또다시 자신의 가치를 인정받지 못하고 쫓겨 다니며, 질시의 공격으로 시달리기가 징그러울 정도로 싫었을 다윗이다. 그러다가 그의 악몽인 '사울' 집안을 무너뜨리고 북쪽마저 접수할 수 있는 절호의 기회가 왔다. 북쪽 이스보셋의 통치가 지리멸렬하기 시작한 것이다. 이때 다윗은 예전에 남쪽 장로들에게 했던 '친인 관계' 카드를 다시 한 번 내민다. 북쪽 군대장관 아브넬이 북쪽을 배반하고 다윗을 돕겠다고 협상하러 왔을 때, 다윗은 사울의 딸이자 자신의 아내였던 미갈을 자기에게로 돌려보내라고 요구한다.

이는 다윗이 북쪽 지역을 흡수할 수 있는 절호의 기회에 자기 자신을 북쪽 사람들에게 크게 어필하기 위한 시도였다. 자기도 사울 집안 북쪽 지역과 친인척 관계라는 것이다. '우리가 남이가'는 남쪽 장로들에게뿐만 아니라 북쪽에게도 날릴 윙크가 되었다. 그래서 북쪽 왕 이스보셋이 자기 신하들에게 살해당하자, 북쪽 장로들은 스스로 이스라엘을 다윗에게 곱게 넘겨준다. '우리가 남이가'는 정치적 효과가 있다. 북쪽 장로들이 다윗에게 와서 했던 첫마디도 '우리가 남이가'였으니 말이다.

“이스라엘 모든 지파가 헤브론에 이르러 다윗에게 나아와 이르되 보소서 우리는 왕의 한 골육이니이다”(삼하 5:1).

미갈의 돌아오지 않는 부메랑, 정치적 희생

사울의 딸이면서 한때 자기의 아내였던 미갈을 다윗이 다시 데려오게 되었다. 어처구니없게도 사울은 자기 딸 미갈을 남편 다윗이 있는데도 그냥 다른 남자에게 주었다. 혹자는 다윗이 미갈을 사랑하고 그리워하여 그녀를 찾았던 걸로 보기도 한다. 하지만 미심쩍다. 미갈과의 결혼은, 장인 사울이 다윗에게 블레셋 남자들의 생식기 표피를 잘라 오는 대가로 치른 냄새나는 결혼이다. 사울은 사실 다윗이 전장에서 죽기를 바랐다. 다윗도 마음속에서 그 트라우마를 잠재우지 못했다. 그래서인지 다윗은 북쪽 사람들에게 미갈을 자신에게로 데려와야 하는 이유로 그녀에 대한 애정보다는 다른 기억을 언급한다.

“다윗이 사울의 아들 이스보셋에게 전령들을 보내 이르되 내 처 미갈을 내게로 돌리라 그는 내가 전에 블레셋 사람의 표피 백 개로 나와 정혼한 자니라 하니”(삼하 3:14).

다윗에게 다시 잡혀(?) 오기 전에 같이 살던 남편 발디엘을 미갈도 어쩌면 잊지 못했을 것 같다. 사울의 딸과 결혼했을 정도면 첩이나 다른 아내도 많이 있었을 유력남일 텐데, 미갈이 다윗에게 끌려갈 때 발디엘은 울며 쫓아갔다. 그 둘의 사이가 얼마나 애틋했는지 잘 보여 준다.

> "이스보셋이 사람을 보내 그의 남편 라이스의 아들 발디엘에게서 그미갈를 빼앗아 오매 그의 남편이 그와 함께 오되 울며 바후림까지 따라왔더니 아브넬이 그에게 돌아가라 하매 돌아가니라"(삼하 3:15-16).

구약성경에서 매우 드물게 나타나는 '순애보'다. 그런데 울며 쫓아가기까지 한 발디엘이 가라니까 그냥 돌아간 것도 성경에 매우 드물게 나타난 허무 개그다.

다윗에게 다시 돌아왔지만 미갈은 꽤 홀대를 받았을 것이다. 다윗의 정치적 제스처로 돌아온 것에 불과하였고, 이미 다윗에게는 여러 아리따운 아내들이 있었다. 쳐다보기만 해도 장인 사울의 얼굴이 어른거리는 미갈을 다윗이 품에 안고 싶었을까? 후에 다윗이 법궤를 예루살렘으로 들여와 기뻐 춤을 출 때, 이를 보고 왕에 대한 그리고 자신의 남편에 대한 일말의 존경심도 없이 빈정거리던 미갈을 보면 둘 사이가 어떠했는지 짐작이 간다.

참 기구한 운명의 미갈이다. 자신의 순정은 모두 '정치적' 계산에 의해 희생당하였다. 다윗이 자기 아버지 아래서 일하던 순박한 청년일 때부터 미갈은 그를 사랑하였다. 하지만 이를 알게 된 아버지 사울에겐 그저 '정치적' 미끼일 뿐이었다.

"사울의 딸 미갈이 다윗을 사랑하매 어떤 사람이 사울에게 알린지라 사울이 그 일을 좋게 여겨 스스로 이르되 내가 딸을 그에게 주어서 그에게 올무가 되게 하고 블레셋 사람들의 손으로 그를 치게 하리라 하고 이에 사울이 다윗에게 이르되 네가 오늘 다시 내 사위가 되리라 하니라"(삼상 18:20-21).

하지만 다윗은 당당히 살아 돌아왔고 그와 결혼하였으니 미갈은 얼마나 행복했을까. 그러나 오래가지 못한 행복이었다. 자기 딸의 남편이지만 사울은 자기의 '정치적' 라이벌인 다윗을, 그것도 자기의 딸과 신혼의 단꿈에 젖어 있을 침실에서 처형하려 하였다. 이를 눈치 챈 미갈은 사랑하는 남편을 구하기 위해 아버지를 저버리고 속임수를 써 다윗을 구한다삼상 19:11-16. 그러나 성경은 참으로 냉정하게 다음 구절을 읊어 준다.

"아비가일이 급히 일어나서 나귀를 타고 그를 뒤따르는 처녀 다섯과 함께 다윗의 전령들을 따라가서 다윗의 아내가 되니라 다윗이 또 이스르엘 아히노암을 아내로 맞았더니 그들 두 사람이 그의 아내가 되니라 사울이 그의 딸 다윗의 아내 미갈을 갈림에 사는 라이스의 아들 발디에게 주었더라"(삼상 25:42-44).

아비가일과 아히노암은 모두 남쪽 출신 여인이다. 다윗에게 결혼은 '정치적' 사업인 것 같다. 후에 남쪽에서 왕으로 오른다.

이렇게 남모를 남자와 다시 결혼한 미갈. 그러나 보았듯이 두 번째 남편은 그녀와 돈독한 사이였다. 그러다 미갈은 다시 옛 사랑 다윗에게 불려 간다. 이때 미갈의 마음은 솔직히 어땠을까? 여자들에게 한 번 물어보고 싶다. 미갈의 마음이 어찌됐든 애꿎게도 이건 그저 '정치적' 재결합이었다. 그래서 이 둘은 이와 같았다.

> "여호와의 궤가 다윗 성으로 들어올 때에 사울의 딸 미갈이 창으로 내다보다가 다윗 왕이 여호와 앞에서 뛰놀며 춤추는 것을 보고 심중에 그를 업신여기니라 … 다윗이 자기의 가족에게 축복하러 돌아오매 사울의 딸 미갈이 나와서 다윗을 맞으며 이르되 이스라엘 왕이 오늘 어떻게 영화로우신지 방탕한 자가 염치없이 자기의 몸을 드러내는 것처럼 오늘 그의 신복의 계집종의 눈앞에서 몸을 드러내셨도다 하니 다윗이 미갈에게 이르되 이는 여호와 앞에서 한 것이니라 그가 네 아버지와 그의 온 집을 버리시고 나를 택하사 나를 여호와의 백성 이스라엘의 주권자로 삼으셨으니 내가 여호와 앞에서 뛰놀리라 내가 이보다 더 낮아져서 스스로 천하게 보일지라도 네가 말한 바 계집종에게는 내가 높임을 받으리라 한지라 그러므로 사울의 딸 미갈이 죽는 날까지 그에게 자식이 없으니라"
>
> (삼하 6:16-23).

한때 아버지를 배반하면서까지 사랑했던 다윗이지만, 이들의 재회는 불행이었다. 서로를 찌르는 가시 돋친 대화를 보라. 다윗이 춤을 추다 옷이 흘러내린 것을 보고 여러 여자들 앞에서 방탕하고 염치없게 행동한 이로 쏘아붙였다. 여자를 이리저리 거느린 다윗에 대한 질타임에 분명하다.

이에 다윗은 미갈의 심장 깊숙이 찌르는 말을 내뱉고 만다. 자기를 그토록 괴롭히던 사울과 그 집안에는 경우 바른 소리만 하던 다윗이었지만 이번에는 달랐다. 하나님이 당신 아버지를 버리고 날 택했다는 것이다. 위험을 무릅쓰고 아버지의 손으로부터 다윗을 구한 미갈에게는 참 쓰디쓴 말이었다. 그리고 미갈에겐 죽는 날까지 자식이 없었다. 둘이 그 이후 잠자리를 같이했을 리 없었을 것이다.

많은 성서 독자들이 미갈의 부주의와 부족한 신심을 나무라는 경우가

화가 미상; 법궤 앞에서 춤추는 다윗과 비웃는 미갈; The Morgan Bible; PD-Art (PD-old)

많다. 하지만 그 이면에는 '정치'라는 폐수로 오염된 인간의 쓴 뿌리가 또렷이 보인다. 정치를 위해선 '우리가 남이가'를 외치지만, 여기에선 아버지와 딸, 남편과 아내 사이가 모두 '우리는 남이다'였다. 사랑은 돌아오는 것이라 외치며 던졌던 미갈의 부메랑은 어느 장애물에 걸려 돌아오지 못한 걸까?

다윗의 바이러스 감염기

사울의 칼날 아래 어금니를 악물고 살아남은 다윗. 로맨틱 소년에서 정치적 천재로 변모하여 승승장구하였지만, 본래 사람이 너무 기를 쓰고 피곤하면 쉽게 바이러스에 감염되고 만다. 다윗의 몸에 어떻게 바이러스가 잠식하고 증식했는지 추적하여 보자.

다윗은 본래 남쪽 출신이어서 남쪽에선 전적인 환영을 받고 왕으로 올랐다. 하지만 북쪽에서는 미지근했다. 사울의 사위임을 강조하기 위해 옛 아내를 도로 찾는 이벤트까지 벌이며 인척 관계를 부각했지만, 우리가 남이냐며 찾아온 북쪽 장로들의 손에는 서류가 한 장 쥐어져 있었다. 그동안 어디에서도 볼 수 없었던 행위인데, 다윗에게 기름 부어 왕으로 삼으면서 동시에 서류에 사인을 하라는 것이었다삼하 5:3. 정확히 무슨 내용인지는 알려지지 않았지만 아무튼 무슨 조건이 붙은 찜찜한 일이었다.

엄밀히 보자면 다윗이 남과 북의 통일왕국을 이룬 것은 아니다. 위에서 언급한 영국처럼 사실 한 왕 밑에 두 개의 독립국가가 있었다는 것이 더

맞는 말이다. 이렇게 시작한 다윗의 '통일국가'는 그 내재된 긴장감이 사그라지지 않았다. 남북 간의 갈등은 다윗 때에 이어 솔로몬 때에도 지속되며, 결국엔 나라를 다시 둘로 나뉘게 한 잠복 바이러스였다. '우리가 남이가'를 가지고 게임을 하던 왕, 장로, 백성들이 자초한 어리석은 인간사의 말로다.

다윗은 남과 북 사이에 끼어 저울질 당하던 것이 지긋지긋했다. 그래서 예루살렘을 점령하고 이곳에 정착한 뒤 다소 한숨 놓으려 했을 것이다. 그곳은 남과 북 어느 곳에도 속하지 않은 정치적 종교적 중립지였기 때문이다. 예루살렘에 머물며 일정 거리를 두고 행정을 한 덕에 다윗은 지역 갈등으로 인해 쉽게 무너지지 않을 수 있었다. 지역 감정에 신물이 났는지 여기에는 본래 살고 있던 여부스 원주민 외에 왕과 왕족, 왕의 측근, 용병만이 거주할 수 있게 하였다. 하지만 그 '패거리' 바이러스는 자기를 죽일 묘약이 발견되면 스스로 변태하여 또 다른 모습을 갖추고 살아남는다. 다윗의 예루살렘도 이 바이러스의 청정구역이 될 수 없었고, 여기엔 다른 색깔을 지닌 패거리 정치가 양산되어 나중에 나라를 심히 어지럽힌다. '우리가 남이가'는 참 지독한 병균이다.

다윗은 미래를 추구하는 예루살렘 안에 과거를 지향하는 유산인 법궤를 옮겨 와 민족 간의 벌어진 틈새를 메우는 천재성을 발휘한다. 무엇보다 정치적 기반과 종교적 기반을 일치시키는 대단한 과업을 이룬 것이다. 사울 때까지만 해도 종교는 정치보다 우위에 있었다. 주변 왕국을 본떠 어떻게 해서든지 종교적 영역을 점령하려 했던 사울은 사무엘에게 어지

간히 크게 혼났었다. 하지만 이제 다윗이 이 성역을 무너뜨렸다. 제사장을 왕이 임명한 것이다삼하 8:15–18. 심지어 주변 국가처럼 왕이 스스로 제사장직을 수행하였다삼하 6:13, 14, 17, 18. 제사장직 수행과 더불어 왕위 세습까지 하면 이스라엘은 옛 사사들의 신정정치 체제로부터 완전히 떠나게 되는 것인데, 다윗의 아들 솔로몬은 왕위를 세습하고 제사장직도 수행했다왕상 8장; 시 110:4.

그러나 트라우마가 적절히 치유되지 않으면 그 후유증이 생활 속에 한두 번씩 솟아 올라와 사고를 치게 마련이다. 다윗 시대 어느 날 기근이 있었을 때, 하나님이 하셨던 그 지적은 야속할 정도로 사실이었다. 사울 집안이 살육했던 기브온 사람들의 피가 땅에서 하늘에 울부짖었는가 보다. 하나님은 이를 기근의 원인으로 말씀하셨다. 이때 다윗은 주저하지 않고 어떻게 하여야 '속죄'할 수 있냐고 뻔한 질문을 기브온 사람들에게 묻는다삼하 21:1–3.

결국 다윗은 사울의 아들과 손자 다섯 명을 기브온에 넘겼고, 그들은 산 위에 목이 매달려 처참히 죽는다. 아마 다윗은 혈액형이 A형일 것이다. 여러 모로 뒤끝이 있다. 나중에 그가 죽기 전에 남긴 유언을 봐도 잘 알 수 있다. 자기를 크게 섭섭하게 했던 이들을 유언을 통해 다 가만두지 않았다왕상 2:1–10. 천하무적 다윗이 되었지만 북쪽 사울 집안과의 악연을 훌연 털어 버리지 못하고 그 흉악한 바이러스는 점점 증식하고 있었던 것이다.

정치적 과업을 이루기 위해 다윗이 치러야 했던 값도 만만치 않았다. 아들 압살롬은 과거 이스라엘 연맹 체제를 그리워하는 세력과 함께 쿠

데타를 거의 성공시킬 뻔했다. 참으로 맹랑한 압살롬이다. 자기 형 암논을 살해하고 더 나아가 아버지 다윗까지 몰아낸 그 반항의 시작은 무엇이었을까? 단지 자기 누이 다말이 암논에게 능멸을 당해서였을까? 혹시 왕따? 남쪽 출신 어머니를 통해 태어난 다윗의 맏아들 암논이 혈통적 지역적 '정통파'라면, 정략결혼을 통해 이방 아람 땅의 어머니에게서 태어난 압살롬은 정통파가 될 수 없었다. 따돌림, 편애, 소외… 어쩌면 압살롬의 어릴 적 왕궁 생활은 이와 같은 단어들과 연관되어 있었을 수도 있다. 패거리 짓거리의 바이러스는 한 사람을 불우하게 만들고, 그 불우한 영혼은 괴물이 되어 버린다.

이 괴물로 인해 적잖이 충격을 받은 다윗은 몸속에 잠복해 있던 '지방색' 바이러스에 의해 그만 크게 감염되고 만다. 그 충격은 자기를 쫓아낸 아들 압살롬 때문이 아니다. 도망가 살아남은 자기를 백성들이 다시 모셔오길 주저한다는 것을 알았기 때문이다.

> "이스라엘 모든 지파 백성들이 변론하여 이르되 … 압살롬은 싸움에서 죽었거늘 이제 너희가 어찌하여 왕을 도로 모셔 올 일에 잠잠하고 있느냐 하니라"(삼하 19:9-10).

이 모습을 지켜 보며 다윗은 얼마나 마음이 썰렁했을까? 압살롬이 문제가 아니라 온 백성이 그에게서 떠난 것이었다. 서둘러 다윗은 자기의 친족들에게 구원을 요청한다. 왕으로서는 굴욕적인 요구이지만 어쩔 수 없었다. 흥미롭게 이번에도 역시 '우리가 남이가'였다.

> "다윗 왕이 사독과 아비아달 두 제사장에게 소식을 전하여 이르되 너희는 유다 장로들에게 말하여 이르기를 왕의 말씀이 온 이스라엘이 왕을 왕궁으로 도로 모셔오자 하는 말이 왕께 들렸거늘 너희는 어찌하여 왕을 궁으로 모시는 일에 나중이 되느냐 너희는 내 형제요 내 골육이거늘 너희는 어찌하여 왕을 도로 모셔오는 일에 나중이 되리요 하셨다 하고"(삼하 19:11-12).

'우리가 남이가'로 뽑은 왕에게 한 번 등을 돌렸으니, 이젠 그걸로 통할 리 없었다. 다급해진 다윗은 '우리가 남이가'를 말만 아닌 행동으로 보여야 했다.

다윗을 철통같이 지켜 주던 군대장관 요압을 뒤로하고 이제 유다 출신 아마사를 군대장관으로 채택하겠다는 '정치적' 거래를 유다 사람들과 할 수밖에 없었다삼하 19:13-14. 예루살렘 궁전에 앉아 자신의 측근들에게 둘러싸여 있던 다윗에게는 뼈아픈 경험이었다.

이렇게 다윗이 약해져 있을 때, 그 흉악 바이러스가 더 깊이 침투할 수 있는 또 다른 사건이 마침 터지고 만다. 압살롬이 남겨 놓은 반항의 불씨는 또다시 쉽게 타올랐다. 이미 다윗 왕국의 민심은 오랜 전쟁으로 인한 생업 중단, 조세 부담, 강제 노동, 권력 중앙화가 낳은 계층 간의 갈등, 큰 사회구조 변화 등으로 인해 불만이 고조에 다다라 있었다. 묵혀 있던 남북의 지방 갈등은 이 틈을 놓치지 않았다.

> "마침 거기에 불량배 하나가 있으니 그의 이름은 세바인데 베냐민 사람 비그리의 아들이었더라 그가 나팔을 불며 이르되 우리는 다윗과 나눌 분깃이 없으며 이새의 아들에게서 받을 유산이 우리에게 없도다 이스라엘아 각각 장막으로 돌아가라 하매 이에 온 이스라엘 사람들이 다윗 따르기를 그치고 올라가 비그리의 아들 세바를 따르나 유다 사람들은 그들의 왕과 합하여 요단에서 예루살렘까지 따르니라"(삼하 20:1-2).

남쪽 출신의 다윗은 은연중에 남쪽 위주의 정책을 폈을 것이고, 과도한 왕국 세우기에 피폐해진 북쪽 사람들은 괜한 피해의식에 사로잡혀 있었을 것이 분명하다. 또다시 온 백성이 다윗에게 등을 돌렸다는 것은 절망적인 일이다. 아마도 다윗 치리 기간 중 가장 큰 위기였을 것이다. 이때 그나마 다윗과 함께한 건 죽으나 사나 '우리가 남이가'로 뭉친 고향 사람들이었다. 하기야 다윗이 북쪽 세력의 선동에 물러나 버리면, 남쪽은 그야말로 지독한 복수와 따돌림에 시달릴 것이 뻔했다. 뭉치지 않을 수 없었다. 다윗 스스로도 위기의 심각성을 알았다.

> "다윗이 이에 아비새에게 이르되 이제 비그리의 아들 세바가 압살롬보다 우리를 더 해하리니 너는 네 주의 부하들을 데리고 그의

뒤를 쫓아가라 그가 견고한 성읍에 들어가 우리들을 피할까 염려 하노라 하매"(삼하 20:6).

그의 우려대로 세바는 이스라엘 북단에 있는 어느 성읍에 들어가 그를 따르는 무리들과 함께 성공적으로 안착한다. 세바를 쫓던 다윗의 군대는 그 성을 곧 에워쌌다. 성에 진입하려 하였으나 그 성의 한 여인이 이를 막고 협상을 벌인다. 결국 성 사람들은 세바의 목을 잘라 건네준다삼하 20:14-22. 세바의 반란은 이렇게 끝이 났으나 그 뒤끝이 심란하다. 그 성 사람들은 끝까지 다윗의 군대가 자기네 성 안에 진입하는 것을 감히 막았다는 것이다. 다윗에 대한 강하고 암묵적인 저항이다.

비록 다윗은 중앙집권적인 왕국을 설립하기는 하였지만, '전통'과 '북'이라는 거대한 산을 현실적으로 아우르지 못하였다. 전통은 이스라엘의 본래 신정정치인 지파동맹을 의미하며 중앙집권적인 왕국에 비해 자유와 평등이 더 많이 보장되는 정신이다. 더더욱 이 정신을 간절히 그리던 이들은 남쪽 출신의 다윗으로부터 소외감을 느끼던 사울의 근거지 '북'이었다. 북쪽 지역은 결코 다윗에게 종속되었던 것이 아니다. 아마도 억압적 굴복이라 여겼을 것이며, 이례적으로 협상한 북장로들과 다윗 간의 '계약'은삼하 5:3 파기된 것으로 보았을 것이다.

사람이 한 번 큰일을 겪고 나면 변한다고들 한다. 긍정적인 변화도 있지만 부정적인 것도 있으리라. 그래서 누구든 어렵고 힘들 때 더 정신을 가다듬어야 한다. 어렵다고 지조를 잃는 것, 위기를 모면하기 위해 자신의 존엄성을 훼손하는 것, 그 무엇보다도 남을 원망하는 것 모두 그 나쁜 바이러스가 침투하기 좋은 기회를 만들어 주는 것이다. 그래서 예수님은 원수도 사랑하라고 하셨나 보다. 쉽지는 않지만 궁극적으로는 자기 자신을 지키는 일이다. 지키지 못하고 그만 바이러스에 감염되면 자기도 아프고 남에게도 병균을 옮긴다.

심해진 당파 싸움

남과 북의 갈등이 확연해진 가운데, 남유다는 내부적으로도 '패거리' 정치에 시달리게 된다. 다윗이 세상을 떠날 준비를 해야 할 즈음 다윗의 아들들 중 그의 뒤를 이을 자를 정해야 했다. 처음으로 왕위를 계승해 보려는 초보 왕국이었기에 원칙도 없었고 갈등만 크게 양산되었다. 무조건 장자가 계승해야 하는지 가장 유력한 아들이 계승해야 하는지 아무도 모르는 가운데, 후계자 선출에 따른 이해관계가 자연스러운 당파를 형성했다.

고대 관습에 따라 가장 유력한 계승자가 되어야 할 맏아들 암논은 이복동생 압살롬에게 살해당했고, 둘째 길르압은 성경에 거의 언급이 없는 것을 보니 일찍이 죽었을 가능성이 있으며, 셋째 압살롬도 반란 후에 살해당했다. 생존자 중 장자는 아도니야였고 당연히 최우선 후보다. 그러나 아버지 다윗의 묵묵한 침묵, 그리고 동생 솔로몬이 치고 올라올 것 같은 분위기에 아도니야는 몸이 달아올랐다. 아직 인준도 받지 못했으면서 성급하게도 이리저리 광고하고 다니다가 결국 솔로몬에게 밀려나 처량한 처지가 되었다. 심지어 자기 친위병 50명까지 준비하며 허세를 떨다가 허망한 꼴을 맞았다.

아도니야가 객관적으로 보았을 때 솔로몬에게 밀릴 만한 배경은 아니었다. 그를 지지하던 이들은 오랜 다윗의 협력자들이었으며, 보수적이고 옛 이스라엘의 전통을 표방하는 자들이었다. 다윗의 오랜 군대장관 요압과 사울의 칼날을 피해 다윗에게 피신하였던 실로 출신 제사장 아비아달이 핵심 인물들이었으며, 사실 백성의 꽤 넓은 지지를 받았다왕상 2:15.

전통적 배경을 지닌 아도니야를 누르고 왕위를 계승한 솔로몬은 반대로 신진 세력의 산물이다. 아도니야는 다윗이 유다에 있을 때 헤브론에서 낳은 '정통파' 아들인 반면, 솔로몬은 신시대의 상징 예루살렘에서 불륜녀 밧세바와의 사이에서 태어난 아들이었다. 그를 지지하던 이들은 제사장 사독과 예언자 나단, 요압의 라이벌인 브나야 등이 있었으니, 이들은 예루살렘을 중심으로 하는 신진 정치 세력이라 할 수 있다.

이 두 세력 간의 '패거리' 정치에 하나님은 실상 아무 손도 대지 않으신다. 후에, 찬란한 성전을 완공하는 솔로몬을 축복하시고 세세무궁 빛나는 시온의 약속을 주시기도 하였지만, 성경에는 하나님이 그를 임명하시는 기록이 나와 있지 않다. 이스라엘 지도자들이 항상 받던 '하나님의 영'도 솔로몬에겐 임재하지 않았으며, 사울과 다윗의 경우처럼 장로들이나 백성들의 참여로 추대 받지도 않았다. 하나님이 아닌 다윗이 세운 것으로 묘사하는 다음 구절은 그래서 의미심장하다.

"우리 주 다윗 왕이 솔로몬을 왕으로 삼으셨나이다"(왕상 1:43).

그렇다. 솔로몬은 신구 두 세력 간의 당파 싸움 가운데 인간들끼리 신속하게 세운 왕이었다. 아도니야가 설레발을 치는 동안 솔로몬의 추종자들은 이에 신속히 대응했는데, 솔로몬의 어머니이자 다윗의 '그녀' 밧세바가 왕께 간곡히 간청해 솔로몬을 왕으로 세운 것이다. 사실 정통성을 상실한 계승이다. 심지어 하나님의 성소도 아닌 기혼 골짜기에서 사독과 나단이 기름 부어 왕으로 세운다. 사울은 길갈에서, 다윗은 헤브론에서 하나님 앞에 기름 부음 받은 것과 대조되는 모습이다. 이렇게 이스라엘은 점점 더 여호와 전통에서부터 멀어져 세속의 정치체제에 정착해 간다.

패거리 정치의 결말은 꼭 비극을 낳는다. 실패한 아도니야의 지지 세력들은 차근차근 제거당한다. 두말할 것 없이 아도니야가 먼저다. 아버지 다윗이 말년에 품에 두었던 수넴 여자 아비삭을 차지하고 싶어 밧세바에게 가서 간청한다. 아들 솔로몬 왕에게 부탁해 달라는 것이다. 아도니야가 설레발 칠 때도 알 수 있었지만, 이 친구는 분위기 파악에 젬병이다. 감히 솔로몬의 어머니 밧세바에게 가서 한 말 좀 들어 보라.

"그가 이르되 당신도 아시는 바이거니와 이 왕위는 내 것이었고 온 이스라엘은 다 얼굴을 내게로 향하여 왕으로 삼으려 하였는데 그 왕권이 돌아가 내 아우의 것이 되었음은 여호와께로 말미암음이니이다"(왕상 2:15).

Bernado Strozzi (1581-1644):
다윗 곁에 있는 밧세바;
Gemäldegalerie Alte Meister; PD Old

하나님의 섭리를 말하는 척하면서도 은근히 힘을 주고 있다. 아직도 정신 못 차리고 있는 아도니야. 이런 말을 할 사람이 따로 있지 솔로몬의 어머니 밧세바에게? 아도니야의 이 개념 없는 행동을 밧세바가 놓치지 않았다. 결국 그 대가를 톡톡히 치른다. 자기 아비 다윗 왕의 첩을 품는 행위는 실제 그 왕권을 누리겠다는 의미다. 압살롬이 다윗을 몰아내고 맨 처음 한 일도 아버지의 여인들을 공공연하게 품은 것이었다. 상식적으로 보자면 그 자리에서 밧세바가 아도니야를 꾸짖었어야 했다. 그러나 밧세바는 여우처럼 순진하게 있는 그대로 솔로몬에게 전달하여 그를 매우 진노케 하였다. 결국 아도니야는 죽임을 당한다왕상 2:13-25.

아비아달은 제사장이어서 그런지 함부로 죽이지는 못하고 추방만 한다왕상 2:26-27. 하지만 군대장관 요압은 성소까지 쫓아가 끝끝내 죽이고 만다왕상 2:28-35. 사울과 다윗 때에도 이런 정적 보복은 없었다. 사울은 자기의 왕권을 비웃던 무리를 용서하였고삼상 10:27, 11:12-13, 다윗도 관용과 용서로 자기의 통치권을 강화하였다삼하 19:16-23. 솔로몬은 북쪽을 중심으로 한 사울 집안에게도 엄히 경고한다. 사울과 같은 베냐민 출신이며 북쪽 세력을 규합할 위험이 있는 시므이를 억지스럽게 죽인 것이 그 일환이었다왕상 2:36-46.

정치의 폐수, 괴물을 만들다

열왕기서에는 마치 후크송처럼 중독성 있게 반복되는 멜로디가 있는데 바로 '여로보암의 죄 길'이다. 북이스라엘 왕들의 패역한 일들을 지적하기 위해 꼭 쓰이는 후렴구가 '여로보암의 죄'이니, 그는 역사에서 거의 괴물처럼 낙인이 찍힌 인물이다. 그는 어쩌다 세세무궁토록 역사에 남을 괴물이 되었을까?

여로보암은 본래 솔로몬 아래서 일하던 관원이었다. 솔로몬의 신임을 받았기에 발탁되었지만, 너무 가까이서 살펴보게 된 것이 화근이었다. 여로보암은 북쪽 출신인데, 솔로몬은 그에게 자기 동향 사람들의 노역을 관리하게 했던 것이다.

솔로몬은 자신의 국제적인 명성에 걸맞을 만큼 그 어두운 면도 크고 깊었다. 그 명성을 유지하기 위해 수많은 백성들의 피와 땀이 희생되어야만 했다. 특히 그는 많은 건축을 위해 백성들의 노역을 동원시켰다. 성전과 왕궁, 밀로뿐만 아니라 예루살렘, 하솔, 므깃도, 게셀 등지에 수많은 성을 건축하였다왕상 9:15. 솔로몬이 북이스라엘 사람들을 '노예'처럼 부리지는 않았다고 기록하고 있으나왕상 9:20-22 강제 노역에는 동원하였다왕상 5:13.

이는 사실 하나님이 미리 경고하신 바 그대로다. 왕을 달라고 떼쓰던 백성들에게 했던 그 경고가 그대로 이루어진 것이다. 백성들의 헛된 욕심을 하나님은 막지 않으시고 그대로 들어주셨다. 그리고는 그 참담한 결과를 겪게 하셨다. 사실 직접 겪는 것보다 더 좋은 교육이 없지 않은가….

많은 건축으로 인해 수많은 노역이 동원되던 중, 솔로몬은 지나칠 정도로 편향된 친유다 정책을 편다. 이스라엘을 12행정 구역으로 나누어 한 달씩 왕실 재정을 부담하게 하였는데, 여기에 남쪽은 단 한 곳만이 부담하도록 조직한 것이다왕상 4장. 남유다는 완전히 배제되어 있다. 이런 천인공노할 부당 정책을 여로보암은 너무나 가까이서 지켜보아야 했고, 심지어 자기가 직접 고향 사람들의 노역을 관할하여야만 했다. 결국 그는 솔로몬에게 반기를 들었고, 하나님이 패역한 솔로몬을 벌하여 이스라엘 중 10지파를 여로보암에게 주겠다는 예언자 아히야의 선포가 이어진 후 그는 이집트로 도망가 살게 된다왕상 11:26-40.

여기에 아히야가 개입한 것도 의미심장하다. 성경은 그를 '실로 사람'이라고 소개하는데, 실로는 예부터 전통 있는 성소였다왕상 11:29. 그런데 마침 실로 출신 제사장 아비아달은 솔로몬의 형 아도니야를 지지한 전력에 그만 추방당하고, 솔로몬은 신세대의 상징 예루살렘 출신의 사독만을 대제사장으로 세운다. 결국 아히야의 출현 저 뒤편에는 정치적 패거리 싸움의 씁쓸한 찌꺼기가 있는 것이다. 더불어 솔로몬과 사독의 종교정책은 전통적인 시각에서 보자면 참람하기 그지없는 것이었다. 솔로몬의 이 신 저 신 다 믿고 다 같이 잘살자는 '종교다원주의'는 용납하기 어려운 것이었다. 다시 말해 아히야의 출현은 솔로몬 왕국에 대한 정치적 저항이면서 종교적 저항이기도 하였다.

결국 솔로몬이 죽은 후 아히야의 예언은 이루어진다. 솔로몬의 아들 르호보암이 왕으로 인준 받기 위해 북쪽 장로들을 찾아갔고, 장로들은 그에게 과도히 부과된 노역을 가볍게 해달라고 정중히 요청하였다왕상 12:4. 르호보암은 그들의 제의를 받아들여 화해를 이루자는 어른들의 이야기를 무시하고, 자기 또래 친구들의 혈기 어린 횡포에 동의하니 결국 북쪽을 여로보암에게 빼앗기고 만다.

참 아이러니한 역사다. 자기 아버지 솔로몬의 금자탑 '지혜'는 늘 어른의 경험에 귀를 기울이라고 그렇게 강조하였건만 그의 아들 르호보암은 아버지의 빛나는 조언을 무색하게 만들었다잠 1:8, 33, 4:10, 12:15 등. 남과 북 사이를 옛적부터 이간질하던 그 바이러스는 제대로 이스라엘 왕국을 쓰러뜨린 것이다.

그런데 읽고 생각할수록 으스스한 구절이 있다. 여로보암이 북쪽에서 나라를 세우자 남쪽에서는 전쟁이라도 해서 다시 북쪽을 되찾으려 하였다. 이때 하나님이 하신 말씀을 보자.

> "여호와의 말씀이 너희는 올라가지 말라 너희 형제 이스라엘 자손과 싸우지 말고 각기 집으로 돌아가라 이 일이 나로 말미암아 난 것이라 하셨다 하라 하신지라 그들이 여호와의 말씀을 듣고 그 말씀을 따라 돌아갔더라"(왕상 12:24).

이후 여로보암은 대대에 욕 얻어먹은 '성소에 금송아지 세우기'를 한다. 두고두고 저주 받은 참람한 행위였다. 나라의 건국자가 이러했으니 후대에 예언자 호세아가 피를 토하듯 나라를 비판했을 만하다. 여로보암은 후대 모든 왕들의 이방신 섬기기의 원조로 비판 받은 인물이다. 그만큼 뭔가에 크게 오염된 위험 인물인데, 하나님은 이 모든 것이 자기로 말미암았다고 한다. 하나님은 어느 순간이 되면 그냥 그의 백성이 '겪게' 내버려 두신다. 뼈저리게 겪어 알게 하려는 게 하나님의 섭리였다. 자기를 버리고 세속의 왕을 달라고 그렇게 떼쓰던 백성들에게 그 오염수를 마시게 내버려 두신 것이다.

유명한 영화 〈괴물〉을 보면, 미군이 한강에 몰래 흘린 폐수로 인해 한강에 살던 어느 생물체가 그만 괴물이 되고 만다. 괴물은 가리지 않고 파괴하고 죽인다. 미군이건 한국인이건 어른이건 아이건 닥치는 대로 잡아먹는다. 괴물이기 때문이다. 괴물에게는 남도 없고 우리도 없다. 독극물을 흘린 대가는 이렇게 무자비하다.

솔로몬 자신은 호사스럽게 살다가 떠났지만, 그가 흘린 패거리 정치의 폐수는 나라의 독극물이 되었다. 이 독극물을 마시고 괴물이 된 이가 바로 여로보암이다. 어느 집단이건 정치의 폐수를 흘리지 않도록 조심해야 한다. 한 번 괴물이 만들어지면 가리지 않고 파괴한다. 후회해도 때 늦은 것이다.

12

눈에는 눈, 이에는 이!

구약성서의 법

●

Gustave Doré (1832-1883); Doré's English Bible의 삽화 중
모세가 법을 새긴 돌판을 깨뜨려 부수는 장면 (출 32.19);
PD-Art (PD-old-100)

“눈에는 눈, 이에는 이!” 많은 이들이 구약성서의 법 하면 이런 무시무시한 구절을 떠올리곤 한다. 이런 법규를 예로 들며 유대교나 기독교는 무지막지한 사상에 근거한 종교라며 폄하하는 사람들도 있다. 구약성서에 인과응보라는 사상이 편재해 있긴 하지만 이것이 절대 구약 종교의 근본까지는 아니다.

비기독교 혹은 반기독교인들뿐만이 아니다. 심지어 기독교인들조차도 구약의 법에 대하여는 거부 반응을 일으킨다. 신약성경에서 구약의 율법은 예수님이 오셔서 베푸신 은혜와 대비되는 개념으로 자주 등장하기 때문이다. 설상가상, 복음서에 나타난 예수님의 행적도 자칫 오해를 살 만하다. 당시 ‘율법주의자’라 일컬어질 만큼 철저하게 율법과 율례들을 지키던 유대 종교지도자 바리새인들을, 예수께서는 신랄하게 비판하셨기 때문이다.

아마도 더 결정적인 이유는, 늘 우리의 성경 일독의 의욕을 꺾어 놓는 것이 바로 구약에 열거된 지루한 법률문헌이기 때문이다. 창세기를 지나

출애굽기를 간신히 넘어 레위기쯤 가면 100퍼센트 졸음이 쏟아진다. 비둘기나 양, 염소들의 해체 작업과 성막 안의 기물 배치도를 읽다 보면 모세 아저씨는 대체 어디서 무얼 하시기에 아직 안 나타나시는지 원망하게 된다.

하지만 자, 이제 우리 함께 구약의 율법을 즐거워해 보자. 알고 보면 참 재미있기도 하고, 무엇보다도 율법은 구약성서의 오리지널 핵심이다. 매우 중요한 신앙 유산이고 개념이다. 말이 나온 김에 "눈에는 눈 이에는 이"에 대한 오해부터 풀어 볼까?

유혈 보복법

> "피를 보복하는 자는 그 살인한 자를 자신이 죽일 것이니 그를 만나면 죽일 것이요 … 악의를 가지고 손으로 쳐 죽이면 그 친 자는 반드시 죽일 것이니 이는 살인하였음이라 피를 보복하는 자는 살인자를 만나면 죽일 것이니라"(민 35:19-21).

> "그러나 만일 어떤 사람이 그의 이웃을 미워하여 엎드려 그를 기다리다가 일어나 상처를 입혀 죽게 하고 이 한 성읍으로 도피하면 그 본 성읍 장로들이 사람을 보내어 그를 거기서 잡아다가 보복자의 손에 넘겨 죽이게 할 것이라"(신 19:11-12).

구약성서에는 이처럼 살인한 자를 보복 살인할 수 있는 법이 있다. 당시 많은 법적 절차가 성문 앞에서 장로들에 의해 처리되었는데 살인의 경우는 보복자의 손에 맡겨 버린다. 이런 관습은 왕국기는 물론 포로기 이후에도 실행된 것으로 본다.

보복법은 원시 공동체의 집단적 사고에서 발생하고 유효하였다. 한 공동체의 일원이 다른 공동체의 일원에 의해 살해당하면, 일원이 죽은 집단은 다른 집단에 비해 취약해지기 때문에 집단 간 힘의 균형을 맞추기 위해서는 보복이 필요했다. 여기엔 '우리'라는 개념이 발휘된다. 공동체의 한 일원이 당한 일은 '우리'가 당한 것이나 마찬가지다. 그리고 이런 보복법은 우발적 관습에 대한 기록이 아니라 매우 공식적인 법적 조치다. 끔찍한 방식이지만 체계적으로 정비된 형벌제도가 없는 사회에서는 인간의 생명을 보호할 수 있는 가장 효과적인 방법이기도 하다. 하지만 이 제도가 고대 이스라엘의 법적 제도에 흔쾌히 흡수되지만은 않았기에 이를 일부 규제하는 법규도 발견된다.

> "아버지는 그 자식들로 말미암아 죽임을 당하지 않을 것이요 자식들은 그 아버지로 말미암아 죽임을 당하지 않을 것이니 각 사람은 자기 죄로 말미암아 죽임을 당할 것이니라"(신 24:16).

자연스럽게 당시 원시사회에서는 사법의 힘을 빌리지 않는 개인적 보복이 가능하였다. 그런데 한 가지 문제가 있다. 보복을 허락하긴 하지만 그 보복도 어느 정도는 규제할 필요가 있는 것이다. 왜냐하면 집단들 간에 폭력의 문제가 발생하여 보복이 시작되면 대부분 폭력이 끝없이 순환되기 때문이다. 보복을 당한 공동체가 그 보복이 지나치다고 생각하면 또 다시 폭력으로 보복할 것이고, 그런 보복의 순환을 몇 차례 겪다 보면 두 집단 모두 자멸할 위험에 처한다. 우리가 살펴본 사사기의 마지막 이야기에서 본 것처럼 말이다.

이와 같은 이유로 당시 사회에 필요했던 규범이 '눈에는 눈 이에는 이' 즉, 동해복수법同害復讐法, talion이다.

> "그러나 다른 해가 있으면 갚되 생명은 생명으로, 눈은 눈으로, 이는 이로, 손은 손으로, 발은 발로, 덴 것은 덴 것으로, 상하게 한 것은 상함으로, 때린 것은 때림으로 갚을지니라"(출 21:23-25).

네가 한 대로 나도 같은 피해를 입히겠다는 것이 이 법의 취지가 아니다. 위에서 살펴본 '피의 복수'와 같은 행동이 불필요할 정도로 지나친 폭력을 행사하게 되는 것을 염려하여 이를 제재하려는 목적을 가지고 있는 것이 동해복수법이다. 다시 말해, '한 생명은 오직 한 생명으로만, 한 눈은 오직 한 눈으로만, 한 이에는 오직 한 이로만' 복수해야지 이에 지나치면 안 된다는 취지다. 그래서 창세기 4장 23-24절은 보복을 제한하지 않을 경우 발생할 수 있는 문제를 이렇게 전한다.

"라멕이 아내들에게 이르되 아다와 씰라여 내 목소리를 들으라 라멕의 아내들이여 내 말을 들으라 나의 상처로 말미암아 내가 사람을 죽였고 나의 상함으로 말미암아 소년을 죽였도다 가인을 위하여는 벌이 칠 배일진대 라멕을 위하여는 벌이 칠십칠 배이리로다 하였더라."

이 법이 구약성서에만 특별히 있는 것도 아니다. 함무라비 법전은 더 광범위하게 동해복수를 적용한다. 반면 구약성서는 단 세 번만 언급한다 출 21:23-25; 레 24:18-20; 신 19:21. 그러니 구약의 법을 야만적인 것으로만 치부하는 것은 오해다. 오히려 당시 원시사회에서 공동체의 평화와 안녕을 위해 할 수 있는 최대한의 조치를 마련해 주고 있다.

내 형상을 만들지 마!

법은 구약성경의 여러 곳에 걸쳐 소개되고 있으나, 우리가 법전이라 부르는 주요 본문은 모두 오경 속에 자리 잡고 있다. 먼저 우리가 너무나 잘 아는 십계명이 있고 계약법전, 성결법전, 신명기 법전이 있다.

십계명은 유대교와 기독교의 종교 정신과 윤리의식에 지대한 영향을 미친 내용을 담고 있다출 20:1-17. 유일신 하나님을 믿어야 할 것과 안식일을 지켜야 할 것, 그리고 우상숭배나 간음, 살인 등에 대한 금지명령이 담겨 있다.

계약법전은 짧지만 의미 깊은 당시의 사회윤리를 말한다출 20:22-23:33. 노예의 권리나, 과실치사, 부모 학대, 신체 상해, 손해배상, 사형법, 외국인과 과부, 고아의 보호 규정 등을 다룬다. 이 내용들은 법전의 첫머리와 마지막 결미의 종교법 안에 싸여 있는데, 이 구조는 올바른 사회윤리가 지켜지기 위해선 먼저 건전한 신앙적 토대가 있어야 함을 암시하는 것이다. 서두와 결미가 안식일과 절기에 관한 종교적 규례를 말하고 있기에 전체적으로 종교적 성격을 유지한다.

계약법전은 구약 율법의 핵심이라 해도 과언이 아니다. 여기에는 역사적으로 볼 때 가장 의의가 있는 법령이 있는데 바로 신의 형상 금지령이다.

> "너희는 나를 비겨서 은으로나 금으로나 너희를 위하여 신상을 만들지 말고"(출 20:23).

구약의 계약법전은 사실 주변 민족들의 법령들과 비교하여 연구되어 왔다. 그 형식과 개념이 서로 유사하기 때문이다. 하지만 신상 금지령은 다른 어떤 종교의 역사에도 발견되지 않는다. 그런 면에서 성경의 신상 금지령은 그 고유성이 도드라진다.

인간의 종교 심리 속에는 신성을 가시적인 물체나 형체에 담아 소통하고 신적 임재를 느끼고 싶어 하는 것이 있다. 성당에 있는 성인들이나 성모 마리아상, 영롱하게 켜져 있는 촛불들은 인간의 그런 심리를 충족시켜 준다. 개신교 교회 어디든지 달려 있는 십자가도 사실 유사한 기능을 한다. 그래서 대부분의 종교는 신상을 만든다. 하지만 구약성서는 이 법전 뿐만 아니라 다른 곳에서도 신상을 금지한다.

역사적으로 볼 때 이는 많은 신상을 가지고 있던 가나안에 대한 반발 즉 반가나안주의의 일환으로 볼 수 있다. 가나안의 종교에서 세계는 신성의 표명이요, 그 최고의 표상은 신상이었다. 때문에 구약성서가 신상을 금지하는 것은 신과 세계를 확연하게 구분 짓고자 하는 것이다. 구약성서의 하나님은 세계 위에 서 있으면서 인간의 역사 속에 참여한다. 오히려 이 세속은 거룩한 하나님을 감당하기 어렵다. 그래서 하나님이 이 땅에 나타나실 때는 마치 화산이 터지는 것처럼 연기가 나고 불이 솟아났던 것이다출 19:16-19, 참조.

더불어 이 신상 금지령은 포로기를 배경으로 하는 제2 이사야서사 40-55장에서 그 진가를 발휘한다. 이 세상에 신은 오직 한 분 여호와뿐이라고 선포하면서 그 증거로 이방 신들이 모두 돌이나 나무로 만든 신상이라며 조롱하기 때문이다. 그 내용은 다음에 더 알아보기로 하자.

모세의 모범적 설교 사례

신명기 법전은 이스라엘 백성이 가나안 땅에 입성하기 전, 모세가 그들에게 다시 한 번 하나님의 율법을 지키고 따를 것을 권고하는 설교 안에 담겨 있다신 12-26장. 여기에는 종교절기 규례와 제의적 정결, 그리고 사회의 각종 범죄 및 소송 절차에 관한 법률이 발견된다.

출애굽기의 계약법전과 신명기 법전은 매우 유사해 보인다. 계약법전의 반 정도가 신명기 법전에도 다뤄지니 그렇게 보일 만하다. 이 둘의 근본적 차이는 무엇일까? 계약법전이 하나님이 모세에게 주신 법을 처음으로 알려 주는 것이라면, 신명기 법전은 이 법을 모세가 백성들에게 다시 풀이하여 설교하는 것이다. 다시 말하여 신명기 법전은 모세 개인의 연설 안에 담긴 법률 해석문인 셈이다. 때문에 그 전달하는 수사학이나 뉘앙스에 차이가 있다. 명령과 권고의 차이라고나 할까. 매우 사법적이고 무거운 조항들을 상당히 부드럽게 전달한다.

예를 들어 두 군데에 같이 나오는 노예법을 보자. 출애굽기 21장 2-11절과 신명기 15장 12-18절은 같은 노예해방에 대하여 말하고 있는데, 신명기가 훨씬 더 관대하고 후하다. 신명기는 여자 노예가 소유물을 가질 수 있는 것으로 말하는데 이는 계약법전에 없는 내용이다. "빈손으로 가게 하지 말고" 그리고 "후히 줄지니" 같은 표현이 첨가되어 노예의 인권이 한층 개선되어 있다. 이 차이는 두 법전의 배경이 되는 사회적 환경에 차이가 있었기 때문일 것이다.

이처럼 성서의 한 전승이 '재해석'되어 성서의 다른 부분에서 발견되기도 한다. 출애굽기의 노예해방법은, 막 이집트를 탈출하여 자유의 몸이 된 히브리 노예들에게 자신들이 누구인지 그리고 그들을 기적적으로 해방시킨 하나님의 역사를 상기시키고자 의도했던 것으로 보인다. 즉 노예해방이라는 사회적 규례 자체보다는 방금 해방된 노예들을 위한 종교적 의미가 우선이었을 법이다. 반면 모세가 신명기에서 이 노예법을 본문으로 설교할 때는 설교자의 본문 적용과 해석이 가미되었다. 노예가 해방되었다고 해서 곧장 사회생활을 잘할 수 있을까? 때문에 모세는 기존의 노예법 본문에 인도주의적 촉구를 실어 선포하였다. 이렇게 모세는 옛 법조항을 재해석하고 당시 사회에 재적용하였으니 우리에게 '본문 설교'에 대한 멋진 가르침도 하신 셈이다.

더 많은 인도주의적 설교가 신명기 법전에 나온다. 빚을 지고 있는 자라 하더라도 옷과 같은 생활의 가장 기본적인 필요를 전당 잡지 말라고 가르친다신 24:10-13. 일용직 노동자의 품삯을 미루어 고통 받게 하지 말라는 속 깊은 권고도 있다신 24:14-15. 그 무엇보다도 모세가 힘주어 외쳤던 '오직 하나님만' 설교도 신명기 법전의 핵심 내용임을 잊지 말자.

끝으로 성결법전은 제의와 윤리 및 사회적 규례와 절기에 관한 법률을 담고 있는 매우 독특한 법전이다레 17-26장. 하나님의 성별된 백성이기에 이스라엘은 모든 면에서 성결해야 한다는 취지를 가지고 있다레 19:2, 20:26. 그래서 그들은 제의적으로, 윤리적으로 구별되어야 한다. 희생제물에 관한 규례부터, 먹는 것, 정결, 제사장의 규정들, 성적 행위에 대한 규정이 있으며, 안식년과 희년법을 통해 땅 소유와 노예해방을 규정하고 있다.

법은 사회의 거울

과거 역사 자료로서 법률문헌을 발견하는 것은 그야말로 횡재다. 법률문헌처럼 당시 사회를 있는 그대로 전달하여 주고 그 사회상을 잘 들여다

볼 수 있게 해주는 거울이 없기 때문이다. 예를 들어 우리나라 어느 자동차 보험회사의 약관을 10세기가 지난 뒤 누가 읽어 본다면, 21세기 한국 차량의 종류와 교통 상황, 교통 문제, 차량 사고 분쟁, 더불어 사회윤리까지 엿볼 수 있다.

더불어, 법을 통해 구약성서의 시대상을 더 잘 파악하기 위해서는 구약의 법을 다른 법들과 비교 분석해야 한다. 뭐든 그 성격을 잘 파악하기 위해선 비교하여야 한다. 서울에서만 살 때는 잘 몰랐다. 대전에 내려와 살다 보니 이제야 서울 공기가 얼마나 텁텁한지 잘 알게 되었다.

그런데 고대 이스라엘의 법은 성서에서 발견되는 것 말고는 자료가 거의 없다. 반면 이스라엘 주변 민족들의 법률문헌들이 고고학의 결과로 많이 발굴되어 성서 법률 연구에 많은 도움을 주고 있다. 잘 알려진 고대 바벨론의 함무라비 법전을 비롯하여 우르남무Urnammu, 리피트-이슈타르Lipit-Ishtar, 에쉬눈나Eshnunna, 그리고 중세 아시리아 법 등이 유용한 메소포타미아 지역의 유물이며 히타이트의 법도 도움이 많이 된다. 특히 함무라비 법전은 기원전 약 18세기에 만들어진 것으로서 구약성서의 법률 내용과 비교 연구가 많이 이루어지고 있다. 이 법률문의 146조를 보자.

> "만약 한 남자가 나디툼과 결혼하여, 그 여인이 자신의 여종을 남편에게 주어 그 여종이 아이를 가지면, 그 여종은 그 아내와 동등할 것을 주장할 수 있으며, 그 여인은 여종을 팔지 못한다. 다만 그 여종에게 노예의 표식을 할 수 있고 노예로서 계수한다."

나디툼이 누구인지 파악하기 쉽지는 않지만, 대개 종교적 이유로 아이를 가질 수 없는 여인이면서도 경제활동에는 적극적인 고대 바벨론의 독특한 계층을 일컫는 것으로 여긴다. 이 여인이 자기의 여종을 남편에게 데려가 동침하게 하여 아이를 낳도록 한다는 내용이다. 창세기 16장에도 유사한 내용이 있다. 아브라함의 아내 사라가 아기를 낳지 못하자 그의 여종 하갈을 남편에게 데려간다. 창세기 16장은 법률문헌이 아니라 이야기로 기록되어 있다. 때문에 여종을 씨받이로 두는 일이 그냥 이 이야기 속에 등장한 한 사건인지 아니면 당시에 있던 관례였는지 파악하기가 쉽지 않다. 하지만 같은 경우가 법률문헌에 적혀 있다는 것은 고대 서아시아 지역에 이런 경우가 매우 잦았고 이로 인해 분쟁이 많았다는 것을 말해 준다. 즉 사라의 행동은 별난 이례적인 것이 아닌 당연히 하던 관례였던 것이다.

함무라비 법전이 새겨진 돌기둥.
세계에서 가장 오래된 성문법이며 1902년에 발견되었다; Louvre Museum

위 법조항이 제공해 주는 정보는 이 이상이다. 어째서 이 법은 여종이 아이를 가지면 아내와 동등해질 수 있고 절대 팔려 가지 못하도록 한 것일까? 이 정황은 반대로 아브라함과 사라의 이야기를 통해 짐작할 수 있다. 물론 이 이야기가 아니어도 심히 짐작이 간다. 아기를 낳은 여종은 여자 주인으로부터 분명 심한 시달림을 받았을 것이다. 사라의 여종 하갈이 두 번이나 쫓겨난 것처럼 말이다. 반대로 아이를 낳았다고 위세를 떠는 여종 때문에 그 여인은 얼마나 분통이 터졌을까? 아이를 낳아 남자로부터 관심을 받는 그 여종을 여자 주인은 얼마나 질시했을까? 이 모든 상황은 아브라함과 사라 그리고 여종 하갈 사이에서 벌어졌던 상황과도 일치한다. 그래서 위 함무라비 법전의 한 법률문과 아브라함 가정에서 벌어졌던 이야기는 서로의 사실성을 확증해 준다.

한 가지 더 확증이 가는 것이 있다. 이런 경우 아내로부터 남자 또한 지독하게 시달렸나 보다. 이 법률을 만든 것은 분명 남자들이었을 텐데, 얼마나 시달렸으면 이런 법률을 다 만들었을까? 아기 낳은 여종을 아내와 동등하게 하며 팔아 버릴 수 없다고 법으로 못 박을 정도니…. 아무튼 법률문은 당시 사회상을 반영하는 최고의 유산이다.

무시무시한 형벌들

위에 언급한 피의 보복이 꽤 공적인 형벌이었지만, 사실 사람을 죽이는 사형은 드물었다. 꼭 행해야만 했다면 어떻게 하였을까? 주로 돌팔매질이었다. 반면 화형은 매우 적었다레 21:9, 20:14. 예수께서 당하신 십자가형은 사실 없던 것이었다가, 헬라시대에나 언급되고 로마시대에 집행되었던 사형 방법이었다.

돌팔매질은 공동체 전체가 참여한다는 것에 큰 의의가 있다레 24:14; 민

15:35 이하; 신 21:21, 22:21. 이 사형은 꼭 공동체 외부로 죄인을 끌고 가서 행하는데, 한 개인의 죄라도 공동체 전체를 해칠 수 있는 요소라는 인식을 가지기 위해서다. 그리고 이 돌팔매질은 매우 신중하게 이루어졌다. 죄인의 범행을 직접 목격한 증인이 반드시 한 명 이상 있어야 하며, 꼭 증인이 먼저 돌을 들어 치게 되어 있다. 아마도 경솔한 증언을 방지하기 위함이었을 것이다.

> "죽일 자를 두 사람이나 세 사람의 증언으로 죽일 것이요 한 사람의 증언으로는 죽이지 말 것이며 이런 자를 죽이기 위하여는 증인이 먼저 그에게 손을 댄 후에 뭇 백성이 손을 댈지니라 너는 이와 같이 하여 너희 중에서 악을 제할지니라"(신 17:6-7).

형벌로써 '변제'하는 것은 구약법에 언급되지만 투옥이나 벌금, 손상형은 언급되지 않는다. 몇 가지 특이한 경우에만 신체 훼손형이 행해졌다.

> "두 사람이 서로 싸울 때에 한 사람의 아내가 그 치는 자의 손에서 그의 남편을 구하려 하여 가까이 가서 손을 벌려 그 사람의 음낭을 잡거든 너는 그 여인의 손을 찍어 버릴 것이고 네 눈이 그를 불쌍히 여기지 말지니라"(신 25:11-12).

참 안타까운 경우가 아닐 수 없다. '남자'의 권위 그리고 '번성'과 관련 있는 남자의 음낭을 훼손하는 것은 당시 원시 가부장 사회에선 있을 수 없는 일이었는가 보다. 이외에도 때려서 벌주는 태형도 있었다신 25:1-3, 22:13-18; 렘 20:2.

형벌에 관하여 억울한 일이 없도록 나름 합리적인 방안이 제시되기도 한다. 소위 '부르짖는 호소'hue and cry라는 것인데 다음 구절부터 읽어 보자.

> "처녀인 여자가 남자와 약혼한 후에 어떤 남자가 그를 성읍 중에서 만나 동침하면 너희는 그들을 둘 다 성읍 문으로 끌어내고 그들을 돌로 쳐 죽일 것이니 그 처녀는 성안에 있으면서도 소리 지르지 아니하였음이요 그 남자는 그 이웃의 아내를 욕보였음이라 너는 이같이 하여 너희 가운데에서 악을 제할지니라 만일 남자가 어떤 약혼한 처녀를 들에서 만나서 강간하였으면 그 강간한 남자만 죽일 것이요 처녀에게는 아무것도 행하지 말 것은 처녀에게는 죽일 죄가 없음이라 이 일은 사람이 일어나 그 이웃을 쳐 죽인 것과 같은 것이라 남자가 처녀를 들에서 만난 까닭에 그 약혼한 처녀가 소리 질러도 구원할 자가 없었음이니라"(신 22:23-7).

누군가 위급한 상황에 처하였을 때 그는 소리를 질러 도움을 구해야 하고, 그 소리를 듣는 이는 도와줄 책임감을 가져야 한다는 것이 '부르짖는 호소'이다. 과거 유럽에도 있던 제도다. 위 본문을 보면 처녀가 강간을 당한 두 경우가 나온다. 사람들이 많은 성읍 안에서 발생했는데도 여자가 소리를 질러 도움을 구하지 않으면 그 여자는 강간을 당한 것이 아닌 것으로 간주한다. 글쎄, 그리 공정해 보이지는 않는다. 남자가 흉기를 들고 위협을 할 경우 여자가 소리 지르기는 어려울 것이다. 반면 소리를 질러도 들리지 않는 들에서 강간을 당할 경우 여자는 벌을 면할 수 있다. 나름대로 정말 강간이냐 아니었느냐를 구분해 보려는 것인데, 아직은 지극히 남성 위주의 발상이다.

하지만 지금도 남자를 원시시대로 이끌려는 분들이 있다. 2012년 미국 대통령 선거를 앞두고 공화당의 한 상원의원 후보인 토드 에이킨Todd Akin은 "진짜 강간이라면 임신이 안 된다"라는 발언을 했다가 호되게 질타를 받았다. 강간을 당하고 임신했다는 여성의 주장은 거짓이라는 것이다. 여자도 '즐겼기' 때문에 임신할 수 있었다는 말인데, 공화당은 또 한 명의 상원의원 후보인 리처드 머독Richard Murdoch이 "강간을 통한 임신은 하나님의 뜻"이라고 발언했다가 이미 큰 사회적 홍역을 치렀다. 공화당이 안 되려면 진짜 안 되나 보다. 결국 경제 위기와 실업 문제로 하락세에 있던 민주당 후보 전직 대통령 오바마가 몰몬교 배경을 지닌 공화당 대선 후보 롬니를 누르고 연속 집권에 들어설 수 있었다.

요새 여자의 몸에 관하여 남자들이 함부로 입을 놀렸다간 큰일 당한다. 강간당하기 직전 여자가 소릴 질렀느냐 안 질렀느냐 가지고 여자의 의중을 파악하겠다는 생각은 옛 원시가부장 시대에나 통하던 발상이지, 지금 어느 목사님이라도 함부로 위 구절을 가지고 막말했다간 큰코다칠 것이다. 구약성서의 많은 내용은 예수 그리스도의 사랑과 희생이라는 필터를 통해 반드시 재해석되어 현대에 적용해야 한다. 그렇지 않으면 여자는 물론이거니와 남자도 살아남을 이들이 별로 많지 않다. 구약의 무시무시한 법들을 잘 살펴보라!

심지어 땅도 해방시켜라!

구약성서의 법 중 가장 독특하면서도 의미심장한 것은 땅과 관련한 제도일 것이다. 당시 서아시아에서 땅 임대는 매우 흔한 관행이었고 함무라비 법전에도 땅 임대에 관한 법령이 있었다. 하지만 구약성서의 법률을 따르자면 땅은 임대해서는 안 된다. 구약성서에서 땅은 매우 고귀한 주제다. 궁극적으로 하나님의 것이며 이스라엘이 하나님으로부터 상속받은 것이다.

> "토지를 영구히 팔지 말 것은 토지는 다 내 것임이니라 너희는 거류민이요 동거하는 자로서 나와 함께 있느니라"(레 25:23).

그러므로 구약성서에는 땅 임대에 관한 법률이 없다. 이와 더불어 주목해야 할 제도는 희년禧年, Year of Restoration제도다.

> "너희는 오십 년째 해를 거룩하게 하여 그 땅에 있는 모든 주민을 위하여 자유를 공포하라 이 해는 너희에게 희년이니 너희는 각각

자기의 소유지로 돌아가며 각각 자기의 가족에게로 돌아갈지며"
(레 25:10).

하나님의 명령으로 땅은 본래 주인에게 돌아가며 빚 때문에 노예가 된 이들도 사면되는 전체적인 해방의 법이다. 이 법령이 실질적으로 행해졌을지는 의문이다. 실행되기에는 어려웠을 이상적인 법이지만, 자본주의와 노동자 계급 형성을 억제하고 '한 가족은 하나님이 주신 고유한 땅을 소유'한다는 신앙을 지키기 위한 노력이었다. 희년제도는 하나님이 땅의 실제 주인이심을 말하는 이스라엘의 매우 특수한 법령이다.

땅에 대한 이스라엘의 독특한 종교 신념은 특수한 추수법도 제정하게 만들었다신 24:19-22.

"너희가 너희의 땅에서 곡식을 거둘 때에 너는 밭모퉁이까지 다 거두지 말고 네 떨어진 이삭도 줍지 말며 네 포도원의 열매를 다 따지 말며 네 포도원에 떨어진 열매도 줍지 말고 가난한 사람과 거류민을 위하여 버려두라 나는 너희의 하나님 여호와이니라"(레 19:9-10).

하나님이 땅을 모든 사람들에게 주셨기 때문에 모든 사람이 그 소산을 즐길 수 있다는 취지다. 더 나아가 땅을 경작한 지 7년째에는 휴경을 하여 가난한 사람들 심지어 들짐승도 와서 자유롭게 그 땅을 즐기게 하였다.

> "너는 여섯 해 동안은 너의 땅에 파종하여 그 소산을 거두고 일곱 째 해에는 갈지 말고 묵혀 두어서 네 백성의 가난한 자들이 먹게 하라 그 남은 것은 들짐승이 먹으리라 네 포도원과 감람원도 그리 할지니라"(출 23:10-11).

휴경을 하면 땅이 더 비옥해지는 효과를 얻을 수 있다. 하지만 레위기 25장에서 말하는 여러 안식제도에 비추어 본다면, 땅의 휴경은 그 땅이 인간의 것이 아니라 하나님의 것임을 인정하는 공개적 신앙고백이다. 더불어 여기에 비쳐지는 사회윤리는 참 아름답다. 보통 땅은 누군가의 소유와 자본으로 여겨지기 쉽다. 구약성서는 이것을 부정한다. 하나님의 것이기 때문에 특정한 이들만이 그 소산을 통해 이득을 얻어서는 안 되며, 모든 인간에게 두루 그 혜택이 가야 한다고 보기 때문이다. 자본주의 사회위에 교회를 세우는 미국이나 한국의 기독교가 눈여겨보고 돌아보아야 할 법령이다. 기독교의 자산과 교회의 부는, 시장경제의 치열한 경쟁 속에서 뒤처지고 소외된 사람들을 위해 해방되어야 한다. 이것은 교회가 인간의 것이 아니라 하나님의 것임을 알리는 가장 소중한 복음 선포다.

성경의 전승에 의하면 본래 이스라엘은 땅을 모르던 유목인들이었다. 그러다가 가나안에 들어와 정착하면서 땅을 알게 되었다. 땅을 자본으로 생각하여 소유하고 늘려 가던 가나안의 도시문화에 혹하여, 이스라엘은 땅에 대해 하나님이 세우신 본래 취지를 망각했다. 기원전 8세기에는 이스라엘이 대규모로 토지를 사유하는 현상이 일어나, 극도로 부해지는 기득권층과 반대로 모든 것을 박탈당하는 빈곤층이 양산되었다.

> "가옥에 가옥을 이으며 전토에 전토를 더하여 빈틈이 없도록 하고 이 땅 가운데에서 홀로 거주하려 하는 자들은 화 있을진저"(사 5:8).

> "화 있을진저 밭들을 탐하여 빼앗고 집들을 탐하여 차지하니 그들이 남자와 그의 집과 사람과 그의 산업을 강탈하도다"(미 2:1-2).

때문에 당시 8세기 예언자들은 그토록 목 놓아 사회정의를 외칠 수밖에 없었고 이기적 횡포를 일삼는 부유층에게 신랄한 욕을 퍼부었다. 궁금하다면 놀랄 준비를 하면서 아모스서를 참조해 보시라.

미움 받는 아내의 아들도 상속받아라!

결혼 문제나 형벌, 땅에 대한 구약성서의 법률을 살펴보았는데, 사회의 또 다른 골칫거리가 무엇이 있었을까? 상속이 그중 하나였다. 사실 많은 정보가 있지는 않은데, 그 원칙을 보자면 아들이 상속을 받고 장자는 두 배를 받도록 되어 있다. 함무라비 법전은 재산이 아들들에게 공평하게 분

배되도록 하는 반면, 구약성서는 장자 우선권이 적용된다창 27:19, 35:23, 43:33. 이는 아마도 장자가 어머니와 결혼하지 않은 여자 가족들을 책임질 의무가 있었기 때문일 것이다. 장자 상속과 관련한 아래의 법적 조치는 참 흥미롭다.

> "어떤 사람이 두 아내를 두었는데 하나는 사랑을 받고 하나는 미움을 받다가 그 사랑을 받는 자와 미움을 받는 자가 둘 다 아들을 낳았다 하자 그 미움을 받는 자의 아들이 장자이면 자기의 소유를 그의 아들들에게 기업으로 나누는 날에 그 사랑을 받는 자의 아들을 장자로 삼아 참 장자 곧 미움을 받는 자의 아들보다 앞세우지 말고 반드시 그 미움을 받는 자의 아들을 장자로 인정하여 자기의 소유에서 그에게는 두 몫을 줄 것이니 그는 자기의 기력의 시작이라 장자의 권리가 그에게 있음이니라"(신 22:15-17).

사라로부터 미움을 받았던 하갈과 그의 아들 이스마엘이 읽었다면 복받치는 설움에 아마 대성통곡했을 구절이다.

고대 바벨론의 함무라비 법전과 비교하여 구약의 법에는 전혀 등장하지 않는 것이 있는데 바로 입양에 관한 법령이다. 구약성경에서는 입양 자체가 낯선 말이고, 그저 간접적 암시만, 그것도 이야기에서만 발견될 뿐이다창 30:1-13, 48:5, 12, 50:23. 왜 그럴까? 아마도 고대 바벨론은 일부일처제라 입양이 불가피한 상황이 많았겠으나, 고대 이스라엘은 일부다처제이기 때문에 어쩌면 굳이 입양이 필요하지 않았기 때문일 수도 있다. 더군다나 역연혼제도 있지 않았던가.

이번 장에서는 구약 법률의 이모저모를 살펴보았다. 역시 법은 지루하다. 반면 문득 이런 생각이 든다. 성경 안에는 인간사회를 규제하고 염려하는 면밀한 법률 구절들이 '무수히' 많은데, 반면 교회에서 설교를 위해 선택되는 본문이나 주제는 너무 한정적이고 전형적인 것이 아닌가? 목사님들이 법률 내용에도 많은 관심을 가지고 설교도 하셨으면 좋겠다. 건강한 교회를 위해 편식하지 말고 골고루 섭취했으면 좋겠다.

13

오해하지 맙시다!

구약성서의 율법

Pietro Perugino의 1482년도 작품.
National Gallery of Art, Washington (D.C) PD-Art

"너희가 쫓아낼 민족들이 그들의 신들을 섬기는 곳은 높은 산이든지 작은 산이든지 푸른 나무 아래든지를 막론하고 그 모든 곳을 너희가 마땅히 파멸하며 그 제단을 헐며 주상을 깨뜨리며 아세라 상을 불사르고 또 그 조각한 신상들을 찍어 그 이름을 그곳에서 멸하라 너희의 하나님 여호와께는 너희가 그처럼 행하지 말고 오직 너희의 하나님 여호와께서 자기의 이름을 두시려고 너희 모든 지파 중에서 택하신 곳인 그 계실 곳으로 찾아 나아가서"(신 12:2-7).

신명기 법전에 나오는 내용이다. 출애굽기의 법을 친절하고 은혜롭게 설명한 모세의 인도주의적 설교가 마음을 훈훈하게 하는 반면, 이와 같은 선언은 타 종교를 무참히 짓밟는 유대교와 기독교의 독단처럼 보인다. 타 종교인들이 볼 때는 충분히 그럴 만하다. 모든 유일신 종교가 가질 수밖에 없는 어려움이다. 합당하게 정당화할 수 있는 이론도 찾기 어렵다. 그렇다고 공정하지 못한 어느 한 설명을 가지고 타 종교인을 무리하게 설득하려 하거나 더 나아가 윽박지르기까지 하는 것은 지혜로운 방법이 아닌 것 같다.

애초에 신앙이라는 것은 매우 고유하고 개인적인 종교적 체험에서 비롯된다. 기독교인들이 남들을 '설득'하려고 하지만, 설득당해 예수를 믿게 된 사람은 거의 없다. 자기도 설득당하지 않은 것을 가지고 남을 설득하려고 하니 될 리가 없다. 복음은 '선포'하는 것이지 설명하는 것이 아니며, 신앙은 '사랑'하는 것이지 가르치는 것이 아니다.

기독교는 타 종교인들이 느낄 모독을 늘 고려해야 한다. 역사 속의 많은 비극은 유일신교도들의 독단적 행동에서 비롯되었다. 신약시대가 도래하고 새롭게 펼쳐진 복음의 세계는 이방세계를 적대시하고 파괴하는 것에 있지 않다. 예수님은 막힌 담을 허셨는데 '평화'로 녹인 것이지 무기로 부순 것이 아니다. 이방인들에 대한 다음 구절을 묵상하여 보라.

> "그는 우리의 화평이신지라 둘로 하나를 만드사 원수 된 것 곧 중간에 막힌 담을 자기 육체로 허시고 법조문으로 된 계명의 율법을 폐하셨으니 이는 이 둘로 자기 안에서 한 새 사람을 지어 화평하게 하시고 또 십자가로 이 둘을 한 몸으로 하나님과 화목하게 하려 하심이라 원수 된 것을 십자가로 소멸하시고 또 오셔서 먼 데 있는 너희에게 평안을 전하시고 가까운 데 있는 자들에게 평안을 전하셨으니 이는 그로 말미암아 우리 둘이 한 성령 안에서 아버지

께 나아감을 얻게 하려 하심이라"(엡 2:14-18).

무시무시하고 독단적인 율법은 사실 폐하여졌다. 이방 신상 때문에 이방인을 적대시하라는 구약의 율법은 예수님의 사랑과 희생에 비추어 재해석되고 새적용되어야 한다. 구분 짓기 전에 먼저 인사하고, 적대시하기 전에 먼저 희생하고, 예수님을 전하면서 동시에 사랑하여 보자. 예수님은 다른 설명이 필요 없다는 듯 그냥 죽으셨다. 그것도 우리를 위해. 이 정도쯤 할 자신이 있는가? 우리가 이웃에게 이쯤 할 수 있다면, 구약성경에 나온 적대적 구절들은 문제도 되지 않을 것이다. 어느 누구도 시비를 걸지 못할 것이다. 예수님이 피 흘려 부탁하신 사랑을 변변치 않게 하면서, 타종교인들을 모독부터 하려는 행위는 참 부끄러운 일이다.

율법에 대한 오해는 그 율법을 새롭게 아우른 예수를 잊기 때문에 생긴다. 구약의 율법 중 많은 것은 반드시 새롭게 해석되어야 한다. 오죽하면 위 에베소서 구절은 율법이 폐하여졌다고까지 말하겠는가. 구약에선 가나안인 같은 원수는 죽여야 한다. 하지만 예수님은 원수도 사랑하라 하셨다눅 6:35. 구약에선 친구에게 절대 보증 서지 말라고 한다잠 22:26, 17:18, 6:1-2, 11:15. 하지만 예수님은 속옷뿐만 아니라 겉옷도 내어 주고 오 리를 가자고 하면 십 리도 동행하라 말씀하신다마 5:40-41. 율법에 대한 오해는 이렇게 우리가 예수님을 잊기 때문에 발생하는 것이다.

그럼에도 불구하고 기독교는 매우 고의적으로 예수를 잊기도 하였다. 재해석은커녕 율법 중 몇 가지만 선택적으로 골라 목소리를 높이는 경우가 많았다. 그것도 주로 남을 공격하거나 정죄하기 위해서 그랬다. 한 가지 예를 들어보자. 거짓말하고 살인하며 부정부패를 일삼는 기득권과 공권력에는 아무 말도 못하면서, 왜 동성애자 하나만 보면 짐승 취급해 가며 열띠게 정죄하는 것일까? 동성애를 인정하자는 말이 아니다. 구약이 언급하는 여러 죄악 중에 하나일 뿐인데, 왜 유독 이들만 쏙 뽑아 죄인 중의 괴수로 만들려 할까? 아마도 그들은 약자이고 만만하며 우스워 보이기 때문이 아닐까? 십계명을 다시 한 번 읽어 보고 생각해 보자. 동성애 문제로 그토록 분노하였다면, 청와대나 대기업 사옥, 법원 앞에 가서도 그렇게 해보자. 힘없는 이들 앞에서만 큰소리치는 부끄러운 교회가 되지 않았으면 좋겠다. 동성애와 살인 둘 중 어느 것이 더 중한 죄일까? TV나 영화에 동성애 관련 주제가 나와 방송국에 가서 강력히 항의했다면, 터미네이터나 아바타같이 불과 1분 안에 수십 명을 죽여 버리는 영화에도 강하게 항의해야 할 것이다.

이것으로 앞 장 처음에 언급했던 구약의 법에 대한 오해가 다 풀린 것은 아니다. 나머지 문제들을 다뤄 보고 이에 대한 깊은 생각을 곱씹어 보자.

유대교는 율법주의?

하나님은 이스라엘 백성을 선택하시고 불러내어 백성으로 삼으신 후 그들에게 법을 주셨다. 이스라엘이 하나님의 백성으로 계속 살기 위해서는 그 법을 지켜야 하는 것이다. 그러나 이들은 율법을 따라 살지 못하였고 결국 하나님이 주신 약속의 땅에서 쫓겨나게 된다. 아마 어느 인간도 철저하게 율법을 따르기는 힘들었을 것이다.

문제는 법이 있으면 '죄'라는 개념도 존재하게 된다는 것이다. 법이 없다면 무엇이 옳고 그른지 판단하는 일도 없었을 것이다. 이론적으로는 법을 완벽히 지키는 인간이 하나님께 더 가까이 갈 수 있는 것이나, 실질적으로는 실패이고 불가능이었다. 도리어 법을 지키지 못하자 '죄인'이 되어 버렸다. 누군가 무서운 속도로 위협을 가하며 차를 질주해도 교통법이 없다면 범법자가 될 수 없는 것처럼, 하나님이 인간에게 주신 법이 결국 인간을 죄인으로 정죄하게 된 것이다. 죄인이 그 죄를 사면 받으려면 죗값을 치러야 한다. 우리 인간의 실존적인 죗값은 영원히 살지 못하고 죽음에 이르는 것이다. 이것을 한 번에 모두 치르기 위하여 예수께서는 이 땅에 오셔서 온갖 인격적 육체적 고통을 겪으시고 십자가에 매달려 돌아가셨다. 이 사실을 단지 믿기만 하여 예수를 구원자로 받아들이면 누구든지 영생을 누릴 수 있게 된다. 그런데 이거 너무 공정성을 잃고 인간의 편의만 봐준 거 아닌가? 적어도 십자가에 달리는 척이라도 해야 뭔가 대가를 치른다 할 수 있는 거 아닌가? 때문에 인정할 수 없다고 하나님을 고소할 수도 있겠지만 어느 누구도 그러지 못한다. 이론적으로는 고소할 만한 일이지만, 심정적으로는 할 수가 없다. 십자가에 달려 모진 고통을 당한 예수가 바로 하나님의 아들이기 때문이다. 자기 아들을 그 고통과 죽음의 희생양으로 내어 주셨기 때문이다. 이 엄청난 사랑과 희생 앞에 그만 아무도 말 못하게 되는 것이다.

대략 이와 같은 설명은 신약성서를 근간으로 한 구원론이 말하는 바다. 이러다 보니 예수님의 은혜를 체험한 기독교인들은 다소 율법을 꺼림칙하게 생각하기 일쑤다. 이에 더하여 예수님은 복음서에서 소위 '율법주의자'들을 매우 강도 높게 공격하셨다. 본래의 취지는 잊은 채 율법을 로봇처럼 따라 하기만 하는 형식주의에 대한 비판이었다. 마침 예수님을 십자가에 못 박아 죽인 이들이 유대인들이고 유대인 하면 복음서의 비판 대상인 율법주의자들을 떠올리기 때문에 율법을 더더욱 부정적으로 여긴다.

우선, 유대교가 반드시 율법주의인 것은 아니다. 복음서에 등장하는 당시 유력한 종교지도자들이 율법주의자 바리새인들이었던 것이지, 이들이 결코 유대교를 대표하는 것은 아니다. 기독교 안에 다른 신학적 의견을 가진 여러 교단들이 있는 것처럼, 유대교도 각종 색채의 신앙 유산을 가지고 있다. 아래 사진은 지금 여러 곳에서 볼 수 있는 유대인이다. 특히 영국에서 많은 유대인들을 보았는데, 철저하게 머리에 키파라는 모자를 쓰고 다니지만 골초에 늘 술에 취해 다니던 젊은 유대인도 보았고, 키파도 쓰지 않으면서 성경을 가르치는 자유주의자 유대인 교수님도 보았다. 심

왼쪽부터, 미국 뉴욕의 어느 거리에서, FacePLS, CC-BY-2.0;
가죽 재켓과 기타를 들고, Adam Hirschhorn, CC-BY-2.0;
호주 멜버른에서 산책 중, Logan Campbell, CC-BY-SA-2.0

지어 예수를 믿는 유대인들도 있다! 단지 자신들을 기독교인이라 부르지 않을 뿐이다. 때문에 유대교를 신약성서에서 비판의 대상으로만 여긴 율법주의로 단정하는 것은 옳지 않은 일이다. 사실 기독교인들이 충만한 마음으로 듣고 따르는 신약성경의 많은 내용들은 유대교 문헌들에 나타나는 내용이기도 하다. 기독교 못지않게 은혜와 사랑을 이야기하는 종교다. 예수가 그리스도로 등장하지 않고 이에 대한 신학이 없다는 것이 결정적 차이를 만드는 것이다.

모세오경이 율법?

또 한 가지. 우리는 구약성경의 오경 즉, 처음 다섯 권을 율법서라고 부른다. 이는 신약성경을 비롯한 헬라어로 적힌 유대문헌이 이 책들을 '노모스' 즉, 법이라 번역했기 때문이기도 하다. 하지만 오경은 법으로만 한정되어 있는 문학은 아니다. 본래는 이 책들을 히브리어로 '토라'라고 불렀는데 토라는 '가르침' 혹은 '지침'이라 번역하는 것이 더 옳다. 분명 오경에는 법 이외에도 다른 장르의 글들이 포함되어 있다. 창조와 에덴동산, 노아의 방주, 드라마틱한 히브리 노예들의 이집트 탈출 등 흥미진진한 이야기와 서사시가 가득하다. 이 모두가 바로 하나님의 가르침 즉 토라라는 것이다. 때문에 오경 즉, 토라를 율법이라고만 한정 짓는 것은 적절한 이해가 분명 아니다.

히브리어 '토라'torah의 용례를 살펴보아도 알 수 있다. 약 220회 나타나는 이 단어는 본래 그 어근의 의미가 '던지다', '쏘다', '가르치다'이다. 이 어근에서 발달한 '토라'는 주로 종교적 가르침, 특히 제사장의 가르침을 의미하는 것으로 여겨지면서 동시에 교사나 예언자, 부모님의 가르침과 훈계를 뜻하기도 한다. 신명기에서는 하나의 포괄적이고 문서화된 하나님의 뜻을 가리키며, 후대 유대 사상에서는 신의 계시를 목적으로 하는 모든 종교적 해석으로 확대 발전한다. 개역개정판 성경에 토라라는 단어는 어머니의 '법', 지혜 있는 자의 '교훈', 인애의 '법' 등으로 번역되어 있으며잠 1:8, 6:20, 13:14, 31:26, 다른 외국어 번역에는 꼭 법이 아니라 가르침이나 지침으로 번역되어 있기도 하다.

그런데 왜 이 토라를 한정적으로 법이라 부르게 된 것일까? 이는 오경의 핵심을 '법'으로 여기는 히브리 성서와 유대인들의 전통 때문이다. 이 율법들이 오경 안에 어떻게 위치하고 있는지부터 한번 보자. 오경은 차례대로 창세기-출애굽기-레위기-민수기-신명기 이렇게 다섯 권으로 구성되어 있다. 이 가운데에 하나님의 '구속' 드라마가 본격적으로 진행되는 시점은 출애굽기라 할 수 있다. 이집트에서 노예생활을 하는 히브리인들을 하나님이 기적적으로 구해 내셨다. 이후 이스라엘은 시내 산에 이르러 처음 하나님을 만나 계약을 맺고 하나님과 동행하는 광야생활을 한다. 이 여정이 민수기까지 이르고, 마지막 신명기에는 약속의 땅 입성을 앞두고 모세가 권면하는 설교가 등장한다. 그래서 드라마로 친다면 다섯 권 중에서도 가운데 세 권이 이야기의 하이라이트라 볼 수 있다. 그런데 이 세 권 출애굽기-레위기-민수기의 구성이 흥미롭다. 이집트에서부터 시내 산에 이르기까지 흥미진진한 여정이 출애굽기 18장까지 나오다가 19장부터 갑자기 이야기 톤이 바뀌더니 온통 재미없는 계약이나 법률들이 쏟아져 나온다. 이 지루한 법률은 레위기를 거쳐 민수기 10장 10절까지 이른다. 그리고 나서야 비로소 다시 시내 산을 떠나 광야로 향하는 이야기가 전개된다.

재미 만점 이야기가 한창 진행되고 있는데 한가운데를 면도날로 자르듯이 동강 내고 그 사이에 텁텁하고 지리한 율법들을 인위적으로 끼워 넣은 듯 보인다. 왜 그랬을까? 물론 그 율법들은 모두 시내 산에서 모세가 하나님으로부터 받은 것이기에 흐름상 그곳에 위치하여야 하겠지만, 이 세상 어느 이야기도 그런 식으로 글을 형성하지는 않을 것이다. 우선 재미있는 이야기를 잘 듣도록 한 뒤, 그 세세한 법률의 내용은 별도로 첨부하지 않았을까? 별책 부록처럼 말이다. 하지만 오경의 구조는 이런 상식을 깨어 놓았다. 결국 이 지루한 율법을 다 읽지 않으면 독자가 이후 벌어지는 재미있는 이야기를 만날 수 없게 만들었다. 재미없지만 이 율법들을 다 읽으라는 것이다! 아무도 선뜻 읽으려 하지 않기 때문에 일부러 이렇게 이야기 한가운데에 놓았다. 재미는 없지만 그만큼 중요하다는 뜻이다.

누구든 성경을 읽는 사람들은 이 고비를 넘겨야만 한다. 대부분 레위기쯤 가서 포기하다가, 신년이 되어 새해 다짐을 할 때면 다시 창세기 1장부터 읽는다. 봄이 되어 노곤해질 때쯤 되면 역시나 레위기에서 또 포기하고, 그럼 다음 해 또다시 창세기 1장부터 시작하고…. 나는 이것 또한 신묘한 섭리처럼 여겨진다. 성경 완독에 성공적이지 못한 사람들일

수록 평생 얼마나 자주 반복해서 창세기 1장부터 출애굽기까지를 읽어댔을까? 그런데 사실 창세기와 출애굽기에는 세상과 인간의 기원과 실존, 그리고 신앙의 핵심인 하나님의 구원 행위와 하나님과 인간의 만남 즉, 인간이 가장 깊이 알아야 할 신앙의 고갱이가 다 담겨져 있다. 그러니 참으로 오묘한 성서의 구성이다. 성서 완독에 실패하고 좌절한 분들도 그리 손해 본 것은 아니다. 여러분은 이미 가장 귀중한 것을 반복해서 많이 읽으셨다. 내년 새해도 또다시 창세기부터 읽는다 해도 기뻐하시면 된다.

이렇게 오경은 그 핵심에 율법을 두었다. 다소 오해한 덕에 기독교인들이 부정적인 것으로만 여기던 율법은 이토록 히브리 성경과 유대 전승이 귀중하게 여기는 것이며, 우리는 이 구약의 율법에 대한 이해를 새롭게 할 필요가 있다. 율법은 폐하여졌다고 말씀하셨지만 반면 예수께서는 오히려 완성하러 오셨다고도 말씀하셨다마 5:17. 완성하셨기에 폐할 수도 있으셨다.

> "내가 율법이나 선지자를 폐하러 온 줄로 생각하지 말라 폐하러 온 것이 아니요 완전하게 하려 함이라."

율법의 완성, 사랑

율법 자체의 정신은 참 고귀한 것이다. 물론 이해하기 어려운 부분들도 있지만 한 종교의 고유성을 지키기 위한 원시시대의 정당한 요구로 이해할 수 있을 것이다. 문제는 그 율례들의 소중한 정신은 뒤로 두고 그 형식만 앵무새처럼 따라 하고 반복하며 이것이 참 신앙이라 여기려 했던 것이 잘못이었다. 예수님이 그토록 비난했던 바리새인들은 오경의 율법과 유대 전통이 만든 수많은 율례들을 철저히 지켰다. 금식하고 기도하고, 안식일에는 철지하게 활동을 금하고 그리고는 '나처럼 해봐요'를 외쳤던 자들이다. 형식적 종교 행동을 통해 자기 의만 세우고 자기처럼 하지 못하는 이들은 전부 정죄하는 종교지도자들이 된 것이다. 그들의 허망한 종교생활을 날카롭게 지적한 사건이 바로 어느 날 안식일의 주인이 누구냐고 물으셨던 예수님의 지적이었다.

> "그때에 예수께서 안식일에 밀밭 사이로 가실새 제자들이 시장하여 이삭을 잘라 먹으니 바리새인들이 보고 예수께 말하되 보시오 당신의 제자들이 안식일에 하지 못할 일을 하나이다 … 나는 자비를 원하고 제사를 원하지 아니하노라 하신 뜻을 너희가 알았더라면 무죄한 자를 정죄하지 아니하였으리라 … 거기에서 떠나 그들의 회당에 들어가시니 한쪽 손 마른 사람이 있는지라 사람들이 예수를 고발하려 하여 물어 이르되 안식일에 병 고치는 것이 옳으니이까 예수께서 이르시되 너희 중에 어떤 사람이 양 한 마리가 있어 안식일에 구덩이에 빠졌으면 끌어내지 않겠느냐 사람이 양보다 얼마나 더 귀하냐 그러므로 안식일에 선을 행하는 것이 옳으니라 하시고 이에 그 사람에게 이르시되 손을 내밀라 하시니 그가

> 내밀매 다른 손과 같이 회복되어 성하더라 바리새인들이 나가서 어떻게 하여 예수를 죽일까 의논하거늘"(마 12:1-14).

형식은 그 행위를 통해 진정한 정신을 구현하고자 이끄는 것이지, 형식 자체가 진정한 정신을 대신할 수는 없다. 안식일에 아무것도 하지 말고 쉬어야 한다는 율례가 있지만, 그 형식이 사람을 사랑하고 선을 베푸는 것을 금할 수는 없는 것이다. 그래서 예수께서는 제자들이 배가 고프거나 혹은 아픈 사람이 있으면 안식일이라도 그 규례를 깨뜨리고 밀밭에서 이삭을 잘라 먹고 병든 자를 치료해 주셨다. 우리는 교회에서 절대 주일날 예배를 빠지지 말 것을 권고 받는다. 일주일에 하루를 주님께 온전히 바치는 것은 옳은 일이다. 하지만 주일날 아침 교회에 가다가 길거리에 쓰러져 도움이 필요한 어려운 사람을 발견한다면, 그날 교회에 빠져도 좋으니 그냥 지나치지 말고 꼭 도와주어야 한다.

예수님이 이렇게 유대 전통의 율례를 당당히 깨뜨린 것은 매우 의의가 있다. 그런데 왜 예수님은 이러고도 자신이 율법을 완전하게 하려 오셨다고 했을까? 아마도 바울 선생께서 이 문제를 곰곰이 묵상하셨나 보다. 그리고 다음과 같은 위대한 하나님의 계시를 남겼다.

> "피차 사랑의 빚 외에는 아무에게든지 아무 빚도 지지 말라 남을 사랑하는 자는 율법을 다 이루었느니라 간음하지 말라, 살인하지 말라, 도둑질하지 말라, 탐내지 말라 한 것과 그 외에 다른 계명이

있을지라도 네 이웃을 네 자신과 같이 사랑하라 하신 그 말씀 가운데 다 들었느니라 사랑은 이웃에게 악을 행하지 아니하나니 그러므로 사랑은 율법의 완성이니라"(롬 13:8-10).

율법이라는 형식을 행하는 이유는 사랑을 이루기 위해서이고, 그렇기 때문에 사랑이 없다면 율법의 행위는 의미 없는 것이며 사랑을 위해선 율법의 형식도 깨뜨릴 수 있는 것이다.

"법대로 하자. 원리원칙대로 하자." 주변에서 한두 번씩 들었을 말이다. 주어진 형식을 따르자는 말인데, 이 형식이 참 정신을 구현하기 위한 것이 아니면 독이 든 사과와 같다. 법과 원리원칙을 통해 사랑을 구현하고자 한다면 훌륭한 구호이지만, 어려움에 처한 어떤 사람을 외면하거나 심지어 공격하고 곤경에 빠뜨리기 위해, 자신의 이익을 챙기기 위해서도 같은 구호를 외칠 수 있기 때문이다. 예수님의 안식일 논쟁이 이를 잘 보여준다. 안식일을 지키자는 구호를 참으로 알량하게 적용했던 당시 율법주의자들의 모습을 우리는 씁쓸하게 기억해야 할 필요가 있다.

안식일 밀밭에서 예수님과 그의 제자, 바리새인들; © Phillip Medhurst; CC-BY-SA-3.0

기독교인의 신앙도 마찬가지다. 우리는 교회도

세우고 교리도 만들어야 하지만 어느 것도 사람을 사랑하는 것보다 앞설 수 없으며 이웃을 사랑하기 위해선 무조건 양보하여야 한다. 사랑이 없으면 그저 우리 귀만 따갑게 하는 꽹과리와 같은 것이다. 율법주의자, 교리주의자, '묻지 마' 교회 성장주의자, 무례한 복음주의자 등등, 사랑이 그 안에 없을 때 붙여질 그들의 이름이다.

사랑과 은혜를 예비하던 구약의 말씀들

형식주의의 굴레에 율법이 갇히고 이에 대한 저항의식이 생긴 것은 이미 구약성경에서도 발견된다. 성전에서 일하는 제사장들과 레위인들은 율법이 명시한 갖은 제사를 정성껏 집도하고, 백성들이 바치는 헌물을 관리하여야 하는 이들이었다. 이런 환경 속에서 일하다 보니 일부 제사장들은 참 신앙의 정신은 망각하고 형식만 강조하게 되었던가 보다. 이에 일침을 가하는 이들이 발생하기 시작했는데, 기원전 8세기 무렵 활약하던 급진적인 예언자들이다. 아모스를 통해 하셨던 하나님의 외침을 들어 보자.

> "내가 너희 절기들을 미워하여 멸시하며 너희 성회들을 기뻐하지 아니하나니 너희가 내게 번제나 소제를 드릴지라도 내가 받지 아니할 것이요 너희의 살진 희생의 화목제도 내가 돌아보지 아니하리라 네 노랫소리를 내 앞에서 그칠지어다 네 비파 소리도 내가

듣지 아니하리라 오직 정의를 물같이, 공의를 마르지 않는 강같이 흐르게 할지어다"(암 5:21-24).

절기나 제사는 집어치우고 정의와 공의를 구현하라 하신다. 이와 같은 정신은 미가나 예레미야의 예언에도 많이 발견된다렘 7:1-7, 6:20. 제사나 절기보다도 가난한 사람과 이웃부터 먼저 돌보라는 절절한 하나님의 말씀이다. 이렇게 어용 종교인들의 형식주의와 이기주의에 항거하여 목소리 높이던 아모스와 예레미야는 편히 살지 못했다. 아모스가 제사장 아마샤와 한판 벌인 일화는 유명하다암 7장. 예레미야는 여러 부류의 사람들로부터 목숨의 위협을 자주 받았다렘 11:19, 18:18, 26:8.

반면, 목숨을 위협 받을 염려도 없이 종교적 형식주의에 일침을 가한 이도 있었는데 바로 다윗이다. 시편 51편은 다윗이 밧세바와 부정을 저지르고 그의 남편을 죽음으로 내몬 뒤 선지자 나단의 꾸지람을 듣고 회개한 내용을 담고 있는 것으로 알려져 있다. 물론 이 전승이 본문이 아닌 머리글에 있기에 다윗 저작을 부정하는 학자들도 있다. 아무튼 다윗은 자신의 죄악 된 속성을 처절하게 토로한다. 심지어 자기는 죄악 중에 출생하고 어머니가 죄 중에 자기를 낳았다고 하며5절, 자신을 무섭게 끌어 당겨 거부하기 어려웠던 그 순간을 다윗은 이토록 강하게 표현하였다. 그러면서 그가 깊이 깨달은 바가 있었다. 율법과 제사장들이 늘 강조하였던 속죄제사나 속건제사가 충분한 것일까? 동물을 잡아 제사를 드리고 손 털고 돌아서면 죄의 문제가 말끔히 해결되는가? 마치 신약성서의 바울처럼 벌써 구약시대 율법의 한계를 감지한 다윗은 이렇게 털어놓는다.

> "주께서는 제사를 기뻐하지 아니하시나니 그렇지 아니하면 내가 드렸을 것이라 주는 번제를 기뻐하지 아니하시나이다"(시 51:16).

맞는 말이다. 우리가 잘못을 저질러 경찰서에 끌려가고 법정에 선 뒤 벌금을 물거나 징역을 살았다 하더라도, 또 자신의 잘못에 대한 후회를 하더라도 죄악을 저지르고자 하는 우리의 본성 자체가 사라지는 것은 아니다참조, 시 40:6; 삼상 15:22. 우리는 언제든지 같은 범죄를 또 저지를 준비가 된 자들이다. 마치 다윗이 자신이 죄악 중에 출생하였고 죄가 항상 자기 앞에 있다고 하는 것처럼 말이다시 51:3. 제사라는 형식이 죄라는 인간의 본성, 인간의 마음의 문제를 변화시키기는 어렵다. 그래서 다윗은 이렇게 또 고백한다.

> "하나님께서 구하시는 제사는 상한 심령이라 하나님이여 상하고 통회하는 마음을 주께서 멸시하지 아니하시리이다"(시 51:7).

인간의 죄악 된 속성은 제사 같은 형식적 행사로 절대 해결할 수 없다. 마음에 변화가 있어야 한다. 그런데 그 마음을 인간이 상하고 통회하게 컨트롤할 수 있었다면 다윗이 이 시를 만들지도 않았을 것이다. 오직 하나님이 개입하셔서, 그것도 우리의 마음속에 강권적으로 역사하셔야만 해결될 수 있는 것이다.

> "하나님이여 내 속에 정한 마음을 창조하시고 내 안에 정직한 영을 새롭게 하소서"(시 51:10).

이 시는 여기서 그치지 않는다. 마지막에 작은 반전이 있다. 제사보다는 상한 심령이라 하지만, 이 노래는 다시 온전한 제사를 하나님께 드리기를 소망하며 끝을 맺는다.

> "주의 은택으로 시온에 선을 행하시고 예루살렘 성을 쌓으소서 그때에 주께서 의로운 제사와 번제와 온전한 번제를 기뻐하시리니 그때에 그들이 수소를 주의 제단에 드리리이다"(시 51:18-19).

학자들은 이 구절을 후대의 편집으로 보기도 하고, 이 시 자체를 포로기의 저작으로 보기도 하며 이 반전을 해명하려 하였다. 예루살렘 성을 (다시) 쌓으라는 말이 이 성이 무너지고 포로로 잡혀가 제사를 드릴 수 없었던 상황을 반영하며, 제사를 절대적으로 여기지 않는 다윗의 토로에 균형을 잡아 주기 위한 후대의 부가설명으로 보기도 한다. 무슨 설명이 옳든 간에 분명한 것은 이 마지막 구절로 말미암아 제사라는 형식적 행위와 상한 심령이라는 내면적 진정성이 서로 균형을 이루고 조화를 이루게 된다는 것이다. 경찰서에 잡혀 온 범법자가 절절히 뉘우치고 사죄를 한다고 해도 사법적 대가는 치러야 하는 것처럼 말이다.

다윗처럼 상한 심령과 정한 마음, 정직한 영이 그 누구보다도 절실했던 이가 있었다. 바로 예레미야다. 내면의 진정성보다는 종교의 형식을 중요하게 여기던 이스라엘 사회에 질타를 던지기도 했지만 무엇보다도 자기 자신 때문이었다. 예레미야는 자기 자신을 돌아볼 때마다 한숨뿐이었을 것이다. 오죽하면 별명이 눈물의 선지자였을까. 그토록 화려하게 하나님으로부터 부름을 받았건만 늘 자신은 하나님께 원망과 눈물의 토로를 하기 일쑤였다. 학자들이 그의 눈물의 고백들을 따로 분류하였을 정도다 11:18-12:6, 15:10-21, 17:14-18, 18:18-23, 20:7-13, 20:14-18. 그가 바라보는 인간의 내면과 속성은 그리 밝지 못하다. "악을 행하기에는 지각이 있으나 선을 행하기에는 무지"하고, 그 "얼굴을 바위보다 굳게 하여 돌아오기를 싫어"하며, 아프리카 사람이 그 검은 피부를 그리고 표범이 자기 몸의 반점을 변하게 할 수 없는 것처럼 인간은 뼛속 깊이 악인이라 토로한다렘 4:22, 5:3, 13:23. 이런 예레미야를 통하여 하나님께서는 구약의 율법이 어떤 운명을 맞이할 것인지 매우 의미심장한 말씀을 전하신다. 의미심장 정도가 아니라 기독교 신학의 입장에서 보자면 구약에 암시되어 있는 신약시대 도래의 예고이기도 한 결정적인 예언이다.

> "여호와의 말씀이니라 보라 날이 이르리니 내가 이스라엘 집과 유다 집에 새 언약을 맺으리라 이 언약은 내가 그들의 조상들의 손을 잡고 애굽 땅에서 인도하여 내던 날에 맺은 것과 같지 아니할

것은 내가 그들의 남편이 되었어도 그들이 내 언약을 깨뜨렸음이라 여호와의 말씀이니라 그러나 그날 후에 내가 이스라엘 집과 맺을 언약은 이러하니 곧 내가 나의 법을 그들의 속에 두며 그들의 마음에 기록하여 나는 그들의 하나님이 되고 그들은 내 백성이 될 것이라 여호와의 말씀이니라"(렘 31:31-33).

애굽 땅에서 인도할 때에 맺은 언약은 오경의 핵심이며 시내 산에서 이스라엘 백성이 받은 '율법'을 의미한다. 하지만 이제 새 언약이 올 것이다. 그리고 그 언약은 십계처럼 돌판에 새겨지는 것이 아니라 '마음'에 새겨지는 것이다.

이렇게 구약성서는 율법의 한계를 종종 언급하면서, 조심스레 새로운 대체를 암시한다. 율법보다는 사랑과 은혜, 행위보다는 마음 중심의 신앙이 도래할 것이다.

안 돼!

또 하나의 율법에 대한 오해를 말해 보자. 구약성서의 법은 대부분이 '안 돼!'이다. 거의 모두 '너는 … 말라' 식의 금지령이다. 제일 유명한 십계명을 한번 살펴보라. 딱 두 계명, '안식일을 거룩하게 지키라'와 '네 부모를 공경하라'만 제외하고 다 금지령이다출 20:2-17. 이를 놓고 어떤 이는 구약의 종교가 매우 부정적이고 강압적인 것이라 폄하하려고 한다.

영국에서 유학 생활을 할 때 재미있는 이야기를 들었다. 런던 북쪽 어느 곳에 가면 한국 유학생 가정들이 많이 사는 기숙사가 있다. 이곳은 자녀가 있는 기혼자 학생들을 위한 곳이었다. 고풍스러운 기숙사 건물 한가운데에 놀이터가 있는데, 당연히 거기엔 많은 한국 아이들이 외국 아이들과 섞여 놀곤 한다. 그런데 그 놀이터에서 노는 아이들 중 한국인이 아닌 외국 아이들이 놀다가 자주 한국말로 '안 돼' 하고 소리를 지른다고 한다. 한국 아이들이 많다 보니 외국 아이들도 섞여 놀다가 배우게 된 말이다. '안 돼'는 그렇다면 한국 아이들이 놀이터에서 가장 자주 사용한 말일 테고, 또한 그 한국 아이들이 자기 엄마로부터 가장 자주 그리고 강하게 들었을 말인 것이다. 영국 아이들도 어쩌면 자기 엄마로부터 "No!"를 자주 가장 강하게 들었을 것이다. 심지어 한국에는 사람 말을 할 줄 알아 저명한 학술지에도 오른 코끼리 '코식이'가 있는데, 이 코끼리가 할 줄 아는 다섯 개의 단어 중 하나가 '아니야'다. 자기 자식처럼 키운 사육사로부터 자주 들었던 단어인 것이다.

어린 자녀를 아끼고 사랑하는 부모의 마음은 '보호본능'에서 제일 강하게 표출한다. 아무것도 모르는 어린 생명은 제한과 금지를 통해 부모의 애정을 경험하게 된다. 사람도 동물도 마찬가지다. 때문에 하나님이 우리 인간에게 명하는 계율이 대부분 '안 돼'인 것은 하나님이 인간에게 무엇이며 인간이 하나님에게 무엇인지 잘 알게 해준다. 하나님과 인간의 관계를 비유하는 여러 표현이 있지만 그중 성경에 자주 언급되는 것은 '아버지와 아들' 혹은 '목자와 그의 양'이다.

인간의 근본은 신 앞에선 어린아이이다. 구약의 많은 금지령은 구약 종교의 부정적 정서가 아니라 부모 같은 하나님의 보호본능을 보여 주는 뜻 깊은 것이다. 부모는 "안 돼!"를 외쳐서 자녀를 자기가 보호할 수 있는 영역 안에 둔다. 그래야만 무슨 일이 생길 때 얼른 가서 구해 줄 수 있기 때문이다. 하나님이 인간에게 주신 많은 금지령도 유사하게 생각할 수 있다. 인간은 거짓말도 하지 말고 도둑질도 하지 않아야 하며 살인도 금해야 한다. 이 금지는 단지 윤리적 가르침을 주기 위한 것만이 아니다. 그 근본에는 하나님이 언제라도 우리를 안전하게 보호하시고 무슨 일이 있으면 아무 탈 없이 속히 우리를 구원하시기 위해 그 공간을 확보하시려는 것이다. "안 돼!"는 사실 이처럼 매우 심층적인 종교적 의미가 담겨 있다. 인간을 알고 윤리적 종교관을 꿰뚫어 보게 한다.

Part 5

신앙과 종교

당당한 솔로, 하나님 **여호와 유일신 사상**
읽지 말고 듣자 **성경**

14

당당한 솔로, 하나님
여호와 유일신 사상

선지자 호세아와 그의 바람둥이 아내 고멜. 1372년경 작자 미상 작품.
The Bible Historiale, Den Haag CC-PD-Mark

주변에 오래 묵은 노총각을 보거나 중년에 갑자기 혼자가 된 남자를 보면 우리는 매우 안쓰러워한다. 독신주의자들에게는 죄송스러운 말씀이지만 적정 연령이 되면 아내도 있고 자식들도 있어야 왠지 안정적이고 훈훈해 보인다. 그런데 우리가 믿는 여호와 하나님께서는 영원무궁한 솔로이신 것을 아는가? 아내나 자녀는 물론 친구도 없으시다. "신이 어떻게 솔로이셔?" 이 말은 우리가 듣기에 우습게 들리지만, 고대 서아시아의 많은 사람들은 정말 의아하게 질문하던 말이었다.

현대의 많은 기독교인들은 유일신 신앙에 너무 익숙한 나머지 오히려 신이 여럿 있다는 사상이 이상하게 들릴 것이다. 사실 유일신 사상은 많은 종교의 신관에 있어 다소 어색한 신념이다. 워낙 강력한 메이저급 종교인 기독교, 이슬람, 유대교가 철저히 유일신관을 따르다 보니 어느새 우리는 신을 믿는다면 그분은 꼭 한 분뿐일 것이라 믿는다. 하지만 가까운 일본을 보라. 아니면 기독교가 한국에 들어오기 전 한국을 생각해 보라. 다른 여러 종교들을 둘러보라. 유일신 사상은 그리 많지 않다.

많은 종교의 신화들을 보면 신의 세계는 대개 인간 세계의 반영이다. 구약성서와 관련이 깊은 가나안의 '바알 신화'나 메소포타미아 지역의 '에누마 엘리쉬' 등을 보라. 당시 가부장적인 사회에 걸맞은 신들의 사회가 나온다. 아버지나 왕 같은 우두머리 신이 있고, 능력자답게 아내와 여러 자녀들을 두고 있다. 서로 질시하고, 싸우고 또 화합하고 사랑도 하고, 이렇게 많은 부분에서 인간 세계를 투영한다. 그래서 때론 학자들이 신화를 연구하여 역으로 당시 인간 사회의 어떤 분야를 관찰하기도 한다. 신들의 왕이나 왕궁을 연구하면 당시 인간 사회의 왕의 기능이나 왕궁의 이모저모를 재구성할 수 있다.

사실 그 옛날 원시인들에게, 신들이 인간과 유사한 생활을 할 것이란 상상은 너무나 당연한 것이었다. 지금과 같은 형이상학적이고 철학적인 사고가 발달하지 않던 때라, 신을 그저 인간 이상의 강력한 존재로밖에 이해할 길이 없었을 것이다. 구약성서 시대의 이스라엘 사람들도 예외는 아니다. 일부 지혜 전통의 문헌을 제외하곤 그리 정교한 철학적 사고가 발견되지 않는다.

주변 어디를 보아도 가족도 없이 처량하게 홀로 지내는 신은 없었다. 신이 인간처럼 가족이 있거나 성행위를 하는 것이 아니라는 형이상학적 신관은 오히려 괴상한 생각으로 취급 받았을 것이다. 하나님은 자녀도 아내도 없는 영원한 솔로라고 누군가가 말했다면, 오히려 감히 하나님을 독거노인 취급한다며 화를 내었을 것이다. 그래서 많은 이스라엘 사람들은 열왕기서가 증거하는 것처럼 열렬히 가나안의 여신 아세라를 섬겼다. 하나님이 아세라와 인연이라도 맺어야 더 큰 풍요가 찾아오리라 믿었을 것이다. 물론 가나안의 최고신 엘의 마누라를 하나님이 좋아하실 리 없었다.

가나안의 여신; CC0 1.0

구약시대 이스라엘 사람들이 철저한 유일신 사상을 가지고 있었을 것이라는 생각은 큰 오해다. 단적으로 열왕기서의 기록을 보라. 어느 한 왕도 제대로 여호와 하나님만 섬겨 본 적이 없다. 오직 히스기야와 요시야만이 이방 신상을 부수고 종교개혁을 단행했다. 왕이 그 정도니 일반 백성이야 말하지 않아도 뻔하다. 하나님이 이스라엘 백성을 약속의 땅에서 몰아내신 이유도 그들이 오직 여호와만 섬기는 것에 실패했기 때문이다. 무지한 백성들만 그랬다면 하나님이 좀 봐주셨을까? 하나님은 나라의 지도자인 솔로몬 왕이 이방신들을 너무나 즐겨 섬기자 아주 직접적으로 이를 지적하시고 통일 왕국을 끝장내셨다왕상 11:4-11.

반면 구약성경에 나온 그 강력한 유일신 신념은 무엇이냐고 반문할 수도 있을 것이다. 그 당시 구약성서와 같은 문헌을 읽거나 작성할 수 있던 사람은 극히 적었다. 주후 1세기 팔레스타인에 살던 유대인들의 문맹률은 거의 97%였다. 대부분의 일반 백성들은 간신히 자기 이름 정도 쓸 줄 알았고, 3%의 극히 일부 엘리트들만 제대로 된 교육을 경험하였다. 그러니 이보다 수세기 전 구약성서 시대의 사정은 말 안 해도 알 만하다. 일부 교육 받은 엘리트 중에서도 아주 일부였던 강력한 여호와 추종자들의 산물이 바로 이 구약성서다. 그러니 이 기록이 당시 이스라엘 백성 전체의 보편적 신앙 상태를 대표할 수는 없는 것이다.

교육뿐만 아니라 정보 교류도 문제였다. 당시에는 책도 TV도 인터넷도 없었다. 중앙의 올바른 지침이 변두리로 제대로 전달될 가능성이 극히 적었다. 아무리 여호와주의자들이 목소리를 높여 울부짖어도 그 신앙 사상이 저 멀리 한구석에 있는 시골 마을에까지 올바르게 전달될 리 만무하였다. 심지어 현대에도 중앙정부의 통제가 시골 골짜기까지 제대로 전달되지 못해서 나라 법보다는 마을 장로들의 권위가 더 효력이 있는 지역도 있다.

현대 기독교인들은 철저한 유일신 사상에 잘 길들여져 있다. 그 시각으로 그 옛날 고대 이스라엘의 구약성경을 읽어서는 곤란하다.

유일한 하나님? 가나안에서의 혼란

이스라엘 사람들이 정착하게 된 가나안 땅에는 이미 많은 신들이 있었다. 우리가 잘 아는 바알과 아세라 말고도신 16:21, 자식을 불에 던져 섬기던 몰렉왕하 16:3, 21:6, 23:10; 렘 7:31, 태양신 세메쉬왕하 23:11, 다산과 성적 사랑의 여신 아나트 등이 있다. 이스라엘은 이들 신에 쉽게 매료되고 말았다. 성서도 이를 증언하지만 고고학적 발견도 충격적이다. 여호와 하나님을 자꾸만 아세라나 아나트 같은 여신과 함께 섬긴 증거가 발굴된 것이다. 하나님이 제일 싫어하던 것이 바로 이렇게 섞어 믿는 혼합주의였는데 말이다.

기원전 8세기의 문헌에 보면Kuntillet Ajrud; Khirbet el Qom '여호와와 그의 아세라'라는 표현이 나온다. 마치 '하나님과 그의 아내'를 표현하는 것처럼 말한다. 기원전 6세기 말의 엘레판티네Elephantine 문헌은 여호와의 신전에서 아나트도 같이 섬겼던 것을 말하고 있다. 그만큼 그들은 유일신 사상과는 거리가 멀었다.

한번 당시 상황을 상상해 보자. 주변 가나안 토박이들이, "이봐, 이 땅에서 잘살려면 바알한테 절해야지 여호와는 무슨… 그 옛날 자네들이 광야에서 헤맬 때나 필요했던 신이지 언제 여호와가 농사 지어 봤대? 가뜩이나 비가 안 와서 큰일인데 괜히 부정 타는 짓거리는 허들 말구, 당장 내일 바알한테 절하러 와! 안 오면 확 쫓아내 불 꺼야!" 이렇게 윽박지르면 할 말이 없었을 게다. 당시 비가 안 오는 것은 당장 자신과 가족의 생사가 달린 절박한 문제였다. 오죽하면 엘리야가 바알 선지자들과 비 내리기 시합을 했겠는가.

하지만 그래도 그들이 본래부터 우리처럼 절대적인 유일신 사상을 믿었다면 가나안 땅에 가서 그렇게 쉽게 다른 신들을 따르진 않았을 것이다. 유일신 사상이 있었다면 최악의 경우 하나님을 버리고 다른 신을 믿는 개종을 했으면 했지, 다른 신과 함께 믿는 혼합주의는 있을 수 없었을 게다. 그렇다면 그 당시 이스라엘 사람들이 가졌던 신관은 어떤 것일까? 이를 살펴볼 수 있는 중요 본문들이 몇 있는데 한번 살펴보자.

어느 날 자기의 목숨을 끈질기게 노리던 사울에게 다윗이 했던 말이 있다삼상 26:19. 자기를 이스라엘에서 쫓아내려 한 이들이 이렇게 말했다는 것이다. "너는 가서 다른 신들을 섬겨라." 다른 민족 다른 나라 다른 지역에 가면 그곳의 다른 신을 믿어야 한다는 의미다. 유사한 의미가 룻기에도 보인다.

> "나오미가 또 이르되 보라 네 동서는 그의 백성과 그의 신들에게로 돌아가나니 너도 너의 동서를 따라 돌아가라 하니 룻이 이르되 내게 어머니를 떠나며 어머니를 따르지 말고 돌아가라 강권하지 마옵소서 어머니께서 가시는 곳에 나도 가고 어머니께서 머무시는 곳에서 나도 머물겠나이다 어머니의 백성이 나의 백성이 되고 어머니의 하나님이 나의 하나님이 되시리니"(룻 1:15-16).

당시 사람들은 자기네가 정착해서 살고 있는 그 지역의 신을 믿어야 한다고 믿었다. 이스라엘 백성의 경우, 여러 지역에 여러 신들이 있지만 우리 이스라엘은 여호와 하나님만 따라야 한다는 믿음을 가졌다. 다신론도 아니지만 철저한 유일신론도 아니고, 이와 같은 신앙을 일종의 단일신사상henotheism이라 부르기도 한다. 다른 지역을 관할하는 다른 신들의 존재를 부정하지 않고, 다만 우리는 우리가 따르는 한 신을 섬기겠다는 믿음이다.

물론 당시에 여호와만이 우주의 유일무이한 신이라는 철저한 여호와 신봉자들이 왜 없었겠는가? 하지만 그들의 외침은 성공적이지 못했다. 엘리야나 엘리사의 외로운 투쟁을 보면 짐작이 간다. 아합 왕 때는 바알 종교가 국교였으니 말이다왕상 16:31-33. 이때가 기원전 9세기 즈음의 일이다.

유일한 하나님! 바벨론에서의 다짐

이러다 8세기 후반, 가정불화로 심란한 한 선지자가 이렇게 외쳤다.

> "그러나 애굽 땅에 있을 때부터 나는 네 하나님 여호와라 나밖에 네가 다른 신을 알지 말 것이라 나 외에는 구원자가 없느니라"(호 13:4).

호세아라는 이 선지자는 바람둥이 아내를 둔 것으로 유명세를 떨치던 이였다. 흥미롭게도 그는 자기의 가정불화를 바탕으로 바람피우는 아내가 곧 이스라엘 백성이요, 이 때문에 분노하고 상처 받으신 이가 바로 남편 되시는 하나님이라고 설교하고 다녔다. 이런 뜻밖의 경력을 가진 호세아의 침 튀기는 열변은 꽤 설득력이 있었다. 하나님은 이스라엘 백성이 이집트에서 노예로 고생할 때부터 연분을 쌓아 온 그들의 오랜 연인이요 남편이나 다름없었기 때문이다. 그런데 가나안 땅에 와서는 다른 '남자' 바알과 바람을 피웠으니, 하나님의 생생한 고통을 당시 이스라엘 남자들은 상상을 통해 즉감할 수 있었다.

"그녀가 귀고리와 패물로 장식하고 그녀가 사랑하는 자를 따라가서 나를 잊어버리고 향을 살라 바알들을 섬긴 시일대로 내가 그녀에게 벌을 주리라 여호와의 말씀이니라"(호 2:13).

"내가 바알들의 이름을 그녀의 입에서 제거하여 다시는 그의 이름을 기억하여 부르는 일이 없게 하리라"(호 2:17).

이 설교가 현직 바람둥이 사모를 두고 있는 호세아의 입에서 나왔으니 얼마나 생생하고 절절했을까? 당시 지독한 가부장적 사회에서 여자가 평생토록 한 남자만을 알아야 하는 것처럼, 아내 이스라엘도 한 남편 여호와만 섬겨야 하는 것이 옳지 않은가? 호세아는 우리가 하나님만 섬겨야 할 것을 말하면서 논리적인 타당성이나 정합의 이론을 제시한 것이 아니었다. 한 사람과의 사랑의 신의를 어찌 버리려 하느냐 하며 감성에 호소하였다.

바알. 비를 주관하던 신답게 손에 천둥을 쥐고 있다. 석회암에 새겨진 것으로 시리아의 Ras Shamra에서 발굴된 고대 도시 우가릿의 유물이다. 기원전 약 15~13세기 사이의 작품으로 여겨진다; Louvre Museum; PD-self

호세아의 기막힌 '바람난 아내' 비유는 당시 북이스라엘이 겪던 역사적 위기와도 함께하였다. 당시 고대 민족들은 총체적 위기를 겪을 때면 한 신에게만 집중하는 한시적 일신 사상을 드러내곤 하였다. 메소포타미아 지역에서도 마치 구약성경에서나 볼 수 있을 것만 같은 선언들이 발견된다. 예를 들어 다음과 같은 표현이다. "나부 외에 다른 신들은 섬기지 말자. 우리를 올바른 길로 인도할 신은 당신 외에는 없도다." 이스라엘도 예외는 아니었다삼상 7:2.

하지만 북이스라엘과 남유다 모두 패망하였다. 소위 '신명기 역사가'라 불리는 이들이 두 왕국의 패망사를 정리하여 남겼는데, 여호수아서, 사사기, 사무엘서 그리고 열왕기서다. 신명기 역사가는 매우 유일신적인 '오직 여호와' 신앙으로 모든 역사를 해석한 이들이다. 그들의 모토는 다름 아닌 이 유명한 구절이다.

> "이스라엘아 들으라 우리 하나님 여호와는 오직 유일한 여호와이시니"(신 6:4).

이 사조의 기원을 많은 학자들은 북이스라엘로 보며 호세아와 연관 짓기도 한다. 안됐지만 호세아 개인의 불행은 이렇게 조직의 복락을 가져왔다. 북이스라엘의 멸망 후 이 '오직 여호와' 사상이 남쪽으로 건너왔고, 그 유사한 사상과 결합하여 신명기적 사상이 형성된 것으로 본다. 이 신명기적 신학이 충만했던 예언자가 예레미야이고, 그가 북이스라엘과 매우 근접한 아나돗 출신이었던 것은 우연이 아닐 것이다.

이 신명기 사상의 서곡은 8세기 말에서 7세기 초 남쪽 히스기야 왕에 의해 울렸다.

"그가 여러 산당들을 제거하며 주상을 깨뜨리며 아세라 목상을 찍으며 모세가 만들었던 놋뱀을 이스라엘 자손이 이때까지 향하여 분향하므로 그것을 부수고 느후스단이라 일컬었더라"(왕하 18:4).

이후 7세기 말 요시야 왕 때 이르러 신명기 사상은 그 꽃을 피운다. 우연히 성전을 수리하다 율법책을 발견하는데, 이 책을 왕에게 읽히자 크게 회개하고 강한 종교개혁을 일으킨 것이다왕하 23:4-14, 24. 그런데 그 개혁의 내용이 신명기 12-26장에 나타난 신앙 규율을 철저히 따르는 것이었다. 그래서 많은 학자들은 그 책이 바로 묻혀 있던 신명기서라고 말하기도 한다. 반면 혹자들은 요시야 왕 주변의 여호와주의자들이 꾸민 '영리한' 자작극이라고 말하기도 한다. 어느 설명이 옳든 간에 이 요시야의 종교개혁은 '오직 여호와' 운동에 초석이 된 그야말로 신명기 사상의 꽃이라 할 수 있다.

사실 남유다는 그때까지 시내 산에서부터 흘러 내려오던 고귀한 신앙 유산을 묻어 놓고 있었다. 다윗-솔로몬 정권 때 시내 산 전승보다 더 우위를 차지하게 된 새로운 이념이 발전하는데 바로 '왕정신학'이었다. 하나님은 다윗 가문과 예루살렘과 영원히 함께하신다는 매우 민족주의적인 종교-정치 이념이었다.

이 왕정신학도 후대에 종말사상과 묵시사상에 합류하여 그 꽃을 피우기는 하지만, 신명기 사상가들의 시각에는 남유다 왕국의 '왕자병' 증상으로 보이기도 했다. 그래서 예레미야와 에스겔은 북이스라엘과 남유다를 날라리 자매로 묘사한다. 언니 북이스라엘이 노는 남자애들과 개념 없이 어울리다가 인생을 망쳤는데 동생 남유다도 그걸 보고 깨닫기는커녕 똑같이 놀다가 망했다는 것이다렘 3:6-11; 겔 23장. 실제로 남유다는 북이스라엘이 아시리아에 망하는 것을 보고 좋다고 손뼉을 쳤다. 이후 아시리아가 남유다의 예루살렘 공략에 실패하자 너 의기양양해졌다대하 32장. 그래서 좀 더 순수하다 할 수 있는 시내 산의 신앙 유산은 정말로 성전 안에 묻혔다가 발견된 율법책처럼 깊숙이 묻히게 된 것이다.

요시야의 개혁은 단지 종교적 의미만 있지 않았다. 당시 그 지역 패권을 가지고 있던 아시리아가 주춤하던 와중, 이 종교개혁을 통해 외부 세력으로부터 이스라엘을 독립시키고자 했던 정치적 운동이기도 했다. 그러나 이 개혁도 한때뿐, 요시야가 죽자 이스라엘은 다시 이 신 저 신에 기웃거렸다렘 44:17-18, 참조. 그리고 결국 남유다도 바벨론에 나라를 빼앗기고 만다. 화려한 왕정신학으로 기세등등하던 예루살렘은 난공불락이라더니 그저 여지없이 무너져 버렸다.

이스라엘은 그들 민족과 종교의 최대 위기를 맞이했다. 하지만 아이러니하게도 이스라엘은 그제야 가장 강하고 고귀한 여호와 신앙의 정수를 붙잡기 시작한다. 바벨론 포로기는기원전 587/6~538 유일신 사상의 요람기가 된다. 그리고 이때 신명기 및 신명기적 역사수-삿-삼-왕가 더 공교하게 만들어져 갔다.

나라를 잃은 이스라엘 백성의 혼란과 좌절로 여호와 신앙은 큰 타격을 입었다. 다른 지역에 있는 다른 신들의 존재를 인정하던 당시 사람들은 이스라엘의 여호와가 바벨론의 마르둑 신에게 전쟁에서 패하였다고 생각했다. 그러나 이스라엘 종교지도자들은 이에 물러서지 않고 이를 악물고 외쳐댔다. "여호와가 바로 신, 그분뿐이시다!" 이 우주엔 감히 여호와와 싸울 수 있는 다른 신은 없다는 당찬, 그리고 당시 상식으로 보아선 황당한 선언이었다. 포로기를 배경으로 씌어진 제2 이사야, 즉 이사야 45-55장을 보자.

> "나 여호와가 말하노라 … 나의 전에 지음을 받은 신이 없었느니라 나의 후에도 없으리라 나 곧 나는 여호와라 나 외에 구원자가 없느니라 내가 알려 주었으며 구원하였으며 보였고 너희 중에 다른 신이 없었나니 그러므로 너희는 나의 증인이요 나는 하나님이니라 여호와의 말씀이니라"(사 43:1-12).

> "… 나는 처음이요 나는 마지막이라 나 외에 다른 신이 없느니라 … 너희는 나의 증인이라 나 외에 신이 있겠느냐 과연 반석은 없나니 다른 신이 있음을 내가 알지 못하노라"(사 44:6-8).

동시에 이방의 각종 신들은 그저 하나님이 만드신 나무나 돌덩어리를 깎아 놓은 것이라며 조롱한다사 44:9-10, 14-17, 46:1-2, 5-7. 이스라엘의 하나님만이 유일한 신이며 세상의 창조자이신 것이다사 43:1-3, 45:12, 48:12-13. 이에 발맞추어 새롭게 정비된 신명기서의 선언도 살펴보기 바란다신 4:35, 39.

처절한 투쟁과 고통의 산물, 유일신 사상

계시라는 것이 그렇다. 우리가 가지고 있는 고귀한 신앙의 유산을 우리는 그저 하늘에서 어느 날 뚝 떨어진 것처럼 생각하기도 했다. 하지만 성경과 당시 역사를 살펴보면 그런 것은 거의 없다. 예초에 계시라는 것은 하나님이 인간에게 '겪게' 하시고 우러나오게 하신다. 계시가 그런 것이 아니라면 하나님은 우리에게 그냥 어느 교리서를 툭 던져 주셨지, 이렇게 이스라엘 민족의 영광과 굴욕의 역사에 동참하시고 그 기록을 남기시는 수고를 하지 않으셨을 것이다.

지금 많은 기독교인들이 너무나 자연스럽게 따르고 있는 여호와 유일신 사상도 그냥 쉽게 얻어진 것이 아니다. 믿음의 선조들이 피와 눈물의 투쟁을 통해 지키고 보존하여 우리에게 전수한 것이다. 그 원시적이던 다신론 사상이 고이고이 잘 발달하다가 수준 높은 철학적 단계에까지 이르러 유일신 사상에 이른 것이 아니다. 엘리야 선지자가 목숨을 걸고 싸웠고, 호세아 선지자가 굴욕을 견디며 선포한 것이다. 이스라엘 백성들조차 포로기 때에는 저버리려 하던 것을, 생존의 결단을 하고 보듬어 안고 울부짖었던 것이 바로 이 '오직 여호와' 믿음인 것이다. 제2 이사야서의 힘차고 장엄한 유일신 선포 뒤에는 사실 애끓는 울부짖음이 있었던 것이다. 성서시대 이후 초기 기독교에도 그리고 근대의 선교 현장에서도 많은 믿음의 선진들은 이 신앙을 지키고 전수하기 위해 불구덩이나 사자 굴에 던져져야만 했다.

'오직 여호와' 신앙의 힘은 여기에서 나온 것이다. 신학 이론의 변증이 아니다. 한 여인이 한 남자에게 충절을 다해야 한다는 호세아의 경험담이 신앙적 신의를 부르짖게 하였다. 옛적 내게 찾아와 대속의 은혜와 사랑을 경험하게 하시고 새롭게 태어나게 해주신 하나님에 대한 신의다. 유일신 사상이 이론적인 변론을 찾기는 어렵지만, 날 살려 새롭게 살게 하신 그 경험을 신뢰하고 신앙적 변절을 하지 않으리라는 의지가 바로 여호와 유일신 사상의 근저가 되는 것이다.

누군가 우리에게 "왜 너희는 너희가 믿는 것만 옳다고 독단을 부리느냐" 하고 묻는다면 어떻게 대답해야 할까? 그 답을 논문에서 찾으려 한다면 영원히 답을 하지 못할 것이다. 이때 호세아는 이렇게 말했다. "왜 한 남편만? 왜 한 신만?" 이렇게 대드는 아내 그리고 이스라엘에게 이렇게 말했다.

> "그러므로 보라 내가 그를 타일러 거친 들로 데리고 가서 말로 위로하고 거기서 비로소 그의 포도원을 그에게 주고 아골 골짜기로 소망의 문을 삼아 주리니 그가 거기서 응대하기를 어렸을 때와 애굽 땅에서 올라오던 날과 같이 하리라"(호 2:14-15).

이스라엘이 '어렸을 때' 하나님의 기적적인 사랑으로 '이집트에서 올라와' 시내 산에서 처음으로 하나님과 사랑의 언약을 맺고 '거친 들' 즉 광야에서 하나님과 신혼의 사랑을 나누었다. 하나님은 한때 자신을 알았지만 떠나 버리려는 이에게 하나님과의 '첫사랑'의 기억을 되살리자고 하셨다.

이처럼 우리가 우리의 믿음의 고유함을 말할 수 있는 길은 이론이 아니라 간증이다. 하나님과의 동행을 통해 자신이 살아나고 웃고 기뻐할 수 있었던 생생한 기억이, 나에겐 하나님뿐이라는 가장 강력한 증언이 되는 것이다. 백 마디의 이론적 변증보다 더 확실한 '신 존재 증명'은 바로 하나님과 함께한 인생 경험인 것이다. 때문에 하나님이 오셔서 활발하게 활동하실 수 있는 내 삶의 공간을 우리는 늘 부족하지 않게 확보해 놓아야 한다.

15
읽지 말고 듣자
성경

●

1524년판 독일 루터 성경의 마태복음 첫 장.
당시 성경이 라틴어로만 번역되어 일반인들이 잘 읽을 수 없었으나,
마르틴 루터가 독일어로 번역함으로써
성경이 일반인들 사이에서 크게 대중화될 수 있었다;

어떤 시인이 자기 책에 "내 마음은 호수요"라고 적어 넣었다. 이것을 읽은 어떤 과학자가 그 시인의 가슴에 칼을 대고 "어디 가슴 좀 열어 봅시다. 호수가 있나 없나 확인 좀 하게" 이렇게 말한다면 웃기 어려운 우스운 일이 된다. 시인의 글이 '시'라는 장르에 속한다는 것을 모르기에 나온 무지의 소치다. '내 마음은 호수요'는 논리실증적인 과학적 명제가 아니라 로맨틱한 문학적 은유다.

어느 누구든, 성서를 읽을 때면 이 책의 합당한 장르부터 알아야 한다. 그렇지 못하면 모두 엉뚱한 싸움을 하게 된다. 성서 안에는 워낙 다양한 성격의 글들이 섞여 있기에 전문적인 용어 하나로 그 장르를 지정하기가 어렵다. 시와 이야기, 설교, 서신, 묵시 등이 모여 있는 성경을 그래도 가장 포괄적으로 아우를 수 있는 정의는 '신앙고백서'다.

앞서 말한 바와 같이 성경은 역사서도 과학서도 아니다. 신문이나 뉴스처럼 고대 이스라엘에 벌어진 사건들을 액면 그대로 보고해 주고 실시간 동영상을 보여 주는 미디어가 아니다. 빅뱅 이론을 증명하기 위해 창세기

1장이 적힌 것도 아니다. 성서는 고대 이스라엘 사람들이 그 역사 속에서 경험한 하나님과의 교제를 고백하는 간증이다. 성서의 이야기들과 언어는 모두 신앙의 메시지를 전달하기 위해 역사적 혹은 과학적 정보들을 유용하고 있는 것이기 때문에, 이들 학문의 객관적 칼날에 가슴이 찢기는 일은 없어야 한다.

그렇다면 성경은 역사와 과학의 산물이 아닌 것인가? 결코 그렇지는 않다. 장르가 역사서나 과학서가 아니라는 것이지, 성서라는 문헌은 여느 인류의 유산과 똑같은 역사적 과학적 조건 아래 인간의 경험과 손으로 만들어졌다. 성경을 영화 〈해리 포터〉에 나오는 스스로 살아 움직이는 마법책처럼 착각해서는 곤란하다.

그러나 여기에는 종교적 신비가 있다. 우리가 성경책이라는 매체를 '통하여' 하나님의 계시를 접할 수 있다는 '믿음'을 가질 때 벌어지는 신비다. 성경이라는 '책'이 마법 책처럼 스스로 살아 움직이지는 않지만, 믿는 이들에게는 그 안에 적힌 하나님의 말씀이 마치 살아 있는 날선 검처럼 읽는 이의 마음을 찔러 쪼개기까지 하며 심지어 마음의 생각과 뜻을 판단까지 하는 일이 벌어진다히 4:20. 물론 이걸 과학적으로 입증할 방법은 없다. 하지만 이 신앙의 신비를 경험한 사람들의 인생이 변화되는 모습은 목격 가능하다.

이걸 경험한 사람들은 종종 성경에 쏙 빠져들어 이 책만 붙들고 살아간다. 비신앙인들이 보기에는 이들이 성경에 대해 너무 호들갑을 떠는 것처럼 보일 수도 있다. 자신들은 아무리 읽어 봐도 그냥 황당한 이야기들과 지루한 종교 의례, 나사렛의 한 불쌍한 청년에 대한 신화적 글로밖에는 보이지 않기 때문이다.

그래서 여기서 성서에 대한 짤막한 가이드를 해드리고자 한다. 고대 이스라엘의 문화 기행을 마치면서, 우리를 그 세계로 인도하여 준 성경, 이 책의 정말 독특하고 고유한 성격을 같이 알아보도록 하자.

우상이 되어 버린 문자

많은 그리스도인들이 사랑하는 시편 23편의 첫머리를 읽어 보자.

> "야훼는 나의 목자, 아쉬울 것 없어라. 푸른 풀밭에 누워 놀게 하시고 물가로 이끌어 쉬게 하시니."

응? 아마 개신교 교회에 열심히 다닌 분들은 위 구절의 문체가 좀 어색할 것이다. 그렇다면 다음 말투는 어떤가?

> "여호와는 나의 목자시니 내게 부족함이 없으리로다 그가 나를 푸른 풀밭에 누이시며 쉴 만한 물가로 인도하시는도다."

이 구절을 즐겨 암송하셨던 돌아가신 아버지의 나지막한 음성이 들리는 듯하다. 나 같은 개신교인은 앞의 말투보다는 뒤의 것에 훨씬 더 친숙하고 더 큰 감화를 느낀다.

앞의 말투는 '공동번역'에서 따온 것이고 뒤의 것은 '개역개정'이다. 많은 개신교인들은 개역개정으로 성경을 읽어야 하나님 말씀의 지극한 은혜를 체험할 수 있지 다른 번역은 왠지 감이 떨어진다고도 한다. 그런데, 그럼 이건 좀 문제가 아닐까? 하나님이 이 성경구절을 통해 전달하시려는 진정한 메시지는 그 '내용'에 담겨 있다. 문체는 그저 이 내용을 전달하는 옷일 뿐인데, 그 말투에 끌린다고 한다면 진정한 말씀의 의미를 묵상하는 데 집중하지 않았다는 것이 아닌가? 사실 위의 두 번역에서 전달하려는 '하나님의 말씀'은 동일한 의미다.

어느덧 우리는 수없이 쏟아져 나오는 각종 번역의 홍수로 배가 부른가보다. 같은 하나님의 말씀인데도 우리의 입맛에 맞아야 한다. 지금 세계의 많은 곳에서는 어느 문체든 그저 성경 한 구절이라도 더 읽고 싶어서 안달인 그리스도인들이 많다. 아예 성경 자체가 번역되지 않은 곳도 있다. 신앙서적은 두말할 것도 없다. 가까운 중국의 어느 한 기독교인이 한국의 대형 기독교 서점을 들어서자마자 꽉 차게 들어선 신앙서적들을 보고 그만 눈물을 쏟았다고 한다. 우리도 배가 고파 봐야 무엇이든 맛있게 먹을 텐데.

먼 옛날 믿음의 선조들도 성경을 직접 읽을 수 없던 때가 있었다. 기독교가 먼저 전파되었던 유럽의 중세 때 성직자가 아닌 일반인은 성서를 볼 수 없었다. 인터넷을 열어 수십 가지 다양한 언어의 성경을 즐길 수 있는 우리는 참 호사스러운 신앙생활을 하고 있다 해도 과언이 아니다. 중세

암흑의 커튼을 찢고 나와 독일의 마르틴 루터는 종교개혁의 바람을 일으켰고 지금의 개신교회를 탄생시켰다. 억압적인 중세 교회의 권위와 독단적 성서 해석에 반기를 들고, 루터는 '오직 믿음, 오직 은혜, 오직 성서'를 외쳤다. 이 세 가지는 모두 중세 교회에 의해 억압 받던 소중한 신앙 핵심이다. 개신교회의 첫 발단은 이렇게 억압되고 희석되었던 참된 신앙의 요소들이 해방되는 일과 함께하였다.

이후 약 5세기가량 개신교는 급성장을 하였다. 그런데 반발에서 시작한 것이어서 그런지 너무 지나치게 튀어 나가 곤란해진 것들도 보인다. 개신교의 소중한 가치인 '오직 은혜와 오직 믿음'만을 극단적으로 강조하여, 신앙 안에서 정당하게 요구되는 행위의 가치를 완전히 무시하는 뻔뻔스러운 신앙인이 발생하기도 했다. 그래서 한국의 기독교인들은, 교회를 열심히 다니는 이들이지 이웃과 사회를 위해 어떤 '행위'를 하는 이들은 아니라고 비난받기도 한다.

'오직 성서'는 얼마만큼 튀어 나갔을까? 이제는 그 도가 지나쳐 성서를 거의 우상화하는 것은 아닌지 우려될 만한 상황이 발생하기도 한다. 어릴 적 교회의 한 전도사님이 이런 질문을 하신 적이 있다. "집에 불이 나면 집에서 제일 먼저 무엇을 가지고 나갈래?" 정답은 성경책이었고, 나는 어린 나이임에도 좀 의아스러워했던 기억이 있다. 어떤 전도사는 성경책 위에 물잔을 얹어 놓았다가 그걸 본 담임목사님께 호되게 꾸지람을 듣고 교회에서 쫓겨나기도 했다. 하나님의 말씀을 사랑하는 건지 성경책을 숭상하는 건지 아리송하다. 물론 나도 성경책을 베개 삼아 자본 적이 있다. 뭔가 영험한 일이 벌어지길 기대하며 말이다.

뭐든 너무 좋아 황홀해지면 분별력이 떨어진다. 어떤 이는 교회에 출석하여 하나님을 만나 삶에 큰 변화를 경험하고 나서, 하나님보다 그 교회 담임목사님을 더 좋아하는 행동을 보이기도 한다. 마찬가지로 성경을 너무나 좋아한 나머지 분별력을 읽고 발생하는 일이, 하나님의 말씀이 아닌 성경 '문자'를 더 사랑하는 실수다. 꿀처럼 달콤한 하나님의 말씀을 바라고 탐하여야 하는데, 그 말씀을 전달해 주는 매개체인 성경의 문자를 애지중지 핥고 있는 셈이다.

그래서 어떤 이들은 개역성경을 읽으면 은혜를 받는데 다른 번역의 성경을 읽으면 은혜롭지 못하다고 한다. 같은 내용인데 어떻게 '말투'에 따라 은혜가 되고 안 되고 하겠는가? 더 나아가 하나님의 감동이 그저 말의 문체에 따라 역사하기도 하고 안 하기도 한다고 말한다면, 이는 성령님의 사역을 감히 언어의 특성에 제한시켜 버리는 매우 불경한 일이 된다. 성경을 올바르게 읽는다면 '개역'이든 '새 번역'이든 아니면 영어 성경이든 동일하게 은혜를 느낄 수 있어야 한다.

오히려 특정 버전의 성서를 고집하는 이들 중에는 이단 단체들이 많다. 우습게도 다른 버전의 성경을 읽으면 자신들의 이단 사설이 무너지기도 한다. 이슬람도 철저한 문자주의를 고집한다. 코란은 반드시 아랍어로 읽어야지 다른 말로 번역되면 영감이 없다 한다.

신학도나 목사님들도 마찬가지로 주의가 필요하다. 성경 문체의 절묘한 문학적 묘미를 붙들고 성경을 해석하고 설교하는 이들이 있는데, 당장 다른 버전을 – 가능하다면 원어를 – 살펴보고 나서 그 문학적 문체가 고유한 것인지 확인해야 한다. 그렇지 않았다간 요새는 망신당하기 십상이다. 그런 설교집을 참 많이 발견한다.

읽지 말고 듣자

누구든지 성경을 쉽게 구입하고, 각종 매체를 통해 성경에 대한 좋은 해설과 주석을 마음껏 접할 수 있는 시대에 우리는 살고 있다. 한때 성직자들에게만 허락되던 성경이 이제는 모든 이들의 손에 쥐어졌다. 그리고는 '성경공부'의 전성시대가 왔다.

성경공부를 감히 비판하는 것은 조심스러운 일이다. 그럼에도 불구하고 한마디하자면 성경공부를 너무 과식한 나머지 너무 비대해져 아무것도 행하지 못하고 있다. 그저 성경을 맛있게 즐기고 그 황홀경에 빠져만 있으니 이 얼마나 편안한 신앙생활인가.

어릴 적에 벌레를 좋아했던 나는 집에서 개미들을 기른 적이 있다. 당연히 베르베르의 《개미》는 최고의 공상 문학이다. 개미들을 잡아다 놓으면 정말 부지런히 땅을 파 집을 짓는다. 그런데 이런 개미들도 단번에 무력화시킬 수 있는 방법이 하나 있는데, 설탕가루를 뿌려 주는 것이다. 발발이 바쁘게 움직이던 개미들이 설탕가루 하나만 입에 물면 아무것도 안 하고 멈추어 설탕만 빤다. 너무 달콤해 황홀한 것이다. 신앙인들에게 성경의 말씀은 정말 달콤하다. 그런데 달콤한 맛에 황홀해하기만 하면 큰일이다. 맛있게 먹고 움직여야 하는데 말이다.

또 한 가지 생각해 보자. 과연 성경을 많이 알아야 훌륭한 신앙인이 되는 것일까? 어느 나라보다 교육열이 높고 예부터 양반들의 경전 읽기가 숭상되었던 우리 한국인들만의 독특한 경향이 아닐까? 종종 다른 아시아 국가에서 온 일부 신앙인들에게서도 유사하게 성경을 경전처럼 모시고 그 문자적 읽기에 얽매어 있는 모습을 보기도 한다.

그래서 하나님은 친히 올바른 성서 읽기에 대하여 가르쳐 주셨다. 성경을 읽고 '깨달음'을 갖는 것보다 더 중요한 것은 말씀을 듣고 '행하는 것'이다.

> "너희는 나를 불러 주여 주여 하면서도 어찌하여 내가 말하는 것을 행하지 아니하느냐 내게 나아와 내 말을 듣고 행하는 자마다 누구와 같은 것을 너희에게 보이리라 … 듣고 행하지 아니하는 자는 주추 없이 흙 위에 집 지은 사람과 같으니 …"(눅 6:46-49).

> "우리 하나님 여호와께서 당신에게 이르시는 것을 다 우리에게 전하소서 우리가 듣고 행하겠나이다 하였느니라 … 여호와께서 내게 이르시되 이 백성이 네게 말하는 그 말소리를 내가 들은즉 그 말이 다 옳도다 "(신 5:27-29).

행하는 것보다 깨달음을 더 좋아하면 자기만 좋고 주변은 아무것도 변화시킬 수 없다. 자기만 좋으라고 믿는 것이 기독교 신앙이라면 우리는 믿자마자 천국에 직행해야지 더 이상 이 땅에 있을 이유가 없다.

그렇다 보니 한때 인구의 25퍼센트가량이 그리스도인이라고 자랑은 하지만 이 나라의 사회와 문화 전반에 걸친 기독교의 실질적 영향력은 참 미진하다. 한국 기독교인들이 기독교가 죽었다고 비꼬는 유럽의 경우 실질적으로 교회에 나가는 신앙인들의 수는 그 비율이 한국에 비해 적지만, 기독교가 사회복지와 공공윤리에 미치는 영향력은 매우 크다. 영국 성공회의 캔터베리 대주교가 정기적으로 발표하는 선언문은 그들 사회의 고귀한 귀감으로 받아들여지고 토론된다. 그들의 긴 역사 속에서 기독교인들이 일구어 낸 신앙의 '행위'인 것이다. 정말로 인구의 사분의 일이 기독교인이었다면 한국의 정치와 사회는 천지개벽이 서너 번은 일어났을 것이다. 결국 한국의 수많은 그리스도인들은 성경을 읽은 뒤 깊은 깨달음을 얻고 자기네만 즐긴 셈이다. 그냥 교회 출석인을 그리스도인으로 혼동한 꼴이다.

더 나아가, 성경을 많이, 잘 알아야만 좋은 신앙인 된다는 것은 일종의 엘리트주의적인 발상이다. 머리 좋고 공부 많이 하여 성경을 잘 아는 사람이 훌륭한 신앙인이 되는 거라면, 전국 신학교 성서학 교수님은 거의 성자가 되어 있어야 한다.

하나님은 공평하시다. 이 세상에는 성경은 고사하고 글자도 읽을 줄 모르는 사람들이 어마어마하게 많다. 더불어 성경은 꽤 지식 수준이 높아야만 이해할 수 있는 부분들이 많다. 전 세계에 우리나라나 서구 선진국들을 제외하고 중학교 이상까지 공교육을 제공하는 나라가 얼마나 될까? 우리 영성의 일부인 성경 읽기가 신앙 전부를 대신할 수 없는 것이다. 성경은 단 한 줄 읽지 못해도 예수님을 구주로 믿고 목사님이 대신 읽고 가르쳐 주신 성경의 말씀처럼 이웃을 위해 인심 후하게 사시는 어느 장터의 할머니가 있다면, 그 분이 어느 대학 선교회 출신의 간사보다 더 훌륭한 면류관을 받을 수 있는 곳이 우리가 믿는 천국이다.

그래서 우리는 독특한 고백을 한다. 아침에 일어나 말씀 묵상을 하면서 사실 눈으로 성경의 문자를 읽지만, '오늘 나는 아침에 하나님 말씀을 들었다'고 말한다. 우리는 읽지만 듣는 고유한 종교 경험을 한다. 이는 성경이라는 책의 고유한 본질이 무엇인지 알게 해준다. 읽지 말고 들어야 한다. 정말로 내가 들었는지 어떻게 아는가? 내 삶과 내 주변에 나로 인하여 변화가 오면 들은 것이다. 그렇지 않으면 그저 읽은 것뿐이다.

문자의 오류, 말씀의 무오

성경이라는 책이 우상처럼 되어 버렸다고 비판까지 했지만, 죽으려던 자가 성경을 읽다가 다시 살아갈 결심을 하게 되고 지쳤던 자도 다시 일어설 힘을 얻을 정도가 되면 성경이 미치도록 좋아진다.

뭐든 너무 좋아하면 탈이 나기 쉬운데, 이럴수록 분별력을 가져야 한다. 아내가 예쁘면 처갓집 말뚝 보고도 절한다더니, 말씀을 사랑하다가 그만 하나님이 아닌 성경의 '문자'에 절을 해버리기 쉽다. 자신을 변화시킨 그 생명력은 하나님의 살아 있는 '말씀'에서 온 것이지, 성경책에 적혀진 '글'에서 온 것이 아니다. 하지만 위에서 우리가 생각해 본 것처럼, 어느덧 성경이라는 책과 문자는 필요치 않은 숭배의 대상이 되어, 어이없게도 성경의 문자가 초월적인 조합이라 아무 오류가 있을 수 없다는 신념도 생기게 되었다.

우리는 성경이라는 고대 이스라엘의 유물을 통하여 하나님의 뜻을 접한다. 앞서 우리는 기독교 근본 교리 중 하나인 여호와 유일신 신앙이 어떻게 우리에게 전달되었는지 살펴보았다. 성경도 수백 년간 하나님과 동행했던 이스라엘 민족의 역사 경험과 그들의 물리적 조건 아래 여느 유산처럼 인간의 손으로 형성되었고 완성에 이르렀다.

그래서 문헌과 문자에는 오류가 많다. 그 때문에 아직도 성서학자들은 본문 비평을 하고 성경을 업데이트하고 있다. 일례로 1947년에 발견된 사해사본을 통해 우리는 지금껏 구약성경의 원본처럼 읽어 왔던 마소라사본보다 무려 10세기 정도 앞선 히브리어 성경 본문을 접할 수 있었고, 이 사본의 연구 결과를 가지고 유명한 영문 성경 Revised Standard Version RSV은 1989년에 재편집되어 New RSV로 탄생하게 되었다. 몇 구절들은 사해사본과의 비교를 통해 '수정'되기도 했다. 성경 전체의 분량과 비교하자면 매우 미미한 수정이지만, 그래도 성경은 계속해서 새롭게 번역되며 수정되고 있다.

만약 우리에게 성경 '원본'이라는 것이 있다면 사정이 달랐을 수도 있다. 원본이 있다면 그 원본의 의미를 벗어나지 않기 위해 어쩌면 우리 모두 성경을 히브리어나 헬라어로만 읽어야 할지도 모른다. 하지만 다행히도 성경 원본이라는 것은 존재할 수도 없고 전수된 것도 없다. 역사 속에서 성경은 어느 특정한 날에 탄생한 것이 아니라 천천히 지금의 모습으로 발전하고 형성되었다. 어느 시점 어느 때의 성경이 원본인 것인지 정할 수 없는 것이다. 정한다 하더라도 그 원본이 우리에게 전수된 것이 없다. 지금 우리가 보고 있는 성경은 모두 지난 2천 년간 이곳저곳에 전수된 필사본들이나 번역본들을 성서학 전문가들이 비교 비평하여 지금의 모습으로 만든 것이다. 지금도 이런 작업을 통해 성서의 문자는 조금씩 수정되고 있다.

읽지 말고 듣자. 그러면 문자주의의 오류에 빠지지 않을 것이다. 개역성경만 고집하지 말고 다른 버전들도 읽어 보자. 문자로부터 해방되는 기쁨을 맛볼 것이다. 알려고만 하지 말고 변화하기 위해 성경을 펼치자. 나뿐만 아니라 나의 주변에도 변화가 올 것이다.

난 몰라요!

성경은 진수성찬 같다. 은혜를 체험한 신앙인들은 밤새 읽고도 또 탐독하고 싶어 한다. 그러다 보니 성경과 그 세계에 대하여 궁금한 것도 많다. 답을 얻기 위해 각종 전문 서적도 보고 신학교 강의도 기웃거릴 것이다.

아담과 이브 말고 에덴동산 밖에 다른 사람들이 있었을까? 하나님은 정말 모든 것을 예정하실까 아니면 인간의 인생은 자유 의지에 따라 정해지는 것일까? 예수님이 오시기 전 구약성서에 있던 인물들은 구원을 받을 수 있을까? 아마 궁금한 것들을 다 적자면 책 한 권은 나올 것이다. 신학교에서 성서를 가르치다 보니 수없이 많은 질문을 받곤 한다. 그 경험을 바탕으로 몇 가지 말씀드리고 싶은 것이 있다.

먼저, 성경은 백과사전이 아니다. 성경은 우리가 알고 싶어 하는 것이 아니라, 우리에게 필요한 것을 알려 주는 책이다. 특히 '구원' 문제에 초점이 맞추어져 있다. 혹자는 성경을 읽으며 인간에게 적절한 다이어트 방식도 알아내곤 하지만, 성경의 본래 취지는 그것과는 멀다. 오늘 저녁 메뉴는 무엇으로 할지, 미래 내 신랑감은 어떤 사람이어야 할지, 어느 대학에 진학해야 할지 알려 주는 점술책도 아니다.

다음, 성경에는 답이 없는 것이 아주 많다. 그저 애매모호하게 남겨져 있는 문제들이 적잖이 있는데, 왜 그럴까? 우선 확실한 것은, 애매모호해도 전혀 인간의 구원과 행복한 삶에 지장이 없기 때문에 답 없이 그냥 있는 것이다. 정말로 우리에게 꼭 필요한 것이라면 왜 하나님이 애매모호하게 남겨 두었겠는가? 우리에게 꼭 필요한 것들은 모두 성경에 쉽고 명확하게 적혀 있다. 거짓말하지 말라, 살인하지 말라, 네 이웃을 네 몸처럼 사랑하라 등 유치원 원아들도 이해하기 어렵지 않다.

어떤 모호한 문제를 해결해 보기 위해 이런저런 서적이나 신학교 교수님들의 대답을 살펴보기도 하였을 것이다. 그런데 거기에는 한 가지가 아닌 서로 다른 여러 이론들이 답으로 제시되어 있다. 이때, 자신도 확신하지 못하면서 어느 한 가지를 선택하여 그 이론만이 옳다고 가르치는 것은 매우 잘못된 일이다.

교회의 목사님이나 전도사님들이 참 하기 어려워하는 말이 “나도 잘 모릅니다”이다. 성경에 대한 성도들의 질문에 잘 모르겠다고 대답하는 것이 창피한가 보다. 하지만! 차라리 잘 모른다고 대답하여 하나님과 성도에게 정직한 것이 옳지, 확실치도 않은 어느 한 이론을 가지고 이것만이 옳다고 가르쳐 거짓말하는 것은 나쁜 것에서 지나 위험한 일이다. 성도를 거짓으로 이끌 위험보다는 정직하여 위험을 피하는 것이 옳지 않을까? 성경의 난제들은 사실 몰라도 우리가 훌륭한 신앙인이 되는 데에는 아무 지장이 없다. 목사님들과 교회 지도자들이 정직하고 용감하게 “난 몰라요”를 할 줄 알아야 한다. 자기의 위신을 지키려다 귀한 하나님의 말씀을 훼손하고 성도들마저 올바르지 않은 길로 인도할까 두려워해야 한다.

이 세상 수많은 사람들이 2천 년 가까이 성경을 연구하여 왔다. 하지만 그들의 해답이 늘 일치하지는 않았다. 서로 다른 해석들 때문에 싸우기도 했고, 그 결과 우리는 수많은 교리와 교단을 가지게 되었다. 그러면서도 모두들 다 같은 한 성서에 근거하여 주장을 펼치고 있다. 만약 성서를 통해 신앙 양식의 모범 답안을 만들 수 있었다면 이렇게 많은 교리와 교단이 생겨났을까?

공교롭게도 하나님은 우리에게 잘 정리된 교리서를 성서로 주지 않으셨다. 제1장 하나님, 제2장 그리스도, 제3장 구원, 제4장 교회 등, 이렇게 구성된 조직신학책을 성서로 주셨다면 지금껏 신앙인들이 혼돈 없이 신앙생활을 할 수 있었을 텐데 말이다. 오히려 하나님은 수만 가지 해석이 시간과 장소에 따라 다를 수 있는 이야기와 노래, 서신, 환상 등을 묶어 성경으로 주셨다. 어떤 의미일까? 하나님이 우리에게 혼돈을 주시기 위함은 결코 아닐 것이다. 어쩌면 한 가지 일원적인 교리나 신학 체제만이 그 기득권을 가지게 되는 것을 위험하게 여기신 것은 아닐까? 인류의 역사를 보면 어느 사회든지 다양성을 인정하지 않고 녹단석인 한 체세만 장요하는 곳은 고인 웅덩이처럼 부패하고 심지어 참혹한 비극이 따르기도 했다. 어느 한 교리만을 우리에게 주시지 않은 것은, 오히려 일원적인 신학 체제가 다른 모든 가능성을 누르고 독단으로 흐르는 것을 막고자 함이 아닐까?

만약 21세기 한국 기독교인들의 보편적인 신앙 양식이 모범 답안이라고 생각해 보자. 새벽기도는 물론 십일조, 수요예배도 안 드리는 다른 나라의 많은 기독교인은 정죄 받아 마땅하다. 마치 구약의 율법이 그랬던 것처럼 말이다. 하지만 이 세상에는 우리와 매우 다른 환경 속에서 나름의 신앙 방식을 따르며 살아가는 훌륭한 신앙인들이 가득하다. 한 방식의 신앙생활만이 옳다고 주장하는 것은 남을 정죄하고 소외시키는 무기가 된다.

정답을 찾으려는 욕구는 사실 매우 자기중심적인 충족 욕구에서 발생하기도 한다. 알고 깨닫는 것이 큰 만족감으로 배부르게 해주기 때문이다. 하지만, 궁금증 해결과 깨달음은 잠시 뒤로 미루더라도 한 발 앞으로 나아가 이웃을 향해 손부터 뻗는 것이 예수님의 가르침이었다. 안식일 논란이야 어찌됐든 우선 사람부터 살리자고 하지 않으셨던가. 나의 만족보다는 이웃, 나를 좀 희생해서라도 이웃을 살리는 것이 우선이며, 잘 아는 것보다는 아는 것만이라도 잘 행동하는 것이 먼저여야 한다.

벌써 끝!

구약의 뒷골목 풍경이라는 문화 기행이 마지막 여정에 이르기까지 우리는 고대 이스라엘 사람들의 생활과 문화를 기웃거려 보았다. 이 오래전 과거를 살펴볼 수 있게 해준 창문은 고고학적 발굴물과 남겨진 문헌들, 특히 성서였다.

성경은 남겨진 문헌 그 이상의 삶을 살아 왔다. 그저 한참 묻혀 있다 발견된 문헌이 아니라 무려 2천 년 이상을 인류의 영적 정신적 문화적 보고로 탐독되어 왔다. 때문에 저자는 이 책에서 쉽지 않은 씨름을 해야만 했다. 성경은 지난 2천 년간의 존재감을 무시하고 편하게 연구할 수 있는 그런 대상이 결코 아니다.

이스라엘의 주요 문화재를 넘어 유대교와 기독교는 이 책을 신의 '말씀'이라 믿고 따랐다. 때문에 저자는 이곳저곳에서 다각의 교류를 해야만 했다. 이스라엘의 과거를 재구성하는 자료로서 성서를 제시하면서도, 같은 정보를 하나님의 말씀으로도 숙고해 보아야 했다.

성경은 신앙 때문에 만들어졌고, 신앙을 전수하기 위해 보존되었으며, 지금도 신앙을 위해 읽혀지고 있는 책이다. 성서가 그저 고대의 유물이 아닌 것은 신앙이라는 성서의 실존적 가치와 조건 때문이다. 그래서 신앙이 없으면 아무리 성경을 읽어도 성경을 알았다 할 수 없다.

옛날 학생 시절, 자취방에 돌아와 보니 같이 살던 형이 시집 하나를 읽으며 서럽게 울고 있었다. 얼마 전 실연의 아픔을 당했던 그 형은 이별의 슬픔을 노래하는 그 시집을 읽으며 감정이 복받쳤던 것이다. 궁금해서 나도 그 시집을 읽어 보았는데, 너무 유치해서 웃음이 터질 뻔했다. 난 그때 실연의 아픔을 전혀 경험해 본 적 없는 어린 사람이었다. 실연의 감동이 실린 그 시집은 같은 이별의 아픔을 경험한 그 형만이 진정하게 감상할 수 있었던 것이다. 책과 독자가 같은 감동을 가지고 있어야 진정한 '읽기'가 벌어지는 것이다.

그런데 성경은 하나님의 감동으로 씌어졌다고 한다. 같은 감동이 있는 자만이 성경을 읽으며 하나님의 말씀을 경험할 수 있는 것이다. 신앙이 아니고선 성경을 통해 하나님의 말씀을 들을 수가 없다. 생활 속에 그리고 마음속에 늘 생생한 신앙의 감동이 있어야만, 생생한 그분의 음성을 들을 수 있는 것이다.

때문에 아직 신앙을 가지지 못한 이들이 성경을 읽는다면 그 무엇보다도 책 안에서 하나님을 찾아보려 노력하고 신앙의 세계를 상상하며 읽어야 한다. 밑져도 본전인데, '하나님, 당신이 정말 살아 계시다면 내가 성경을 읽을 때 당신을 만나게 해달라'고 마음속으로 기도 한 번이라도 하고 기대하면서 읽어 보시라. 사랑의 아픔이 없는 사람이라도 《로미오와 줄리엣》을 읽을 때면 그 비슷한 상상이라도 하며, 셰익스피어의 저작 의도와 감동을 받으려 하지 않는가. 성경도 하나님을 경험하고자 고대하면서 읽어야 성경이 말하고자 하는 세계에 가까이 갈 수 있는 것이다.

성경을 정말 잘 아는 것은, 성서의 정보를 공부하는 것이 아니라 성경의 신앙을 공감하는 것이어야 한다. 결국 자신의 삶 속에 '신앙'이라는 것이 얼마만큼 자리 잡고 있는지가 그 결과를 만들어 낸다. 예수님을 위해 살고, 예수님 때문에 고민하며, 예수님을 위해 자신을 내어 던질 자에게는 성경이 정말로 살아 움직이는 말씀이 될 것이다. 신앙이 없는 분들을 위해 다시 말하자면, 앞 문장의 '예수님'이라는 단어 대신 '사랑'을 집어넣어 보라. 그럼 좀 더 쉽고 친근하게 들릴 것이다. 사실 그 둘에는 차이가 없다.

이제 고대 이스라엘 문화 기행을 성서로 마치게 되었다. 우리가 함께 한 여정은 벌써 끝났지만, 어떤 이들에게는 이 마지막 장소인 성서와 함께 신앙의 여정이 시작되길 바란다. 진심으로 그러하길 기도드린다.

한국 개신교 최초의 선교사이며 순교자,
로버트 저메인 토머스(Robert Jermain Thomas, 1840-1866)는
영국 출신이며 한국에 성경을 전하려 많은 노력을 하였다.
토머스 선교사가 타고 있던 배는 조선의 군인들에게 공격을 당하였고,
이때 그는 27세에 순교한다.
토머스를 처형한 병사는 그가 건넨 성경을
이상한 감이 들어 받지 않을 수 없었다 한다.
후에 이 병사 박춘권은 평양교회의 장로가 되었다.
받은 성경을 찢어 벽지로 사용했던
박영식은 자기 집을 내놓아 널다리교회로 사용했다.